Uni-Taschenbücher 1499

UTB
FÜR WISSEN
SCHAFT

Eine Arbeitsgemeinschaft der Verlage

Wilhelm Fink Verlag München
Gustav Fischer Verlag Stuttgart
Francke Verlag Tübingen
Paul Haupt Verlag Bern und Stuttgart
Dr. Alfred Hüthig Verlag Heidelberg
Leske Verlag + Budrich GmbH Opladen
J. C. B. Mohr (Paul Siebeck) Tübingen
R. v. Decker & C. F. Müller Verlagsgesellschaft m. b. H. Heidelberg
Quelle & Meyer Heidelberg · Wiesbaden
Ernst Reinhardt Verlag München und Basel
F. K. Schattauer Verlag Stuttgart · New York
Ferdinand Schöningh Verlag Paderborn · München · Wien · Zürich
Eugen Ulmer Verlag Stuttgart
Vandenhoeck & Ruprecht in Göttingen und Zürich

Astrid Stedje

Deutsche Sprache gestern und heute

Einführung in Sprachgeschichte
und Sprachkunde

Wilhelm Fink Verlag München

CIP-Titelaufnahme der Deutschen Bibliothek

Stedje, Astrid:
Deutsche Sprache gestern und heute: Einführung in
Sprachgeschichte und Sprachkunde / Astrid Stedje. —
München: Fink, 1989
  (UTB für Wissenschaft: Uni-Taschenbücher; 1499)
  ISBN 3-7705-2514-0
NE: UTB für Wissenschaft / Uni-Taschenbücher

ISBN 3-7705-2514-0

© 1989 Wilhelm Fink Verlag GmbH & Co. KG
Ohmstraße 5, 8000 München 40
Printed in Germany
Einbandgestaltung: Alfred Krugmann, Freiberg am Neckar
Herstellung: Ferdinand Schöningh, Paderborn

Vorwort

Deutsche Sprache gestern und heute ist eine Einführung in die deutsche Sprachgeschichte und Sprachkunde. Das Buch richtet sich an Studenten der Germanistik, an Deutschlehrer und an Interessierte, die sich ein Bild von den Veränderungen der deutschen Sprache und den Entwicklungstendenzen im heutigen Sprachgebrauch machen wollen. Das erklärende Sachwörterverzeichnis enthält die notwendige Terminologie. Die Textbeispiele sollen zum Nachdenken über Sprachwandel und über den Zusammenhang zwischen Sprache, Sozialstruktur und kultureller Entwicklung anregen.

Der vorliegende Band ist eine Überarbeitung des zuerst in Schweden erschienenen Buches *Deutsch gestern und heute*, Lund 1979. Allen, die bei der Entstehung behilflich waren, meinen Kollegen, Freunden und Studenten, möchte ich an dieser Stelle herzlichst danken.

Abkürzungen und Symbole

∅	null, Leerstelle	Jh.	Jahrhundert/ -s
*	rekonstruierte (nicht belegte) Form	kelt.	keltisch
		lat.	lateinisch
>	wird zu	Mask.	Maskulinum
<	entstanden aus	md.	mitteldeutsch
:	in Opposition zu	mhd.	mittelhochdeutsch
Abb.	Abbildung	mlat.	mittellateinisch
afrz.	altfranzösisch	mnd.	mittelniederdeutsch
ahd.	althochdeutsch	mnl.	mittelniederländisch
aind.	altindisch	NB	Nota bene
Akk.	Akkusativ	nd.	niederdeutsch
alem.	alemannisch	nhd.	neuhochdeutsch
allg.	allgemein	nl.	niederländisch
anord.	altnordisch	Nom.	Nominativ
as.	altsächsisch	obd.	oberdeutsch
bes.	besonders	omd.	ostmitteldeutsch
d.h.	das heißt	österr.	österreichisch
dt.	deutsch	Part.	Partizip
eig.	eigentlich	Plur.	Plural
eng.	englisch	Prät.	Präteritum
Fem.	Femininum	russ.	russisch
finn.	finnisch	S.	Seite
fnhd.	frühneuhochdeutsch	s.	siehe
frz.	französisch	Sing.	Singular
Gen.	Genitiv	Slaw.	Slawisch
germ.	germanisch	Subst.	Substantiv
gew.	gewöhnlich	u.a.	unter anderem
Ggs.	Gegensatz	u.dgl.	und dergleichen
got.	gotisch	urspr.	ursprünglich
griech.	griechisch	usw.	und so weiter
hd.	hochdeutsch	vgl.	vergleiche
ieur.	indoeuropäisch	vlat.	vulgärlateinisch
ind.	indisch	wmd.	westmitteldeutsch
Ind.	Indikativ	z.B.	zum Beispiel
Inf.	Infinitiv	z.T.	zum Teil
ital.	italienisch		

Inhalt

1. Einführung

Was geht uns das Deutsch von gestern an? Hat es überhaupt einen Sinn, in die Vergangenheit zu blicken, wenn man sich mit einer modernen Sprache beschäftigt? Ist die synchronische Beschreibung nicht ausreichend? (griech. *syn*+*kronos* = gleichzeitig, im Gegensatz zu *diachronisch*, griech. *dia*+*kronos* = durch die Zeit) Nein, in Wirklichkeit brauchen wir auch den historischen Aspekt zur Ergänzung und Erklärung der Sprache von heute.

Manchmal entstehen z.B. Fragen, warum in dem uns bekannten heutigen Sprachsystem so viele scheinbar unlogische Formen aus dem Rahmen fallen, d.h. in der Aussprache, der Orthographie, der Grammatik, der Wortbildung — oder wir versuchen Ähnlichkeiten und Unterschiede zwischen den nahe verwandten Sprachen Deutsch und Englisch oder Schwedisch zu verstehen:

- Warum schreibt man im Deutschen das lange *i* in *lieb, dienen* usw. mit *ie*?
- Warum heißt es Sonne*n*schein, wo es sich ja um eine Sonne handelt?
- Warum hat das Deutsche — u.a. im Gegensatz zum Schwedischen und zum Englischen — die Klammerstellung des Verbs?
- Warum heißt es auf deutsch *Pforte* aber *Portal*, auf schwedisch *port* und *portal*?

In diesen und anderen Fällen kann oft die diachronische Sprachbeschreibung eine Antwort geben: *lieb* wurde früher *li-eb* ausgesprochen; *Sonnen* ist die alte Genitivform der schwachen Feminina; die Endstellung des Verbs verdankt das Deutsche möglicherweise dem großen lateinischen Einfluß während der Zeit des Humanismus; und *Portal* ist ins Deutsche entlehnt worden, nachdem eine Ausspracheveränderung des *p-* zu *pf-* schon abgeschlossen war, die das ältere Wort *Pforte* mitgemacht hatte.

Die Sprache verändert sich also im Laufe der Zeit. Schon wer die Sprache verschiedener Generationen vergleicht, wird wahrscheinlich feststellen, daß Unterschiede bestehen, nicht nur was den Wortschatz, sondern auch was das System betrifft. Was gestern gegen die Norm verstieß, wird heute unter Umständen schon akzeptiert. Ist aber ein solcher

Sprachwandel zufällig? Wenn z.B. das Dativ-*e* (*mit dem Kind-e spielen*) und das Genitivobjekt (*Er schämte sich seiner Eltern*) seltener werden? Oder wenn Konjunktivformen wie *hülfe, fröre, tränke* immer mehr zu Gunsten einer Umschreibung mit *würde* verschwinden? Wir verstehen diese Veränderungen leichter, wenn wir wissen, daß es sich hier um Beispiele einer für alle germanischen Sprachen typischen Entwicklungstendenz handelt, deren Anfänge mehr als 2000 Jahre zurückliegen.

Sprachgeschichte ist also für das Erlernen einer Sprache insofern von Bedeutung, als sie die Regeln und Ausnahmen des sprachlichen Systems weniger undurchsichtig macht und uns den Hintergrund für die Veränderungen und die Weiterentwicklung der Sprache von heute erläutert.

Aber Sprachgeschichte ist auch die Geschichte der Wörter und damit auch der kulturellen Entwicklung. Die Sprache ist ja eine soziale Erscheinung, ein Mittel der Menschen, sich untereinander zu verständigen. Das Entstehen und Verschwinden der Wörter spiegelt immer die Zeit, die Sitten und Gebräuche, die geistigen Strömungen, die Veränderungen der Lebensbedingungen und den Wandel der gesellschaftlichen Struktur wider. Obwohl wir erst seit 1200 Jahren schriftlich überlieferte deutschsprachige Quellen haben, kann man mit Hilfe des Wortschatzes auch gewisse Schlüsse über die schriftlose Zeit ziehen: er enthält Erinnerungen an frühere Epochen der Menschheit ebenso wie Widerspiegelungen der späteren.

Das Wort *Ding* stammt z.B. aus germanischer Zeit und bezeichnete ursprünglich das Gericht, die Versammlung der freien Männer (vgl. schwed. *ting* in der Bedeutung 'rechtliche Versammlung' und norweg. *storting* 'Parlament'). Schon früh entwickelte sich die Nebenbedeutung 'Rechtssache', woraus der heutige Sinn 'Sache, Gegenstand' entstanden ist.

Freitag bedeutet nicht etwa 'freier Tag', sondern wurde im 4. Jh. dem lat. *Veneris dies* (Tag der Venus) nachgebildet: 'der Tag der Göttin *Frija*', der Gemahlin Wotans, anord. *Frigg*, die die Germanen der lat. Liebesgöttin *Venus* gleichsetzten.

Laune (aus lat. *luna* 'Mond') verrät, daß die mittelalterliche Astrologie der Ansicht war, daß die Stimmungen der Menschen von dem wechselnden Mond abhängig waren (vgl. eng. *lunatic* 'verrückt').

Das Verb *fressen* (*ver* + *essen*) bedeutete bis in mhd. Zeit nur 'ganz aufessen'. Dies galt aber von da an als unfein, als neue Tischsitten verlangten, daß man einen Rest auf dem Teller übriglassen müsse. Deswegen wurde das Wort auf Tiere bezogen und auch umgangssprachlich im Sinne von 'gierig essen' verwendet.

Brille erzählt uns, daß die ersten Brillen — um 1300 — aus dem geschliffenen Halbedelstein *Beryll* hergestellt wurden.

Die verschiedenen Bezeichnungen für *Apfelsine* (älteres Niederländisch *appelsina* 'Apfel aus China') in Deutschland und Österreich erinnern daran, daß Norddeutschland seine Apfelsinen über Hamburg und Amsterdam bekam, während Italien das süddeutsche Gebiet belieferte: Goethe spricht z.B. von *Goldorangen*, und noch heute sagt man in Österreich *Orangen*.

Anhand von diesen und ähnlichen Beispielen zeigt sich, daß die Sprache auch ein Spiegel der Sprachträger ist, der Menschen, die sie gestern gesprochen haben und heute sprechen. Dies bedeutet aber auch, daß beim Studium einer Sprache und ihrer Geschichte die Umwelt nicht vergessen werden darf, in der diese Sprache gesprochen wurde und wird.

In der folgenden Darstellung der verschiedenen Perioden der deutschen Sprache wird der Versuch gemacht, die obenstehende Zweiteilung aufrechtzuerhalten:

- DER WANDEL DES SPRACHLICHEN SYSTEMS
- KULTURGESCHICHTLICHE ENTWICKLUNG UND WORTSCHATZ

Sprachwandel

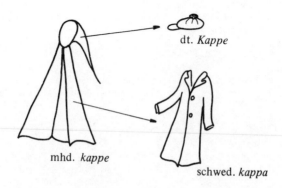

dt. *Kappe*

mhd. *kappe*

schwed. *kappa*

Sprachwandel

2. Sprachliche Veränderungen (Übersicht)

Sprach-
entwicklung

Wie sehr sich die deutsche Sprache seit den ersten schriftlichen Denkmälern im 8. Jh. verändert hat, bemerken wir, wenn wir einen Text aus dieser Zeit lesen. Die folgenden Abschnitte aus dem Hildebrand(s)lied (9.4.4.) sind ohne Glossar und althochdeutsche Grammatik kaum zu verstehen.[1]

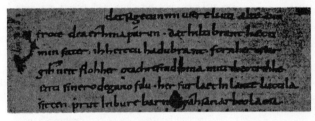

Aus der ersten Seite des Hildebrandliedes.

dat sagetun mi   usere liuti
alte anti frote   dea erhina varun,
dat hiltibrant haetti min fater;   ih heittu hadubrant.
forn her ostar gihueit,   floh her otachres nid,
hina miti theotrihhe   enti sinero degano filu.
her furlaet in lante   luttila sitten
prut in bure   barn unvahsan,
arbeo laosa.
(...) wili mih dinu speru werpan[2]

Das erzählten mir   unsere Leute
alte und erfahrene,   die vordem waren,
daß mein Vater Hildebrand hieße;   ich heiße Hadubrand.
In der Vorzeit ging er nach Osten,   floh er (vor) Odoakers Haß,
hin mit Dietrich   und vielen seiner Degen (Krieger).
Er ließ im Lande   gering (elend; oder: die Kleine) sitzen,
die junge Frau im Hause   und ein unerwachsenes Kind,
erblos.
(...)   Du willst mich mit deinem Speer (be)werfen

[1] Althochdeutsch = die älteste Periode der hochdeutschen Sprache, etwa 750-1050, s. 8.2.
[2] *hætti, heittu, luttila, sitten, werpan* sind unverschobene, nicht-hochdeutsche Formen in diesem Text, vgl. S. 68[4].

15

Vergleichen wir nun den althochdeutschen und den neuhochdeutschen Text, dann stellen wir fest, daß nur wenige Wörter unverändert geblieben sind (*alte, in*). Lautliche (phonologische) Veränderungen haben die Wortgestalt oft bis zum Unkenntlichen verwandelt (*arbeo laosa > erblos*), obwohl wir vielleicht einiges vom Niederländischen oder Schwedischen her wiedererkennen (*sitten > sitzen; mĩn > mein;* nl. *zitten, mijn;* schwed. *sitta, min*). Manche Wörter haben außerdem heute eine andere Bedeutung (*nīd* 'Haß', aber *Neid* 'Mißgunst'). Einige Wörter, die uns vielleicht von den übrigen germanischen Sprachen her bekannt sind, existieren im Neuhochdeutschen gar nicht mehr (*luttil, forn*) und sind durch andere ersetzt worden.

Wie das handgeschriebene Schriftbild hat sich auch die Orthographie verändert (*ih > ich*; *fater > Vater*). Ebenso ist die Vielfalt der Flexionsendungen mit den sogenannten vollen Vokalen (*a, i, u, o,* 11.2.1.) einem Leser ohne sprachgeschichtliche Kenntnisse fremd. Schließlich fällt uns auf, daß der Satzbau zum Teil anders ist.

Wir können also feststellen, daß die Sprache auf a l l e n Ebenen Veränderungen durchmacht, d.h.

auf der phonologischen Ebene : Ausspracheveränderungen
„ „ morphologischen „ : die Flexion ändert sich
„ „ syntaktischen „ : der Satzbau wird anders
„ „ lexikalischen „ : Veränderungen im Wortbestand
„ „ semantischen „ : Bedeutungswandel

Die Sprachwissenschaft weiß jedoch noch verhältnismäßig wenig über die oft recht komplizierten Hintergründe sprachlicher Neuerungen. Eine Veränderung kann sich z.B. von einem geographischen Zentrum aus verbreiten, von einer sozialen Gruppe ausgehen oder vielleicht zu verschiedenen Zeiten — oder gleichzeitig — an verschiedenen Orten wirksam sein.

Ursachen
sprachlicher
Veränderungen

Die Ursachen können innersprachlicher Art sein: Sehr alte Entwicklungstendenzen wirken z.B. über Jahrhunderte weiter; oder eine sprachliche Veränderung zieht eine andere nach, so daß eine Kettenreaktion entsteht. Manche phonologische, morphologische und syntaktische Veränderungen können hierdurch erklärt werden. Oft wirken andere Sprachen ein (s. 219ff, z.B.*Interferenz, Substrat, Prestigesprache*). Andererseits spielen aber auch außersprachliche Ursachen eine Rolle: Da die Sprache ja eine soziale Erscheinung ist, spiegeln sich politische, soziale, wirtschaftliche, technische und geistesgeschichtliche Verhältnisse und Veränderungen in ihr wider. Dies gilt vor allem für den Wortschatz.

Jede sprachliche Veränderung beginnt als abweichender Gebrauch einzelner Sprecher und setzt sich erst allmählich durch, was mehrere Generationen dauern kann.

16

2.1. Lautwandel (Ausspracheveränderungen)

2.1.1. Typen des Lautwandels

Schon wenn wir uns den obenstehenden Textabschnitt aus dem Hilde-brandlied genau ansehen, finden wir Beispiele für die wichtigsten Aus-spracheveränderungen, die das Deutsche im Laufe der Jahrhunderte erfahren hat:

dat > das *sitten > sitzen* }	Lautverschiebung 8.1.
arbi > Erbe	Umlaut 9.7.1.
prut > Braut *min > mein* }	Diphthongierung 14.5.1.
filu > viel	Vokaldehnung 14.5.3.
warun > waren *liuti > Leute* }	Vokalschwächung 11.2.1.
hina > hin *sagetun > sagten*	Apokope (Auslautschwund) }11.2.1. Synkope (Vokalschwund im Wortinneren)

Andere lautliche Veränderungen, die seither die deutsche Sprache be-troffen haben, sind vor allem:

Monophthongierung, z.B. *guot > gut* 14.5.2.
Delabialisierung (Entrundung): mhd. *küssen > Kissen*
Labialisierung (Rundung): z.B. mhd. *helle > Hölle*,
               vgl. eng. *hell*, schwed. *hel-vete*
Auslautverhärtung: mhd. *der tac, des tages* 11.2.4.
Assimilation (Angleichung): z.B. *tump > dumm*
Dissimilation (Unähnlichwerden): z.B. *samenen > sammeln*

Wenn ein Laut (Phonem) in einer Sprache im Laufe der Zeit anders gesprochen wird, kann dies unabhängig von den umgebenden Lauten geschehen wie die Diphthongierung (ein langer Vokal wird zum Diph-thong), oder kann durch Stellung, Nachbarlaute u.a. bedingt sein wie der Umlaut (ein folgendes *i/j* hat eingewirkt). Manchmal betrifft ein sol-cher Lautwandel aber nur bestimmte Wörter wie bei der Assimilation.
   Es gibt auch einen Lautwandel, der durch Analogie bedingt ist und sich besonders im Formensystem auswirkt, wie z.B. wenn Prät. Plur. *sie sprungen* durch Einwirkung des Singulars *sprang* zu *sie spran-gen* ausgeglichen worden ist (14.7.2.).

2.1.2. Entstehungs- und Verbreitungszeit einer lautlichen Veränderung

Bes. bei früheren Sprachstufen ist es schwer, die Dauer eines Lautwan-dels festzustellen. Zwischen Ausgangs- und Endstadium können mehrere Jahrhunderte liegen (vgl. Karte 14.5.1.). Die Orthographie gibt zwar oft Aufschluß über die Aussprache (vgl. 11.3., 14.6.), aber die Schreib-weise kann auch manchmal konservativ sein und die ältere Aussprache bewahren. So schreiben wir z.B. heute noch *bieten, lieb*, obwohl hier seit mehr als 600 Jahren kein Diphthong mehr gesprochen wird (14.5.2.).

2.1.3. Ursachen und Folgen des Lautwandels

Die Ursachen des Lautwandels sind noch nicht ganz geklärt. Sprachökonomie und Bequemlichkeit (*Zaubererin > Zauberin*) sowie soziale und politische Faktoren wie Mode, Prestige, Völkermischung und Sprachkontakt spielen jedoch eine große Rolle.

Wichtig für die lautliche Entwicklung der germanischen Sprachen ist der germ. Akzentwandel, der durch verstärkten Atemdruck auf die erste Silbe z.B. zu Kürzung und Schwund von Endsilben (6.3.3.) und Vokalschwächung (11.2.1.) führte. Manchmal bewirkt eine Lautveränderung also eine andere. Sie kann aber auch lexikalische, morphologische und syntaktische Veränderungen verursachen: Wörter verschwinden, weil sie undeutlich geworden sind (2.3.1.); Veränderungen oder Wegfall der Endungen stören die normalen Funktionen des grammatischen Systems und führen zu einem analytischeren Sprachbau (2.2.1.).

2.2. Morphologische und syntaktische Veränderungen

Anhand von Beispielen aus dem Hildebrandlied lassen sich auch leicht Veränderungen in Morphologie und Syntax feststellen:

sinero degano	> *seiner Degen*	{ deutlichere Endungen im Ahd.
arbeo laosa	> *erblos*	{ ahd. Endung − nhd. flexionslos
prut in bure	> *die Frau in dem Haus*	} ahd. Endung − nhd. Artikel
barn	> *ein Kind*	
dinu speru werpan	> *mit deinem Speer* *bewerfen*	} ahd. Endung − nhd. Präposition
wili	> *du willst*	{ ahd. Endung − nhd. Endung + Subjektspronomen
dat Hiltibrant	> *daß mein Vater*	} andere Wortfolge
haetti min fater	*Hildebrand hieße*	

2.2.1. Die Entwicklung vom synthetischen zum analytischen Sprachbau

Vereinfachung des Endungssystems

In den germanischen Sprachen läßt sich von ältester Zeit bis heute die Entwicklung von einem stark synthetischen zu einem analytischeren Sprachbau verfolgen (6.5.): Das Ahd. verfügt noch über ein reiches Endungssystem und konnte durch dieses grammatische Beziehungen ausdrücken, für die wir heute umschreibende Funktionswörter benötigen. Die vielen ahd. Deklinationsendungen sind ziemlich leicht erkennbare Bezeichnungen für Genus und Kasus (ähnlich wie in den slawischen Sprachen, im Latein und Griechischen). Nachdem aber das Endungssystem undeutlich geworden war, mußten Genus und Kasus auf andere Art angezeigt werden (11.4.1.). Im heutigen Deutsch geschieht dies durch den bestimmten und unbestimmten Artikel, attributive Pronomina und stark flektierte Adjektive, während am Substantiv nur noch Überreste des früheren Systems zu erkennen sind: -s im Genitiv Singular, -n im Dativ Plural. Hieran zeigt sich aber auch, daß die Sprache auf redundante Elemente verzichten kann, vgl. z.B. das allmähliche Verschwinden des Dativ-e. In vielen Mundarten hat das Substantiv heute überhaupt keine Kasusendungen mehr im Singular.

Ebenso war im Ahd. bei den deutlichen Personenendungen der Verben das Subjektspronomen überflüssig, wie noch immer in den romanischen Sprachen — mit Ausnahme des Französischen.

Gebrauch und Anzahl der Präpositionen haben im Laufe der Zeit auf Kosten der Kasus zugenommen. Im Althochdeutschen waren Genitiv und Dativ häufiger als heute und noch früher, im Indoeuropäischen, gab es auch andere Kasus, die z.B. im Slawischen erhalten geblieben sind. *Dinu speru* 'mit deinem Speer' (oben) ist ein Beispiel eines im Germanischen verschwindenden Kasus, Instrumentalis, der nur noch ab und zu im ältesten Ahd. vorkommt (6.5.1.).

Hierher gehört auch die Herausbildung der Hilfsverben. Im Latein werden z.B. Perfekt, Plusquamperfekt, Futur und Passiv durch Endungen bezeichnet (lat. *feci* — dt. *ich habe gemacht*), während wir im heutigen Deutsch Hilfsverben haben: tempusbildende (*sein, haben, werden*), passivbildende (*werden*) und konjunktivumschreibende (*würde*) (11.4.2.).

2.2.2. Lehnsyntax

Lateinische Beeinflussung der Syntax

Die Wortstellung war im Germ. und auch noch in ahd. Zeit viel freier als heute. Die Endstellung des Verbs war zwar auch schon im ältesten Deutsch möglich, wurde aber erst im Fnhd. allmählich in der Schriftsprache vorherrschend und von den Grammatikern des 18. Jh. zur Norm erhoben. Wenn hier das lat. Vorbild mitgewirkt hat, kann man gewissermaßen von Lehnsyntax sprechen, d.h. die lateinische Syntax hat die deutsche beeinflußt. Andere Fälle von Lehnsyntax aus dieser Zeit sind die Partizipialkonstruktionen und das erweiterte Attribut (14.8.1.).

2.3. Veränderungen im Wortbestand (lexikalischer Wandel)

2.3.1. Wörter kommen außer Gebrauch

Untergegangene Wörter

In dem oben zitierten Textabschnitt des Hildebrandliedes gibt es einige Wörter, die im heutigen Deutsch nicht mehr vorkommen, die

19

aber zum Teil noch in den nordischen Sprachen, im Niederländischen oder im Englischen existieren.

barn wurde noch manchmal im Mhd. gebraucht. Es ist von dem alten Verb *beran* 'tragen' abgeleitet (vgl. *gebären*, eng. *bear*, schwed. *bära, barn*). Schon im Mhd. war aber *kint* häufiger geworden. Es geht auf ein Partizip mit der Bedeutung 'geboren' zurück und ist mit eng. *kind* 'Gattung' verwandt.

luttil 'klein, gering', mhd. *lützel*, nd. *lütt*, eng. *little*, schwed. *liten*. Im 16 Jh. aus der Schriftsprache verschwunden, durch *klein* ersetzt (*klein*, eig. 'glänzend, glatt', dann 'rein, zierlich, zart, dünn, gering'. Vgl. eng. *clean* 'sauber'; schwed. *klen* 'schwach', *klensmed* 'Schlosser', eig. 'Feinschmied').

forn 'früher, vormals' (vgl. schwed. *forn*) ist mit dem Raumadverb *fern* verwandt. (Der Vokalunterschied e:o ist auf Ablaut zurückzuführen, 6.5.2.).

<table>
<tr><td>Ursachen</td><td>

Wenn ein Wort aus der Hochsprache verschwindet, kann dies verschiedene Gründe haben. Manchmal ist es durch ein Wort aus einer Mundart oder einer anderen Sprache verdrängt worden. In diesen Fällen gilt die fremde Mundart oder Sprache oft als feiner oder gebildeter (Prestigesprache). So verdrängten z.B. Wörter aus Luthers mitteldeutscher Sprache oberdeutsche Wörter (*Grenze* für obd. *Mark; Hügel* für obd. *Bühel; Ziege* für obd. *Geiß*, 14.3.4.) oder französische Wörter deutsche während der Alamodezeit im 17. Jh. (*Onkel* für *Oheim; Möbel* für *Hausrat; nett* für *schmuck*, 15.3.1.).

In manchen Fällen verschwand der Begriff durch religiöse, kulturelle oder soziale Veränderungen aus der Sprache, wie z.B. (as.) *wîh* 'Tempel, Heiligtum', das als zu heidnisch empfunden wurde (verwandt mit *Weihnachten* < mhd. *ze den wîhen nahten* und schwed. Ortsnamen wie *Frövi*), oder der größte Teil der ritterlichen Terminologie, der mit dem Niedergang des Rittertums unterging: *buhurt* 'Ansturm beim Turnier' (verwandt mit *hurtig* und eng. *hurt* 'verletzen').

Schließlich wurden infolge von Bedeutungswandel oder Lautwandel einige Wörter unklar oder schwerverständlich und sind deshalb durch andere ersetzt worden.

</td></tr>
<tr><td>Volksetymologie</td><td>

Manchmal können Volksetymologien über verschwundene Wörter Aufschluß geben. Hier ist ein unverständlich gewordenes einheimisches Wort (oder ein Fremdwort) in Anlehnung an ein anderes, ähnlich klingendes Wort umgedeutet und umgeformt worden:

Maulwurf hieß im Ahd. *mū-werf*. Der heute verschwundene Teil *mu* bedeutete Haufen (eng. *mow*) und der Tiername also 'Haufenwerfer'. Im Spätahd. war *mu* verschwunden und wurde volksetymologisch nach ahd. *molta* 'Erde' (schwed. *mull*) umgedeutet. Mhd. *moltwerf* bedeutet folglich 'Erdwerfer'. Als nun auch dieses Wort außer Gebrauch kam, trat abermals eine volksetymologische Umdeutung ein,

</td></tr>
</table>

20

und zwar nach mhd. *mûl(e)* > nhd. *Maul*. Nhd. *Maulwurf* bekam somit den neuen Sinn Tier, das die Erde mit dem Maul wirft'.

Rosenmontag hat nichts mit dem Blumennamen *Rose* zu tun, sondern heißt eigentlich *rasen(d)-montag*, also 'rasender Montag', zu kölnisch *rose* 'rasen, toben'. (S. Ripuarisch, S. 194.)

Hebamme ist ursprünglich ein Partizip, 'die Hebende', ahd. *hevianna*.

Hängematte ist ein umgedeutetes Fremdwort: westind. *hamaca*, das über das Frz. und Nl. ins Deutsche kam. (Vgl. eng. *hammoc* 'Hollywoodschaukel'.)

Der Wunsch *Hals- und Beinbruch* geht auf jiddisch *hazlóche un bróche* (hebr. *hazlachá* 'Glück', *b'rachá* 'Segen' zurück (12.2.).

Eine schwed. Volksetymologie ist *Ont krut förgås inte så lätt* (*ond* 'böse', *krut* 'Pulver') nach dem deutschen *Unkraut vergeht nicht.*

2.3.2. Wiederbelebung untergegangener Wörter

Manche der ausgestorbenen Wörter wurden im Laufe der Zeit wieder neu belebt, besonders durch die Dichter der Klassik und der Romantik. Ein Beispiel aus dem Textabschnitt des Hildebrandliedes ist

degen 'Held, Krieger'. Nach dem 15. Jh. wurde es nicht mehr gebraucht, ist dann aber von den Dichtern des 18. Jh. wieder verwendet worden. Das Wort *Degen* 'Stichwaffe' ist dagegen ein spätmhd. Lehnwort aus dem Französischen (frz. *dague* 'langer Dolch').

2.3.3. Neue Wörter entstehen

Die meisten Wörter in den obenstehenden Zeilen des Hildebrandliedes sind Erbwörter aus ältester Zeit: *sagen, alt, mein, Vater, fliehen, mit, sein, viel, Land, sitzen* u.a., was wir durch die vergleichende Sprachwissenschaft erfahren haben (5.2.). Seit ahd. Zeit hat sich der deutsche Wortschatz jedoch stark vergrößert, durch Entlehnung und Neubildung, aber nur in seltenen Fällen durch Neuschöpfung.

Entlehnung

Lehnwörter und Lehnbildungen ergänzen das Weltbild. Schon in voralthochdeutscher Zeit waren neue Wörter durch fremden Einfluß in die Sprache eingedrungen, besonders durch Kontakte der Germanen mit den Römern. Die lateinische Sprache hat dann, abwechselnd mit dem Französischen, mehr als ein Jahrtausend auf das Deutsche eingewirkt. Heute überwiegt der englische Einfluß. (Eine Übersicht über verschiedene Entlehnungsformen gibt 3.1.).

Neubildung

Viele neue Wörter entstehen durch Neubildung aus schon vorhandenem Wortmaterial: vor allem Ableitungen (*stehen, Stand, ständig*), Zusammensetzungen (*überstehen, Stehlampe, Standpunkt*) und Kurzwortbildungen (*DDR, D-Zug, Auto*, vgl. Aküsprache 16.3.4.).

Daß eine ganz neue Wortwurzel entsteht, kommt kaum noch vor (Wurzel = bedeutungstragender Kern eines Wortes). Nur einzelne lautmalende (onomatopoetische) Wörter wie *bimmeln, klatschen, quieken, prusten, zwitschern* sind solche Neuschöpfungen der letzten Jahrhunderte. Lautmalende Wörter aus älterer Zeit sind z.B. einige Tiernamen wie *Hummel, Kuckuck, Uhu* und Geräuschbezeichnungen wie *donnern, gackern, krachen, niesen, schnarchen, sausen.*

2.4. Bedeutungswandel (semantischer Wandel)

ahd. *bûr* 'Haus, Kammer' > mhd, *bûr* 'Käfig' > nhd. *Bauer* 'Vogelkäfig'. (Vgl. schwed. *bur* 'Käfig'; aber *jungfrubur* /früher/ 'Haus oder Kammer der unverheirateten Frauen'.) — Bedeutungsverengung

nhd. *Bauer* 'Landmann' ist ein anderes Wort, das zu der alten Bedeutung von *bûr* 'Haus' gebildet wurde.

Es hieß im Mhd. *(ge)bûr* und bedeutete 'Mitbewohner, Nachbar'. Diese Bedeutung ist noch im heutigen Niederländisch erhalten: *buur*, gew. *buurman* oder *buurvrouw* 'Nachbar/in/' (die nl. Nebenform *boer* bedeutet 'Bauer'). Vgl. auch die Zusammensetzung *Nachbar*, eng. *neighbour*, dän. *nabo.*

Im Dt. wurde *Bauer* durch die soziale Entwicklung im Mittelalter zur Standesbezeichnung. — Bedeutungsverschiebung

Ins Schwed. kam das Wort durch das Mnd., wo *bûre* neben 'Mitbewohner; Landmann' auch die Bedeutung 'Bürger' bekommen hatte. Heute ist es im Schwed. jedoch nur noch in einigen weniger frequenten Zusammensetzungen erhalten, wie *burskap* (Bürgerrecht). — Bedeutungserweiterung

Im Eng. hat sich die Bedeutung von Bauer 'Landmann' zum Negativen hin verschoben; *boor* bedeutet heute 'Tölpel'. — Bedeutungsverschlechterung

Ebenso wie sich die Aussprache und das Schriftbild von *bur* zu *Bauer* änderte, wandelte sich, unabhängig von der lautlichen Form, auch die Bedeutung im Laufe der Zeit. Ein sehr großer Teil des deutschen Wortschatzes hat einen solchen Bedeutungswandel erfahren, der sich in den verwandten Sprachen nicht immer gleich entwickelte, wie obenstehendes Beispiel zeigt.

Über die Ursachen und die wichtigsten Typen des Bedeutungswandels orientiert Kapitel 4.

3. Entlehnung

3.1. Formen der Entlehnung

Die meisten Neuwörter kommen als Lehngut in die Sprache. Sie werden entweder direkt in der fremden Form übernommen (Fremdwort, Lehnwort) oder indirekt mit Mitteln der eigenen Sprache dem fremden Wort nachgebildet (Sammelbegriff: Lehnbildung). Schließlich können auch einheimische Wörter durch fremden Einfluß eine neue Bedeutung bekommen (Lehnbedeutung).

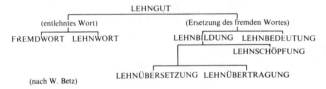

(nach W. Betz)

Fremdwort und Lehnwort

Fremdwort ist ein aus einer anderen Sprache in den allgemeinen Wortschatz übernommenes (= lexikalisiertes) Wort. Solange das fremde Wort die ursprüngliche Gestalt beibehält, d.h. Orthographie, Lautform und Flexion, nennt man es gewöhnlich Fremdwort,[1] z.B. *die Saison, -s* [sɛˈzɔ̃] < frz. *saison, -s; die Causa, -æ* < lat. *causa, -æ* 'Ursache, Rechtssache', *die Comics* (plur.) [ˈkɔmɪks] < eng. *comics*, Kurzwort für *comic strips; die Pizza, -ze* oder *-s* < it. *pizza, -ze*.

Lehnwort ist ein mehr oder weniger assimiliertes Fremdwort. Dem Deutschen völlig angepaßt sind z.B. *der Bischof, -e* † < gr. *epískopos; pfeifen* < lat. *pipare; die Kutsche, -n* < ung. *kocsi*. Teilweise assimiliert sind *der Klub, -s* [klup] < eng. *club* [klʌb], *die Memoiren* [memoˈaːrən] < frz. *les mémoires*.

Manche fremde Wörter bleiben lange Zeit Fremdwörter, während andere ziemlich schnell zu Lehnwörtern übergehen. Eine scharfe Grenze

---

[1] Zitatwörter bilden eine besondere, den Eigennamen nahestehende Gruppe von Fremdwörtern. Sie bezeichnen Dinge, die es nur in dem betreffenden fremden Land gibt, z.B. eng. *Queen*, jap. *Harakiri*, russ. *Komsomol* usw.

23

zwischen Fremdwort und Lehnwort läßt sich jedoch nicht immer aufrechterhalten.

In den folgenden Skizzen bezeichnet der äußere Rahmen die Wortform und der innere Rahmen die Bedeutung.

eng. *test*   dt. *Test*

Bei Fremdwort und Lehnwort werden sowohl Wortform wie Bedeutung übernommen:

eng. *computer* > dt. *Computer*; it. *citrone* > dt. *Zitrone*.

Lehnbedeutung

Nur die Bedeutung, nicht das Wort, wird bei einer Lehnbedeutung übernommen und auf ein einheimisches Wort übertragen:

lat. *baptisare*   dt. *taufen*

Vom lat. *baptizare* (griech. *baptízein*) beeinflußt bekommt das germ. Wort *daupjan* 'eintauchen' eine neue Bedeutung, 'durch Eintauchen zum Christen machen'. (Durch Lautwandel entsteht später *taufen*.) Dt. *buchen* 'in ein Rechnungsbuch eintragen' hat zusätzlich eine neue Lehnbedeutung aus dem Eng. (*book*) bekommen: 'einen Platz bestellen'; ebenso ist die Bedeutung *schneiden* 'nicht beachten' aus dem Eng. übernommen (*to cut a person*). Lehnbedeutungen entstehen oft durch Interferenzen solcher Leute, die die fremde Sprache gut beherrschen: *realisieren* 'verwirklichen' hat durch eng. Interferenz die Lehnbedeutung 'einsehen' bekommen.

Lehnbildungen

Lehnbildungen sind nach fremdem Vorbild entstandene Zusammensetzungen oder Ableitungen, die aus einheimischen Sprachelementen bestehen:

Lehnübersetzung

Lehnübersetzung ist eine Glied-für-Glied-Übersetzung:

eng. *pocket-book* dt. *Taschenbuch*

eng. *pocket-book* > dt. *Taschenbuch*; frz. *ordre du jour* > *Tagesordnung*; russ. *dom kultury* > *Kulturhaus*; lat. *compassio* > *Mitleid*.

Lehnübertragung

Lehnübertragung ist eine Teilübersetzung, wo eines der Glieder nicht direkt mit dem Vorbild übereinstimmt:

eng. *air-lift*   dt. *Luftbrücke*

eng. *air-lift* 'Luft-Fahrstuhl' > dt. *Luftbrücke*; lat. *paeninsula* ('beinahe-Insel', vgl. frz. *presqu'île*) > dt. *Halbinsel*; griech.-lat. *geographia* 'Erdbeschreibung' > dt. *Erdkunde*.

Lehnschöpfung

Lehnschöpfung wird das neugebildete Wort genannt, wenn es keine direkte Übersetzung oder Teilübersetzung (Lehnübersetzung, Lehnübertragung), sondern von dem fremden Vorbild formal unabhängig ist. Eine Lehnschöpfung entsteht jedoch immer aus dem Bedürfnis, ein fremdes Wort durch ein einheimisches zu ersetzen.

24

frz. *Cognac* (nach der frz. Stadt Cognac benannt) > dt. *Kognak* > dt. *Weinbrand*. Im Versailler Vertrag wurde den deutschen Weinbrennereien der Markenname Kognak verboten, weshalb das deutsche Erzeugnis seit 1921 Weinbrand heißt. Frz. *vélocipède* (zu lat. *velox* 'schnell' + *pes* 'Fuß') > dt. *Veloziped > Fahrrad. Automobil* (zu griech. *autos* 'selbst' + lat. *mobilis* 'beweglich') > *Kraftwagen*.

Aus unverständlichen Fremdwörtern können manchmal Volksetymologien entstehen, s. 2.3.1.

3.2. Entlehnungen im Deutschen (Übersicht)

An der Sprache lassen sich heute noch die großen Wellen einst einströmender Fremdwörter beobachten, die von früheren zwischensprachlichen Beziehungen zeugen. Jeder Kontakt mit einer anderen Kultur hat sich als sprachlich bereichernd erwiesen und mehr oder weniger deutlich erkennbare Spuren hinterlassen. Diese Entlehnungen spiegeln Kriege und historisches Geschehen, Ideologien, Moderichtungen, Kulturwandel, wissenschaftliche und technische Entwicklung. Während folgender Sprachperioden ist der fremde Einfluß auf den germanischen bzw. deutschen Wortschatz besonders groß gewesen:

- die Römerzeit, 50 v.Chr. − 500 n.Chr.: Latein, „die erste lateinische Welle", 7.3.1.
- die Zeit der Christianisierung, etwa 500 − 800: Latein, „die zweite lateinische Welle", 9.3.2.
- die höfische Zeit, 1150 − 1250: Französisch, 11.6.2.
- das Zeitalter des Humanismus, Ende des 15. Jh. − 16. Jh.: Latein, „die dritte lateinische Welle", 14.4.4.
- 30jähriger Krieg und Alamodezeit, 17. Jh.: romanische Sprachen, dann bes. Französisch, 15.3.1.
- 19. − 20. Jh.: Internationalismen aus lateinischen und griechischen Wortstämmen, 15.5.2., 16.3.3.
- Nach dem 2. Weltkrieg: Anglo-amerikanisch, 16.3.3.

Weniger frequent sind die Entlehnungen aus anderen Sprachen wie

aus dem Keltischen in germanischer Zeit nur wenige Wörter: *welsch, Eisen, Amt, Reich* (7.3.1.), jedoch mehrere geographische Namen wie *Mainz* (< *Mogontiacum*), *Worms* (< *Borbetomagus*), *Kempten* (< *Cambodunum*);
aus dem Griechischen in vorahd. Zeit (7.3.2.) und mit dem Humanismus (14.4.4.);

25

aus dem Italienischen mit der italienischen Buchführung im 15. Jh. (*Konto, Kredit, Bilanz*) und durch die Einwirkung der italienischen Musik, bes. im 16.–17. Jh. (*Baß, Allegro, Violine, Fagott* u.a.), (vgl. 14.4.4.);

aus slawischen Sprachen einige wenige Wörter: *Droschke, Grenze, Peitsche, Säbel, Quark, Zobel; Datsche, Kolchose* (17.5.3.) und Ortsnamen (11.5.1.).

aus dem Niederländischen, bes. im 17. Jh., 15.3.1.;

aus dem Niederdeutschen, 13.3.2.;

aus den nordischen Sprachen: *Schi, Slalom* (norwegisch); *Knäckebrot, Moped, Ombudsmann, Sozialhilfe* (schwed.).

Die Entlehnungen aus entlegeneren Sprachen wurden oft durch das Lateinische, Französische oder Englische vermittelt, z.B.

aus dem Indischen: *Dschungel, Ingwer, Joga, Pyjama, Pfeffer, Reis* u.a.;

aus dem Arabischen: *Algebra, Alkohol, Atlas, Harem, Kaffee, Safran, Ziffer* u.a.;

aus amerikanischen Indianersprachen: *Kokain, Kondor, Schokolade, Tomate, Tabak* u.a.

3.3. Purismus im Deutschen (Übersicht)

Es hat auch Perioden gegeben, in denen Sprachreiniger, Puristen, die Fremdwörter aus der deutschen Sprache zu entfernen suchten. Oft wurden hierbei nationalistische Gründe angeführt.

- 17. Jh. – Dreißigjähriger Krieg und Alamodezeit: Die Sprachgesellschaften (1617 Fruchtbringende Gesellschaft) wandten sich gegen die lateinische und vor allem gegen die französische Überfremdung, 15.3.2.
- Um 1800 im Zusammenhang mit dem starken Patriotismus der Befreiungskriege gegen Napoleon: Einen großen Einfluß auf den Wortschatz hatte J.H. Campe, der in seinen Wörterbüchern (1801–11) viele Verdeutschungen vorschlug, 15.5.1.
- Nach der Reichsgründung 1871: Die puristischen Bestrebungen des Allgemeinen Deutschen Sprachvereins (1885 gegründet) waren bes. zu Beginn des 20. Jh. erfolgreich, bis Hitler sich durch einen sog. Führererlaß 1940 gegen „die künstliche Ersetzung längst ins Deutsche eingebürgerter Fremdworte" wandte, 15.4.4.; 16.2.2.

4. Bedeutungswandel

4.1. Bedeutung

Es ist einfacher, die gesprochene und geschriebene sprachliche Form zu beschreiben, als den sprachlichen Inhalt, die Bedeutung eines Wortes. Lange Zeit hat sich die Sprachforschung auch mehr mit Laut und Form als mit der Bedeutung beschäftigt.

Die Bedeutung eines Wortes ist nichts Einheitliches, sondern besteht aus mehreren Komponenten. In linguistischer und philosophischer Semantik unterscheidet man Inhalt und Umfang eines Wortes. Der Bedeutungsinhalt bezeichnet die Summe aller Eigenschaften und Merkmale, die den Begriff kennzeichnen, bei *Tier* etwa 'organisches Wesen, Bewegungsfähigkeit, nicht-Mensch' u.a.

Der Bedeutungsumfang (Extension) umfaßt alle einzelnen Individuen (Referenten), für die das Wort verwendet werden kann, bei *Tier* eine große Menge: Säugetier, Vogel, Fisch, Schmetterling, Wurm usw.

Je größer der Bedeutungsinhalt, umso kleiner der Bedeutungsumfang und umgekehrt, d.h. fügen wir noch ein Merkmal 'das seinen Jungen Milch gibt', zum Inhalt 'Tier', dann sinkt die Anzahl der Individuen, die dieser Begriff umfaßt:

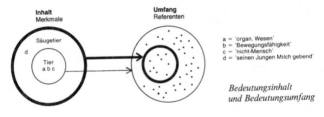

a = 'organ. Wesen'
b = 'Bewegungsfähigkeit'
c = 'nicht-Mensch'
d = 'seinen Jungen Milch gebend'

Bedeutungsinhalt
und Bedeutungsumfang

Neben dieser sog. lexikalischen Bedeutung spricht man auch vom Nebensinn eines Wortes (die Begleitvorstellungen, oft Konnotationen genannt). Bei einigen Wörtern ist der Nebensinn emotiv, d.h. hat einen positiven oder negativen Gefühlston, während andere Wörter neutral sind.

Sterben ist z.B. neutral, während der schonende Ausdruck *heimgehen* neben seiner Bedeutung 'aufhören zu leben' noch eine religiöse Begleitvorstellung des Heim- (in den Himmel) kommens vermittelt. (Vgl. hierzu Euphemismus 4.3.3.) Auch mit dem Wort *abkratzen* soll durch den roh-humoristischen Nebensinn der Schrecken des Todes unterdrückt werden. Das vulgäre *verrecken* zeigt eine verächtliche oder gehässige Einstellung des Sprechers.

Die Lehre von der Bedeutung der Wörter und ihren Wandlungen nennt man Semantik (auch Semasiologie). Etymologie ist die Lehre von der Herkunft und Grundbedeutung der Wörter.

4.2. Arten des Bedeutungswandels

Bedeutungswandel ist die vielleicht häufigste Art der sprachlichen Veränderung. Da er sich im Bewußtsein des Menschen vollzieht und von vielen psychologischen und gesellschaftlichen Faktoren abhängig ist, läßt er sich schwer abgrenzen und beschreiben. Wenn wir vom Resultat des Bedeutungswandels ausgehen, können wir, grob gesehen, folgende Arten unterscheiden:

Bedeutungs-
verengung

Der Bedeutungsumfang ist kleiner geworden, dadurch daß noch weitere, spezialisierende Merkmale zu dem ursprünglichen Inhalt gekommen sind.

gerben, ahd. *garawen*, bedeutet eigentlich 'gar (fertig) machen' > mhd. *gerwen*, das bald auf die Lederbereitung beschränkt wurde, also + 'Leder /fertig machen/' > nhd. *gerben*. Die schwedische Form *göra* (tun) hat dagegen einen weiteren Bedeutungsumfang bekommen.

Mut bezeichnete in älterer Sprache die wechselnden Gemütszustände des Menschen, was noch in eng. *mood*, dt. *guten Mutes sein*, erhalten ist. Die heutige engere Bedeutung 'Tapferkeit' (vgl. schwed. *mod*) hat sich erst seit dem 16. Jh. durchgesetzt.

Mhd. *hôch(ge)zît* war ein hohes kirchliches oder weltliches Fest oder einfach 'Freude' (schwed. *högtid*). Nhd. *Hochzeit* hat die verengte Bedeutung 'Eheschließungsfeier'.

Bedeutungs-
erweiterung

Der Umfang hat sich vergrößert.

fertig heißt ursprünglich 'zur Fahrt gerüstet', jetzt allgemeiner 'bereit' und 'beendet'.

Sache hatte früher die engere Bedeutung 'Streit, Rechtssache', die in dem juristischen Ausdruck *in Sachen X gegen Y* und in *Widersacher* erhalten ist (6.1.).

In einer *Herberge* wurde urspr. nur das Heer untergebracht, dann bekam das Wort die weitere Bedeutung 'Unterkunft für Fremde'.

Zu den Bedeutungserweiterungen gehören viele Ausdrücke, die metaphorisch, d.h. bildlich, in übertragenem Sinn verwendet werden, z.B. *Esel*, das auch in der Bedeutung 'dummer Mensch' gebraucht werden kann (4.3.2.).

Bedeutungs-
verschiebung

Wenn ein sprachliches Bild ganz verblaßt ist, so daß die ursprüngliche konkrete Bedeutung nur noch abstrakt ist, kann man von Bedeutungsverschiebung sprechen, wie z.B. *begreifen, ausdrücken, sich in etwas vertiefen*.

Bedeutungsverschiebung liegt auch vor in *elend* 'unglücklich, ärmlich' < ahd. *elilenti* 'in einem anderen, fremden Land, ausgewiesen'. Der Ausschluß aus der Rechtsgemeinschaft des eigenen Volkes wurde als großes Unglück empfunden, daher die heutige Bedeutung.

28

Frauenzimmer, ursprünglich 'Aufenthaltsraum der Frauen', dann 'Frau' (vgl. unten Metonymie). Heute wird das Wort meist verächtlich verwendet und hat folglich auch eine Bedeutungsverschlechterung durchgemacht.

Neben diesen drei Hauptarten des Bedeutungswandels werden in Handbüchern noch folgende zwei Termini verwendet:

Bedeutungs-
verschlechterung

Die Bedeutung eines Wortes ist vom moralischen, sozialen oder auch stilistischen Gesichtspunkt aus schlechter geworden.

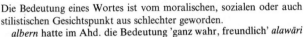

albern hatte im Ahd. die Bedeutung 'ganz wahr, freundlich' *alawāri* (vgl. schwed. *allvar* 'Ernst'). Im Mhd. war *alwaere* schon 'allzu gütig, dumm' geworden, und nhd. *albern* bedeutet 'töricht, einfältig'.

Spießbürger, früher die Bezeichnung des bewaffneten Stadtbürgers, wurde bald abwertend gebraucht und ist heute ein Spottname für einen engstirnigen, kleinlich denkenden Menschen.

Spießbürger.

Eine Bedeutungsverschlechterung ist sehr oft mit einer Bedeutungsverengung verknüpft. So verengte und „verschlechterte" das Wort *Dirne* 'junges Mädchen' seine Bedeutung zu 'dienendes junges Mädchen' und sank schließlich zu 'Hure' ab. Dagegen hat schwed. *tärna* die alte Bedeutung beibehalten, wird aber nur noch im höheren poetischen Stil gebraucht. Vgl. auch bair.-österr. *Dirndl* 'Mädchen'.

Bedeutungs-
verbesserung

Bedeutungsverbesserung kommt selten vor.

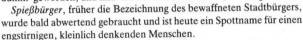

Marschall, ahd. *marahscalc*, eigentlich 'Pferdeknecht (vgl. schwed. *märr*, dt. *Mähre*) > Stallmeister > Hofbeamter > oberster Befehlshaber der Reiterei > (seit dem 16./17. Jh.) höchster militärischer Rang'.

Minister bedeutet wörtlich 'der geringere (lat. *minus*), Diener'; dann > 'Diener des Staates, oberster Verwaltungsbeamter des Staates'.

Gesellschaftlich bedingt ist z.B. die Bedeutungsverbesserung des Wortes *Arbeiter*.

4.3. Ursachen des Bedeutungswandels

Interessanter als die traditionelle logische Grobeinteilung des Bedeutungswandels zu registrieren (oben 4.2.), ist es, den Ursachen der Bedeutungsveränderungen nachzugehen. Oft tragen mehrere Faktoren zu einer Bedeutungsveränderung bei: geschichtliche, soziale, psychologische u.a. (Kap. 2). Einige der wichtigsten Ursachen sind die Abnutzung (Bedeutungsentleerung), bes. von verstärkenden und affektbetonenden Wörtern, die Tendenz, sich bildhaft oder beschönigend auszudrücken, und die Veränderung der materiellen und gesellschaftlichen Verhältnisse.

4.3.1. Veränderung der Sache

Kulturelle
Entwicklung

Von der Entwicklung der Zivilisation zeugen mehrere Wörter, deren Bedeutung sich an neue technische, kulturelle und gesellschaftliche Verhältnisse angepaßt hat, während die ursprüngliche Bezeichnung beibehalten wurde:

Hammer bedeutet eigentlich 'Felsen, Stein' und zeigt, daß die ältesten Werkzeuge aus Stein gemacht waren. Das Wort blieb, obwohl sich das Material änderte (vgl. die vielen skandinavischen Ortsnamen, die dieses Wort enthalten: *Hamar, Hammarby, Bergshamra*).

Schlüsselbein verrät durch die Form dieses Knochens, daß die ersten primitiven Schlüssel aus einer leicht gebogenen (Metall)-stange bestanden haben müssen.

Buch läßt darauf schließen, daß die Schreibtafeln der Germanen aus Buchenholz hergestellt wurden. Die Bezeichnung wurde beibehalten, als man dazu überging, auf Pergament und Papier zu schreiben.

Fräulein spiegelt Veränderungen der gesellschaftlichen Struktur: bis ins 18./19. Jh. war das Wort der unverheirateten adeligen Dame vorbehalten. So noch bei Goethe:

Faust: *Mein schönes Fräulein! Darf ich wagen, meinen Arm und Geleit Ihr anzutragen?*

Margarete: *Bin weder Fräulein, weder schön. Kann ungeleitet nach Hause gehn.*

(Faust I)

Dann wurde es auf bürgerliche Mädchen ausgedehnt und gilt heute allgemein für unverheiratete Frauen.

Kappe war in mhd. Zeit ein Mantel mit Kapuze. Als dieses Kleidungsstück aus der Mode kam, änderte sich auch die Bedeutung des Wortes: dt. *Kappe* 'Kopfbedeckung', schwed. *kappa* 'Mantel'.

4.3.2. Tendenz zum bildhaften Ausdruck (Metapher und Metonymie)

Sehr alt ist die Tendenz, sich in Bildern und Vergleichen auszudrücken. Besonders für die volkstümliche Sprache ist die bildhafte Rede charakteristisch, für die Mundart, die saloppe Umgangssprache und auch für die verschiedenen Sondersprachen, wie z.B. die Sportsprache (vgl. 16.3.2.).

Metapher

In der Metapher wird ein Ausdruck in übertragenem Sinn gebraucht. Viele der Wörter für geistige Vorgänge (vgl. 4.2.) sind ursprünglich konkrete Bilder, die wir heute nicht mehr als solche erkennen: *erfahren* (eig. 'reisend erkunden'), *einfallen* (von dem plötzlich „hereinstürzenden" Gedanken), *einen Streit beilegen* ('zur Seite legen'), *sich entpuppen* (sich plötzlich verändert zeigen, wie der neue Schmetterling aus der

Puppe), *überspannt* (eig. 'zu stark gespannt'), *hartnäckig, Einfluß, Vortrag.*

Die Metapher baut auf Ähnlichkeit in Gestalt, Eigenschaften oder Funktion. Der schmale obere Teil der Flasche wird z.B. *Hals* genannt. Oft stammen die Metaphern aus der Tierwelt: der *Wasserhahn* erinnert an einen Hahn, der *Kran* an den Vogel Kranich (mhd. *krane*) mit seinem langen Hals, der *Fleischwolf* zerkleinert das Fleisch wie ein hungriger Wolf, und eine *Schweinerei* ist etwas Schmutziges und Unordentliches. *Es wurmt mich* heißt 'es nagt wie ein Wurm an mir'. Wer *hamstert*, häuft Vorräte an, wie das kleine Nagetier es tut. Ein *affiges* Benehmen ist nachäffend, gekünstelt.

Kopf bedeutet eig. 'Becher' (vgl. eng. *cup*, schwed. *kopp* 'Tasse') und wurde mhd. oft metaphorisch für 'Hirnschale' verwendet. Im Nhd. hat es dann das germ. Wort *Haupt* verdrängt, das heute nur noch in gehobener Sprache oder im übertragenen Sinn gebraucht wird (*Haupt der Familie* u.a.). In der neuen Bedeutung hat *Kopf* dann zu weiteren Metaphern inspiriert: *Stecknadel-, Noten-, Salat-, Brücken-, Briefkopf.* Für den Begriff 'Kopf' sind neue Metaphern in der Umgangssprache entstanden: *Birne, Rübe* u.a.

süß war von Anfang an eine Geschmacksbezeichnung, gilt aber heute auch von einem Duft, einem lieblichen Klang oder einer reizenden Erscheinung.

grell und *hell* bezogen sich früher nur auf laute Töne (vgl. *grollen* 'dröhnen; zürnen' und *hallen*), werden heute aber auch mit Gesichtseindrücken wie Farben und Licht verbunden.

Metonymie

Metonymie ist eine andere Art des bildlichen Ausdrucks, der nicht wie die Metapher auf Ähnlichkeit, sondern auf einem räumlichen, zeitlichen oder ursächlichen Zusammenhang beruht. Der Raum steht z.B. für Personen, die sich dort befinden: *Frauenzimmer, Handelskammer.* Weiter kann *Kirche* symbolisch für Glaubensgemeinschaft verwendet werden, *Lehrstuhl* für das Amt des Hochschullehrers, *Bonn* und *Moskau* für die Regierung der Bundesrepublik bzw. die der UdSSR. Umgekehrt bezeichnen *Steueramt, Ministerium* u.dgl. heute nicht nur die dort tätigen Personen, sondern auch das Gebäude.

Hierher gehören auch solche Wörter, die auf Personen- und Ortsnamen zurückgehen und urspr. den Erfinder, die Herkunft u.dgl. bezeichnen:

Kaiser (nach Julius Caesar), *Dahlie* (nach dem schwed. Botaniker Dahl), *Grog* (nach einem eng. Admiral mit dem Spitznamen „Old Grog", der seinen Matrosen den Rum nur noch mit Wasser verdünnt ausschenken ließ), *Mercedes* (nach der Tochter des Mannes, der sich als erster bei Daimler-Benz einen Rennwagen bestellte); *Damast* (Gewebe aus Damaskus), *Heller* (Pfennig aus Hall), *Pfirsich* (persischer Apfel).

Manchmal kann ein Teil für das Ganze verwendet werden (pars pro toto): *Lockenkopf* (für die ganze Person), eine gute *Seele, Bleichgesicht*;

Braunhemd (Träger der nationalsozialistischen Uniform), *Blaujacke* (Matrose).

Sprichwörter
und Redensarten

Die Sprache kennt auch eine große Zahl phraseologischer Verbindungen, die oft einen abstrakten Gedanken versinnbildlichen: Sprichwörter wie *Neue Besen kehren gut, Hunger ist der beste Koch* sowie anschauliche Redensarten, die oft aus Sondersprachen stammen: *auf falscher Fährte sein* (Jägersprache), *aus der Fassung geraten* (Goldschmied), *etwas mit in Kauf nehmen* (Kaufmann), *jemanden in die Enge treiben* (Soldaten), *die erste Geige spielen* (Musiker), *Farbe bekennen* (Kartenspieler),. *das rechte Sprungbrett nutzen* (Sportsprache 16.3.2.).

4.3.3. Tendenz zur beschönigenden Umschreibung (Euphemismus und Aufwertung)

Euphemismus

Durch Euphemismen werden unangenehme oder furchterregende Tatsachen verhüllt und beschönigend umschrieben. Manche Euphemismen gehen auf primitive Tabuvorstellungen zurück, nämlich daß man nicht von etwas reden soll, was man in Wahrheit weit wegwünscht, weil es dann vielleicht gerade eintritt. *Wenn man den Wolf nennt, kommt er gerennt!* Man glaubt das Böse zu überlisten, indem man ein unbekanntes Deckwort verwendet: *zum Kuckuck* (Teufel), *verflixt* (verflucht), *Bär* (eig. 'der Braune').

Später hat die Gesellschaft, bes. im vorigen Jahrhundert, der Sprache gewisse Tabus auferlegt, vgl. z.B. *Unaussprechliche* für 'Hosen'. Durch solche und andere Euphemismen will der Redende den Zuhörer schonen, indem er für Unangenehmes wie Krankheit, bes. Geistesgestörtheit, Tod, Kriminalität, Erotik u.dgl. einen weniger starken Ausdruck oder evtl. ein Fremdwort wählt: *unpäßlich* (leicht krank), *einen Vogel haben* (verrückt sein), *entschlafen* (sterben), *entwenden* (stehlen), *sitzen* (im Gefängnis sein), *hinters Licht führen* (betrügen), *Abort* (eig. 'abgelegener Ort', für 'Toilette'), *in anderen Umständen* (schwanger), *transpirieren* (schwitzen), *vollschlank* (dick).

Euphemismen können auch in bewußter Sprachlenkung für propagandistische Zwecke verwendet werden. Vgl. folgende Beispiele aus der Sprache des Dritten Reiches: *Neuordnung* (Eroberung weiter europäischer Gebiete), *Sicherstellung* (Beschlagnahme jüdischen Vermögens), *Endlösung* (Tötung der Juden), *Frontbegradigung* (Rückzug der deutschen Truppen), s. 16.2.2.

Politische Euphemismen von heute sind u.a. *Umsiedler* (Flüchtlinge), *Angleichung der Postgebühren* (Portoerhöhung), *freigestellte Arbeitnehmer* (Arbeitslose).

Soziale
Aufwertung

Soziale Aufwertung ist eine für unsere Zeit charakteristische Erscheinung. Früher wurde der im niedrigen Stand und in abhängigen Verhältnissen Lebende sprachlich noch niedriger gestellt. Heute werden un-

32

attraktive Berufe sprachlich aufgewertet, indem z.B. die Tätigkeit des Dienens, Aufpassens u.dgl. durch Ausdrücke wie *aufwarten, betreuen, helfen, mitarbeiten* oder Fremdwörter wie *assistieren* und *-service* umschrieben wird: der *Hausdiener* ist zum *Hausmeister*, das *Dienstmädchen* zur *Hausangestellten*, die *Putzfrau* zur *Raumpflegerin*, der *Laufbursche* zur *Bürokraft* und der *Bauer* zum *Landwirt* geworden. Soziale Abhängigkeit wird nicht mehr gern direkt ausgedrückt: *Körperbehindert* (Mensch mit körperlichem Schaden), *Sonderschule* (für 'Hilfsschule'), *sozial benachteiligt* (für 'arm'). Ebenso vermeidet man Ausdrücke, die für Angehörige anderer Rassen oder Völker als verletzend aufgefaßt werden könnten: *Gastarbeiter* (für 'Fremdarbeiter'), *Afroamerikaner, Afrikaner, Farbiger* oder dgl. (für 'Neger'). Auch hier könnte man von einer gewissen Sprachlenkung sprechen, indem die aufwertenden Wörter sozial- und wirtschaftspolitisch eine Funktion haben. Es liegt z.B. im Interesse des Arbeitgebers, gerade bei Mangelberufen die sozialen Unterschiede zu überbrücken.

Während der Euphemismus neben dem umschriebenen Ausdruck existiert (*entwenden* neben *stehlen*), ersetzt und verdrängt gewöhnlich das sozial aufwertende Wort das alte. Durch Bedeutungsentleerung (vgl. unten) verlieren diese Wörter jedoch oft ihren aufwertenden Charakter und müssen durch neue ersetzt werden: *unterentwickelte Länder* > *entwicklungsbedürftige Länder* > *Entwicklungsländer* oder *die Dritte Welt*.

4.3.4. Bedarf an stärkeren Ausdrücken (Hyperbel und Litotes)

Bedeutungs-
entleerung

Die Tatsache, daß manche Wörter durch häufigen Gebrauch abgenutzt wirken, führt zu einem Bedarf an neuen, stärkeren Ausdrücken, besonders in affektgebundenen Situationen. Verstärkende Adverbien machen oft eine solche Abschwächung mit; das heute farblose *sehr* bedeutet eig. 'schmerzlich' (vgl. *unversehrt, Kriegsversehrter* und schwed. *sår* 'Wunde'). *Fast* ('beinahe') war im Mhd. das Adverb von *fest* und wurde dort in der Bedeutung 'sehr' verwendet.

Übersteigerung

Es sind vor allem Wörter mit der Bedeutung 'gut', 'schlecht', 'groß' oder einfach verstärkend 'sehr', die dieser Abnutzungstendenz ausgesetzt sind. Folglich greift der Sprecher oft zur Übersteigerung (Hyperbel). *Phantastisch, kolossal, hundertprozentig, erstklassig, schrecklich, furchtbar, ungeheuer, erstaunlich* bedeuten oft nicht mehr als 'gut', 'sehr' oder dgl. Hier spielt die Umgangssprache eine große Rolle, und noch deutlicher läßt sich diese Tendenz in der Werbesprache verfolgen, wo ständig neue Übersteigerungen nötig sind: *Mords-(hunger), Heiden-(angst), Höllen-(lärm), Mist-(kerl); Bomben-(erfolg), blitz-(sauber), optimalste (Lösung), super-(fein); absolut einwandfrei; virtuos, rasant, ohnegleichen* usw. Auch wenn es um politische Propaganda geht, wird oft ein Superlativstil verwendet.

33

Wenn dann auch diese Übertreibungen ihre Wirkung verlieren, greift man manchmal zum Gegenteil. Eine vorsichtige, bescheidene Untertreibung (Li'totes) wirkt oft als Verstärkung: *nicht übel* ('gut, hübsch'), *ziemlich überraschend* ('sehr überraschend').

4.4. Zum Weiterlesen

Interessanten Lesestoff bieten hier die etymologischen und wortgeschichtlichen Wörterbücher, in denen man die Geschichte der Herkunft und der Bedeutungsentwicklung einzelner Wörter und auch Redensarten finden kann. Viele von ihnen sind kulturgeschichtlich interessant und geben Aufschluß über ältere Arbeitsmethoden, Glauben, gesellschaftliche Verhältnisse, Sitten und Gebräuche.

(a)

dreschen st. Ztw. Mhd. *dreschen* (mit *ę* aus *ë* vor *sch*), *dröschen*, ahd. *drëskan*, älter *thrëskan*, mnd. *dërschen*, *dörschen*, mnl. *dërscen*, *darscen*, *dorscen*, nnl. *dorschen*, ags. *þerscan*, älter *þrëscan*, engl. *thrash*, anord. *þryskva*, *þriskja*, spät auch *þrëskja*, norw. *treskja*, *tryskja*, dän. *terske*, schwed. *tröska*, got. *þriskan* führen auf germ. **þreskanan*, vorgerm. **tre-skō* 'lärmend mit den Füßen stampfen' in aslav. *trěskŭ* 'Krach', lit. *trėškéti* 'rasseln, klappern', *(su-)trėškinti* 'entzweischlagen', toch. A *trisk* 'tönen, dröhnen'. Wie noch die Südgermanen draschen, zeigen die Lehnwörter ital. *trescare* 'trampeln, tanzen', prov. *trescar*, *drescar*, afrz. *treschier* 'tanzen', *tresche* 'Springtanz', span. port. *triscare* 'mit den Füßen Lärm machen'; vgl. *tanzen*. Durch roman. Vermittlung lernen die Germanen das Dreschen mit dem Flegel (s. d.) kennen. Nach dem Vorbild dieses Lehnworts wird ahd. *driscil* (mhd. *dristel*, ags. *þerscel*, *þyrscel*, *þriscel*, engl. *threshel*), das als D r i s c h e l mundartl. bis heute lebt, mit dem *l*-Suffix und *-i-* als Mittelvokal gebildet, das mask. Gerätnamen von primären Verben ableitet (F l ü g e l , G r i f f e l , S c h l ü s s e l , W i r b e l , W ü r f e l , Z ü g e l). — Die Lautgeographie, ·mit dem *r*-Umsprung, von 'dreschen' bieten die Karten 117—121 des. Dt. Sprachatlas.

(a) Kluge-Mitzka: Etymologisches Wörterbuch der deutschen Sprache.

(b) Paul-Betz: Deutsches Wörterbuch.

(c) Duden: Der große Duden, Bd 7 — Herkunftswörterbuch.

(c)

Kreide w: Das feinkörnige Kalkgestein, das im Altertum vorwiegend als Puder (z. B. zum Reinigen weißer Wollstoffe) verwendet wurde, hieß bei den Römern crēta. Lat. crēta „Kreide" ist vermutlich als (terra) crēta „gesiebte Erde" zu deuten (zu cernere „scheiden, sichten"). – Nhd. Kreide geht auf mhd. krīde, spätahd. krīda zurück, das aus vlat. (galloroman.) crēda entlehnt ist. – Auf die früher übliche Art, Zechen oder Schulden mit Kreide auf ein schwarzes Brett zu schreiben, beziehen sich a n k r e i d e n und Wendungen wie z. B. 'in der Kreide stehen'. Abl.: k r e i d i g (17. Jh.).

(b)

Mittwoch, spätahd. *mittawëhha*, aus *mitte Woche* (s. *mitt*) „mittelster Teil der Woche" als Lüs. von kirchenlat. *media hebdomas*, urspr. F., noch jetzt md., nicht selten bei mitteldeutschen Schriftstellern des 18.Jh.: *auf die Mittwoche* Le., *die Mittwoche* Goe. Br.; ins M. übergetreten nach Analogie der übrigen Wochentage, zunächst mit schwacher Flexion, die sich in Oberdeutschland lange behauptet: *an einem Mittwochen* Miller, *am Mittwochen* Pest.

Vorgeschichte und Verwandtschafts-
verhältnisse der deutschen Sprache

*Felszeichnung aus
Bohuslän, Schweden*

Vorgeschichte und Verwandtschaftsverhältnisse der deutschen Sprache

5. Indoeuropäisch

Die Geschichte der deutschen Sprache beginnt zwar erst im 8. Jahrhundert mit den ersten schriftlichen Überlieferungen aus der Zeit Karls des Großen, aber um die damalige und die heutige Sprache richtig beurteilen zu können, müssen wir auch etwas über das Erbe aus der Vorzeit wissen: über Wortschatz, grammatische Struktur und Entwicklungstendenzen. Dieses Erbe teilt das Deutsche mit den anderen germanischen Sprachen, die wiederum ein Glied der großen indoeuropäischen Sprachfamilie sind (in älterer deutscher Fachliteratur *indogermanisch* genannt), der die meisten europäischen und einige asiatische Sprachen angehören.

5.1. Die indoeuropäischen Sprachen

Die wichtigsten indoeuropäischen Sprachgruppen sind

Indoeuropäische
Sprachgruppen

- Indoiranische Sprachen. Indisch: Die Entdeckung des klassischen Altindisch, des Sanskrits, hat viel für die historisch-vergleichende Sprachforschung bedeutet. Die neuindischen Sprachen, z.B. Hindi, Bengali, Urdu, und die Zigeunersprachen gehören zu dieser Gruppe. Iranisch lebt u.a. im Neupersischen, Kurdischen und Paschtu (Amtssprache in Afghanistan) weiter.
- Griechisch gehört zu den altertümlicheren ieur. Sprachen. Neugriechisch hat sich aus der Gemeinsprache der nachklassischen Zeit entwickelt. In dieser Gemeinsprache ist u.a. das Neue Testament geschrieben.
- Italische Sprachen. Lateinisch, die Sprache der Stadt Rom, verdrängte mit der zunehmenden Macht der Römer die übrigen italischen Sprachen und viele einheimische Sprachen anderer unterworfener Gebiete. Aus dem Vulgärlatein, d.h. der lateinischen Volkssprache, haben sich, z.B. durch die Sprechgewohnheiten anderssprachiger Völker, die romanischen Sprachen entwickelt: Italienisch, Spanisch, Portugiesisch, Französisch, Rumänisch, Rätoromanisch (in der Schweiz) u.a.
- Keltische Sprachen, wie z.B. Gallisch, waren vor der Völkerwanderungszeit über einen großen Teil Europas verbreitet, bis sie von

37

germanischen und romanischen Sprachen verdrängt wurden. (Vgl. die geographischen Namen 3.2.) Auf englischem und französischem Sprachgebiet (Irland, Wales, Bretagne u.a.) gibt es noch etwa 2 – 3 Mill. Keltischsprechende.

- Baltische und Slawische Sprachen. Baltische Sprachen: Heute werden noch Lettisch und die altertümliche litauische Sprache gesprochen. Slawische Sprachen: u.a. Russisch (Ostslawisch); Sorbisch in der DDR, Polnisch, Slowakisch, Tschechisch (Westslawisch); Serbokroatisch, Slowenisch (eine slowenische Minderheit wohnt in Kärnten), Bulgarisch, (Südslawisch).

- Germanische Sprachen: Englisch, Deutsch, Niederländisch, Afrikaans, Friesisch, Dänisch, Schwedisch, Norwegisch, Färöisch, Isländisch, s. Kapitel 6.

- Auch Albanisch, Armenisch und einige ausgestorbene Sprachen wie Hethitisch, Illyrisch, Tocharisch, Thrakisch und Phrygisch gehören hierher.

Nicht-indoeuropäische Sprachen in Europa sind u.a. Finnisch, Estnisch, Lappisch, Ungarisch (finnisch-ugrische Sprachen), Baskisch und Türkisch.

Indoeuropäisches Erbe

Was verbindet nun das Deutsche und andere germanische Sprachen mit den übrigen ieur. Sprachen? Die Ähnlichkeiten zeigen sich sowohl in einem aus ältester Zeit stammenden Grundwortschatz (*Vater*, *Arm*, *stehen*, *du* usw.), der sich natürlich, was Lautgestalt und Bedeutung betrifft, in den verschiedenen Sprachen häufig verschieden verändert hat, als auch in gewissen morphologischen Elementen (Flexionsendungen, Ablaut), die teilweise aber nur noch in den ältesten Sprachstufen erhalten sind.

5.2. Indoeuropäischer Wortschatz (Erbwörter)

Nur von wenigen ieur. Sprachgruppen kennt man schriftliche Überlieferungen aus der Zeit vor Chr., und der zeitliche Unterschied zwischen den Erstbelegen der Sprachen ist groß. Die ältesten – griechische, hethitische und indische – stammen aus dem 15. – 13. Jh. v. Chr. Seit etwa 600 v. Chr. ist geschriebenes Italisch überliefert. Die älteste, längere germanische Überlieferung ist ein um 500 n. Chr. geschriebener gotischer Text (7.2.). Baltisch ist erst seit dem 15. Jh. belegt.

Wortgleichungen

Die historisch-vergleichende Sprachwissenschaft, besonders des vorigen Jahrhunderts, hat jedoch durch systematische Vergleiche lautliche, lexikalische und grammatische Übereinstimmungen zwischen den ieur. Sprachen festgestellt, bei denen es sich nicht um Lehngut handelt, sondern die auf eine gemeinsame Vorstufe zurückgehen müssen, z.B.

germanisch	schwedisch	*tre*	*är*
	deutsch	*drei*	*ist*
	englisch	*three*	*is*
baltisch	litauisch	*trỹs*	*ĕsti*
slawisch	polnisch	*trzy*	*jest*
keltisch	altirisch	*trī*	*as (é)*
italisch	lateinisch	*trēs*	*est*
	französisch	*trois*	*est*
griechisch		*treĩs*	*estí*
indisch	altindisch	*trayas*	*ásti*
dagegen	finnisch	*kolme*	*on*
nicht-ieur.	hebräisch	*šaloš*	*(hové)*

Sogenannte Wortgleichungen wie die obenstehenden haben ergeben,

- daß gewisse Wortfelder für ieur. Sprachen gemeinsam sind, z.B. für Haustiere und Viehzucht: *Kuh, Ochse, Ziege, Schwein, Hund, Gans, Biene, melken, Wolle, Met* (aber noch nicht *Katze* und *Esel*); für gewisse Bäume und wilde Tiere: *Buche, Birke, Eiche, Föhre, Elch, Fuchs, Hase* (aber nicht *Löwe* und *Tiger*); für Behausung: *Zimmer* (das ursprünglich 'Holzbau' bedeutet, vgl. schwed. *timra* '/aus Holz/ erbauen', verwandt mit lat. *domus* 'Haus'), *Wand* (zu *winden* gebildet, also 'Flechtwerk' aus dem die Hauswände hergestellt wurden)
- daß andere Wortfelder in den verschiedenen Sprachen verschiedenen Ursprungs sind: Ackerbau (wie *Roggen, Mehl, säen* u.a.), das offene Meer und die Schiffahrt usw.

Kultur der
Indoeuropäer

Dies sind natürlich keine eindeutigen Beweise, denn es gibt mehrere unsichere Faktoren wie den Bedeutungswandel, das Verschwinden von Wörtern usw. Ebenso wenig läßt sich mit Sicherheit beweisen, daß ein gemeinsames Indoeuropäisch als Kommunikationsmittel existiert hat. Aus dem durch Wortgleichungen rekonstruierten Wortschatz hat man trotzdem einige Schlußfolgerungen über Kulturstufe, geographische Heimat und Kultur der Indoeuropäer gezogen: Sie lebten wahrscheinlich vor etwa 6.000 Jahren südlich des Kaukasus (nach einer anderen Theorie im südosteuropäischen Binnenland) in einer Jungsteinzeitkultur. Ihre Werkzeuge wurden aus Stein hergestellt (vgl. *Hammer* 4.3.1.), obwohl man das Kupfer kannte. Die Indoeuropäer waren Viehzüchter, und erst später kam der Ackerbau hinzu. Anfangs kannte man nur die Gerste. Man lebte in einer Großfamilie: Erbwörter sind u.a. *Vater, Mutter, Sohn, Bruder.* Die Verwandtschaftsbezeichnungen waren damals viel differenzierter als im heutigen Deutsch, was man teilweise noch im Schwedischen erkennen kann: *farfar* und *morfar, farmor* und *mormor* gegenüber *Großvater, Großmutter.* Bis ins 18. Jh. unterschied auch das Deutsche, wie heute noch das Schwedische, zwischen *Vetter* (urspr. 'Vaterbruder', heute 'Sohn des Onkels oder der Tante') und *Base* (urspr. 'Vaterschwester', heute 'Kusine') einerseits und den heute veralteten Bezeichnungen *Oheim* (urspr. 'Mutterbruder', dann 'Onkel') und *Muhme* (urspr. 'Mutterschwester', später allg. 'weibliche Verwandte') andererseits.

Die Indoeuropäer zählten vermutlich die Zeit nach *Nächten*, nicht nach Tagen (vgl. heute noch *Weihnachten, Fastnacht,* eng. *fortnight* < fourteen nights). Eine Rolle als Zeitmesser spielten demnach auch die *Mond*wechsel (ieur. **mēnōt-* 'Mond, Mondwechsel, Monat'). Man kannte das *Zehner*system: die Zahlen 1 – 10 und 100 sind Erbwörter in den ieur. Sprachen.

> *Vieh*: die ieur. Bedeutung 'Wolltier, Schaf' erweiterte sich auf Vieh überhaupt, lat. *pecu/s/,* ahd. *vihu,* nord. *fē.* Daß einst das Vieh der Hauptbesitz der Indoeuropäer war, erklärt den späteren Bedeutungsübergang zu 'Vermögen', z.B. im got. *faihu,* eng. *fee* ('Vermögen, Gebühr') und den abgeleiteten lat. Substantiven *pecunia* 'Geld' (vgl. *pekuniär*) und *feudum* 'Lehngut' (vgl. *feudal*).
>
> Ahd. *sahs* 'Schwert' (urspr. Schwert aus Stein, vgl. lat. *saxum* 'Stein') ist im Nhd. ausgestorben, aber im Wort *Messer,* urgerm. **mati-* ('Essen', vgl. schwed. *mat*) *-sahsa* und dem Namen *Sachsen* erhalten geblieben. Im Ahd. bezeichnete *sahs* ein langes Messer, das als die Nationalwaffe der Sachsen galt (s. Abb. 13.2.1.). Schwed. *sax* 'Schere' ist ein alter Plural, also 'Klingen, Schneiden'.
>
> *Gast* bedeutet urspr. 'Fremder'. Die zwiespältige Einstellung einem Fremden gegenüber, feindlich und freundlich, zeigt sich in der unterschiedlichen Bedeutungsentwicklung des Wortes: lat. *hostis* 'Feind', aber russ. *gospodín* 'Herr', lat. *hospes* 'Gastfreund, Gastgeber'. Auf *hospes* gehen wiederum die Wörter *Hospital* (aus dem Lat.), *Hotel* (aus dem Frz.) und *Hostess* (aus dem Eng.) zurück.
>
> *Garten* bedeutet eig. 'umzäunter Besitz', Altschwedisch *garþer* 'Zaun' (schwed. *gärdesgård*), eng. *yard* 'Hof', russ. *gorod* 'Stadt' (vgl. *Stuttgart, Bel-grad, Now-gorod*), lat. *hortus* 'Garten'. Das frz. *jardin* ist ein Lehnwort aus dem Ahd.

6. Germanisch

6.1. Einführung und kurze Charakteristik

Entstehung und Merkmale

Die Herausbildung der verschiedenen Sprachgruppen aus der ieur. Spracheinheit ist ein langer Prozeß. Für das Germanische begann er wahrscheinlich etwa 2000 v. Chr., als neue Gebiete um den westlichen Teil der Ostsee von Indoeuropäern besiedelt wurden, und war um 500 v. Chr. beendet, als sich die sprachlichen Veränderungen befestigt hatten, welche die germ. Sprachen von den übrigen ieur. Sprachen unterscheiden, nämlich hauptsächlich:

- die erste Lautverschiebung
- der Akzentwandel
- die damit zusammenhängende Vereinfachung des ieur. Endungssystems und die hierdurch beginnende Entwicklung vom synthetischen zum analytischen Sprachbau
- die Systematisierung des Ablauts bei den starken Verben
- die Herausbildung der schwachen Verben und der schwachen Adjektivflexion.

Die Art und der Umfang der Veränderungen auf allen sprachlichen Ebenen lassen vermuten, daß ein Sprachkontakt vorgelegen hat.

Die rekonstruierte Vorstufe der germanischen Einzelsprachen wird oft URGERMANISCH genannt. Manchmal wird auch zwischen Prägermanisch (etwa Bronzezeit) und Gemeingermanisch (jüngere Eisenzeit, etwa 700–100 v. Chr.) unterschieden.

KULTURGESCHICHTLICHE ENTWICKLUNG UND WORTSCHATZ

6.2. Quellen des Germanischen

Unvollständige Unterlagen

Die ältere Sprachstufe der romanischen Sprachen, Latein, ist reich dokumentiert, für das Germanische gibt es aber nur spärliche schriftliche Unterlagen:

- Einzelne Wörter kommen in lateinischen Texten vom 1. Jh. v. Chr. vor, z.B. *alces* 'Elche', *sapo* 'Schminke' (> schwed. *såpa*, dt. *Seife*), *runa* 'Rune', *harpa* 'Harfe', *medus* 'Met'.
- Aus späterer Zeit (etwa 3.–5. Jh.) gibt es einige kurze Runeninschriften.
- Frühe Lehnwörter in den Nachbarsprachen haben oft die alten germ. Formen beibehalten:

finn. *kuningas*	germ. **kuningaz*	dt. *König*
finn. *kernas*	germ. **gernaz*	dt. *gern*
finn. *sakko*	germ. **sakō*	dt. (Rechts-) *Sache* finn. 'Geldstrafe' (4.2.)
lett. *gatva*	germ. **gatwōn*	dt. *Gasse*, schwed. *gata*.

- Im übrigen ist man wie für das Ieur. auf die rekonstruierten Wortformen angewiesen, welche die vergleichende Sprachwissenschaft aus den ältesten Stufen der verschiedenen germ. Sprachen erschlossen hat.

Neue Wörter und Wortfelder geben Aufschluß über Leben, Gesellschaft und Kultur der Germanen. Archäologische Funde können die Resultate zum Teil bestätigen — obwohl sich natürlich durch schriftlose Funde kein Zusammenhang mit einer bestimmten Sprachgruppe beweisen läßt.

6.3. Germanischer Wortschatz (Erbwörter)

Kultur der Germanen

An dem erweiterten Wortbestand der Germanen können wir die Fortschritte gegenüber der älteren Zeit erkennen. Die „Urgermanen" lebten in einer Bronzezeitkultur, also bequemer als ihre Vorfahren. Sie wohnten und aßen besser (*Bett, Stuhl, Wiege, Brot, Kuchen, Brei, Mus*), hatten mehr Werkzeuge (*Spaten* /urspr. aus Holz/, *Säge, Sense*),

Die Felszeichnungen aus Bohuslän, Schweden, stammen auch aus einer Bronzezeitkultur: Krieger, pflügender Mann, Fischer, Schiff.

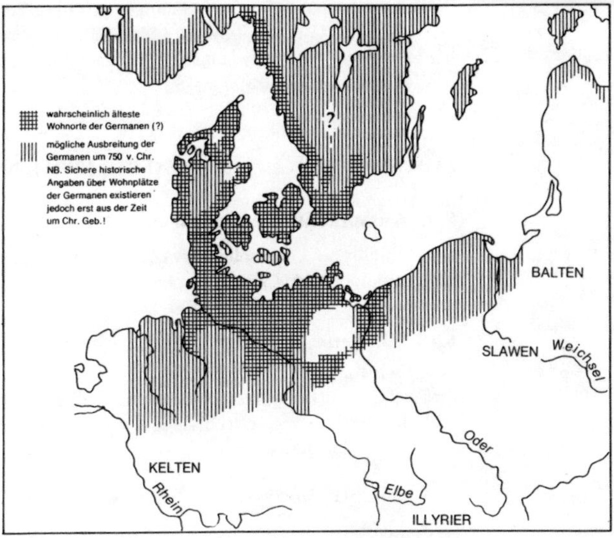
wahrscheinlich älteste Wohnorte der Germanen (?)
mögliche Ausbreitung der Germanen um 750 v. Chr.
NB. Sichere historische Angaben über Wohnplätze der Germanen existieren jedoch erst aus der Zeit um Chr. Geb.!
?
BALTEN
SLAWEN
Weichsel
Oder
KELTEN
Rhein
Elbe
ILLYRIER

(Nach E. Schwarz.)

kleideten sich besser (*Hemd, Rock, Hose*, eig. 'um die Unterschenkel geschnürte Lappen', *Kleid, Haube*) und wuschen sich mit *Seife*.

Die neuen Wörter für Küstenlandschaft, Seefahrt und Fischfang (*Schiff, Segel, Dorsch* u.a.) und für nördliches Klima (*Reif, Frost*) sagen etwas über die Heimat der Germanen aus (vgl. Karte oben); und Wörter wie *König*, *Volk*, *Erbe*, *Ding* ('Gericht', vgl. schwed. *ting*, dän. *folketing* 'Parlament'), *Sache* ('Rechtssache'), *schwören*, *Buße*, *Bann* zeugen von ihrem Staats- und Rechtswesen.

Auffallend ist, daß viele neue Wörter in die Sachgebiete Kampf, Waffen u.dgl. gehören, was auch an den germanischen Personennamen deutlich wird. In diesen teilweise noch heute fortlebenden Personennamen gibt es viele alte Wortstämme aus dem Bereich des Kriegers:

Kampf: *wīg*[1] (vgl. schwed. *envig*), *gund, hild* (das Wort *Kampf* ist dagegen aus dem Latein entlehnt, *campus*);
Krieger und Volk: *heri* 'Heer', *folk* 'Volk, Kriegerschar', *diot (diet)* und *liut* 'Volk';
Waffen/*brand* 'Schwert', *gēr* 'Speer', *helm* und *grīma* 'Helm', *brunia* 'Brünne';
kriegerische Eigenschaften: *mag-* 'Kraft', *hart, bald* 'kühn' (vgl. schwed. *båld*), *willio* 'Wille', *māri* 'berühmt';
starke Tiere: *ar/n/* 'Adler', *bero, ber/n/* 'Bär', *ebur, wolf*.

[1] Die Wortstämme in ahd. Form.

Solche aus germanischen Wortstämmen gebildete Personennamen sind z.B. *Gunt-her* 'Gunnar', *Arn-bald* 'Arnold', *Wilhelm, Volkmar, Brünhild, Bernhard, Hildebrand* und die aus dem Germ. entlehnten frz. *Louis* 'Ludwig'[2] und it. *Garibaldi*.

ZUM SPRACHLICHEN SYSTEM DES GERMANISCHEN

6.4. Ausspracheveränderungen

Der auffälligste Unterschied zwischen den germanischen und den übrigen indoeuropäischen Sprachen betrifft den Konsonantismus.

6.4.1. Die germanische (erste) Lautverschiebung

ieur. p t k >
germ. f þ x

Wenn wir folgende Erbwörter aus indoeuropäischer Zeit miteinander vergleichen, merken wir einen deutlichen Unterschied zwischen einerseits den lateinischen, griechischen, indischen u.a. Wortformen und andererseits den germanischen:

aind. *pitár*, lat. *pater*	dt. *Vater*, eng. *father*, schwed. *fader*
griech. *pélla*, lat. *pellis*[3]	dt. *Fell*, eng. *fell*, schwed. *fjäll*
lat. *piscis*	dt. *Fisch*, schwed. *fisk* (11.2.3.)
lat. *nepos* 'Enkel'	dt. *Neffe* (vgl. *Nepotismus*, lat. Lehnwort)
lat. *precari*	dt. *fragen*
lat. *spuere*	dt. *speien*
griech. *treĩs*, lat. *tres*	got. *þreis*, eng. *three*, dt. *drei*
pers. *tundar*,/lat. *tonitrus*/	anord. *þórr*, eng. *thunder*, dt. *Donner*
lat., frz. *tu*	got. *þu*, eng. *thou*, dt. *du*
lat. *vertere*	got. *waírþan*, dt. *werden*
lat. *is-te*	eng. *the*, dt. *der*
lat. *est*	dt. *ist*
griech. *kýōn*, lat. *canis*	dt. *Hund*
lat. *cornu*	dt. *Horn*
lat. *centum*	dt. *hundert*
lat. *rectus*	dt. *recht*
lat. *quod*	ahd. *hwaz*, anord. *hvad*, eng. *what*
lat. *scabere*	ahd. *scaban*, schwed. *skava*

An den obenstehenden Wortgleichungen können' wir beobachten, daß ieur. *p t k* sich im Germanischen zu *f þ x* (später *h*)[4]

---

[2] *Lud-* ist wahrscheinlich auf germ. **hlōþo-* 'Schar' zurückzuführen.

[3] Vgl. *die Pelle*, 'Schale', aus dem Lat. entlehnt.

[4] *þ* ist die nordische Rune *þorn*, ausgesprochen wie eng. *th* [θ]. Im Deutschen ist aus dem *th* ein *d* geworden. *x* bezeichnet den ach-Laut.

verschoben haben, außer in gewissen Verbindungen wie *sp, st, sk* (vgl. oben lat. *spuere, est, piscis*). Diese Entwicklung wird die germanische oder erste Lautverschiebung genannt und ist in allen germanischen Sprachen vorhanden. In angelsächsischen Ländern heißt dieser Konsonantenwandel *Grimm's law*, nach seinem Entdecker Jacob Grimm 15.5.3. Tausend Jahre später ist eine zweite Lautverschiebung eingetreten, die nur das Hochdeutsche betroffen hat (8.1.).

Die erste Lautverschiebung dürfte abgeschlossen gewesen sein, bevor die Germanen mit den Römern in Berührung kamen, denn kein lateinisches Lehnwort hat diese Lautentwicklung mitgemacht: vgl. lat. Caesar > *Kaiser*, das vielleicht älteste lat. Lehnwort. Dagegen ist das griech. Wort *kannabis*, das wahrscheinlich im 5. Jh. vor Chr. entlehnt wurde, noch zu *Hanf* verschoben worden.

ieur. b d g >
germ. p t k

Zur germanischen Lautverschiebung gehört auch der Übergang von ieur. *b d g* zu germ. *p t k*. (S. weiter Lautverschiebung, S. 219).

lat. *labium*	: schwed. *läpp*
griech. *kardia* (vgl. *Kardiogramm*)	: eng. *heart*, schwed. *hjärta*
lat. *genu*	: dt. *Knie*, schwed. *knä*

Verners Gesetz

Warum heißt es *ziehen* aber *gezogen* — obwohl in beiden Fällen ein ieur *k* zugrunde liegt (lat. *ducere*)? Diese und ähnliche Fälle nannte J. Grimm g r a m m a t i s c h e n W e c h s e l, konnte sie aber nicht erklären. Die Lösung des Problems fand der dänische Sprachforscher Karl Verner (1875), weswegen die Erscheinung auch *Verners Gesetz* genannt wird. Genau wie heute noch bisweilen ein stimmloser Reibelaut (Spirant) im Inlaut vor einer betonten Silbe stimmhaft ausgesprochen werden kann — wahrscheinlich als eine Art Aussprachehilfe — dt. 'Nerven [f] : ner'vös [v]; eng. 'possible [s] : po'ssess [z] — war dies im Urgermanischen auch der Fall. Die durch die 1. Lautverschiebung aus *p t k* entstandenen *f þ x* sowie das *s* wurden nämlich — *wenn der indoeuropäische Akzent nicht auf der unmittelbar vorhergehenden Silbe lag* — *stimmhaft ausgesprochen*[5],

also: Akzent auf der unmittelbar vorhergehenden Silbe: stimmlos [' - f -],
      Akzent nicht auf der unmittelbar vorhergehenden Silbe: stimmhaft [' - - b̥] und [- b ' -]

Dies geschah, bevor der germanische Akzent auf die erste Silbe festgelegt wurde (vgl. unten Akzentwandel). Die Betonung auf der Endsilbe hatten z.B. Wörter wie ieur. *sept'm* (*sieben*), *pa²ter* (isl. *faðir*) und die Verbformen Prät. Plur. und Part. Prät., z.B. ieur. *uĕsu'me* (*wir waren*). Hieraus ist ein Konsonantenwechsel entstanden, der sich noch immer bei etymologisch verwandten Wörtern und bei den starken Verben auswirkt, obwohl er in älteren Sprachperioden häufiger war und in neuerer Zeit allmählich durch Analogie ausgeglichen wurde.

Lautliche Veränderungen haben bewirkt, daß im Neuhochdeutschen nun folgende Konsonanten im grammatischen Wechsel stehen:

f:b   d:t   h:g   s:r

[5] d.h. als stimmhafte Reibelaute [b], [d], [g] und [z]. In den germanischen Sprachen — außer im Gotischen — wurde dann [z] > r.

45

ieur	(germ.)	nhd		
p	(f:b)	f:b	*Hefe* (die den Teig hebt)	: *gehoben*
t	(þ:d)	d:t	*schneiden*	: *geschnitten*
			Knödel	: *Knoten*
k	(x:g)	h:g	*gedeihen*	: *gediegen*
			Höhe	: *Hügel*
s	(s:z)	s:r	*Verlust* (mhd. *verliesen*)	: *verloren*
			Wesen; eng. *(I) was*	: *waren*; eng. (*we*) *were*

6.4.2. ⁀Der Akzentwandel

Wichtig für die weitere Entwicklung der germanischen Sprachen ist die Veränderung des Wortakzents. Dieser war im Indoeuropäischen beweglich, wie z.B. im Altindischen und Griechischen, und konnte bei der Flexion eines Wortes wechseln: aind. *pād* ('Fuß'), Gen. *pa'das*, Akk. *'padam*; griech. *pa'ter*, Vok. *'pater*.

Druckakzent auf
die erste Silbe

Im Germanischen wurde ein starker Druckakzent (expiratorischer Akzent) auf die erste Silbe, gewöhnlich die Wurzelsilbe, festgelegt, die dadurch auf Kosten der anderen Silben hervorgehoben wurde.

Das Deutsche hat also heute Anfangsbetonung, mit einigen Ausnahmen:

• gewisse Präfixableitungen (*be'kommen, Ent'führung* etc.)
• einige dreisilbige Wörter (*Fo'relle, Herme'lin, le'bendig* etc.)
• viele nichtgerm. Fremd- und Lehnwörter (*Akti'on, Offi'zier* etc.).

NB.: den Akzentwechsel in *'Doktor, Dok'toren*.

Die Anfangsbetonung ermöglichte den Stabreim (Alliteration), auf den der germanische Vers baute (*Her furlaet in lante luttila sitten / prut in bure barn unwahsan*; s. Hildebrandlied Kap. 2.) und der noch in vielen Redewendungen erhalten ist: *Mann und Maus, Kind und Kegel, los und ledig, drauf und dran, bitterbös*.

6.4.3. Schwächung unbetonter Silben

Der Akzentwandel führte eine Schwächung oder ein Verschwinden von unbetonten Silben herbei, eine Entwicklung, die bis heute in den germanischen Sprachen weitergeht (11.2.1.):

kelt. *Mogontiacum* > *Mainz*
lat. *Colonia* > *Köln*, aber frz. *Cologne*
vlat. *pelegrinus* > dt. *Pilger*, aber ital. *pellegrino*
germ. **kuningaz* > anord. *konungr* > schwed. *kung*
ahd. *habēmēs* > nhd. (*wir*) *haben* > (*wir*) *ham* (umgangssprachlich)

46

6.5. Morphologie und Syntax: Schrumpfung und Vereinfachung des indoeuropäischen Formensystems

Beginn der Entwicklung vom synthetischen zum analytischen Sprachbau

Die Schwächung der unbetonten Silben im Germanischen trug zum Verfall des überreichen indoeuropäischen Formensystems bei. Hier beginnt die Entwicklung vom synthetischen zum analytischen Sprachbau (2.2.1.).

6.5.1. Verschwinden vieler indoeuropäischer Formen

Wie man an den älteren Stufen der verschiedenen Tochtersprachen erkennen kann, war das Indoeuropäische eine stark synthetische Sprache und kannte z.B. für die Nomina acht Kasus in vielen verschiedenen Deklinationen, für die Verben mehrere Konjugationsmöglichkeiten und ein vielfältiges Tempussystem. (Die ieur. Tempora drückten jedoch nicht Zeitstufen, sondern Aktionsarten aus, durativ, perfektiv, inchoativ u.a., was sich erst in den verschiedenen Tochtersprachen allmählich änderte und was die Unterschiede im Tempussystem der ieur. Sprachen erklärt.)

Kasus
- Von den acht Kasus fiel der Vokativ (Anredekasus) im Germanischen mit dem Nominativ zusammen (vgl. den „Anredenominativ" im Deutschen), Ablativ, Lokativ und Instrumentalis gingen in den Dativ über oder wurden durch eine Präposition ausgedrückt, z.B. Instrumentalis: *mit*; Ablativ (der gew. die Richtung 'von... weg' bezeichnete): *von, aus*; Lokativ (der den Ort anzeige, 'wo?'): *auf, in.*

Verbalflexion
- Noch deutlicher ist die Vereinfachung der Verbalflexion: die Dual-Form (Zwei-Einheit) verschwindet fast ganz, ebenso das Passiv und das Medium (entspricht der nhd. reflexiven Form); Konjunktiv und Optativ (Wunschform) fallen zusammen, und von den ieur. Tempora bleiben nur zwei im Germanischen: Präsens und Präteritum. Die verschwundenen Endungen werden jedoch später in den einzelnen germanischen Sprachen durch umschreibende Funktionswörter ersetzt. Man vergleiche z.B.

lat. *ed_am_* $\left\{ \begin{array}{l} \text{dt. } ich \underline{werde} \ essen \\ \text{eng. } I \underline{will} \ eat \\ \text{schwed. } jag \ \underline{skall} \ \ddot{a}ta \end{array} \right.$

Konjugation
- Die vielen ieur. Konjugationsmöglichkeiten (das Aind. kannte 10 verschiedene Arten, um das Präsens zu bilden!) werden im Germ. hauptsächlich auf zwei vereinfacht:
  (1) Tempusbildung durch Ablaut: „starke" Verben
  (2) Tempusbildung durch Dentalsuffix: „schwache" Verben

6.5.2. Der Ablaut

In etymologisch verwandten Wörtern und Wortteilen findet man schon in ieur. Zeit einen regelmäßigen Vokalwechsel, den sog. Ablaut, der sowohl die Qualität (Klangfarbe) des Vokals als auch die Quantität (Länge) betreffen kann, z.B.

griech. *'lego* ('lesen')   : *'logos* ('Wort')
lat. *edo* ('ich esse')   : *ēdi* ('ich habe gegessen')

Starke Verben

Im Germanischen wurde das Prinzip des Ablauts zu einem Konjugationssystem für die aus dem Ieur. ererbten Verben weitergeführt. Diese Verben, die „Grundtätigkeiten des menschlichen Lebens" bezeichnen (*gehen, stehen, essen, schlafen, nehmen, sterben, stehlen* usw.), bilden nun im Germanischen die Vergangenheit durch Vokalwechsel, d.h. durch eine innere Flexion statt mit Hilfe von Endungen. Von J. Grimm stammt die Bezeichnung starke Verben für diese Klasse. In der historischen Grammatik werden sie in 7 sog. Ablautreihen eingeteilt. Die großen lautlichen Veränderungen des Deutschen seit ältester Zeit machen jedoch eine solche Einteilung im heutigen Deutsch wenig sinnvoll (vgl. weiter 14.7.2. und S. 221 *Reduplikation*).

Qualitativer Ablaut

Der qualitative Ablaut ist der Wechsel des ieur. kurzen Stammvokals *e* in verschiedenen lautlichen Verbindungen zu ieur. *o*. Hieraus wurde im Germ. ein Wechsel zwischen *e* oder *i* und *a*. Dies kennzeichnete in den Ablautreihen 1 – 5 den Prät. Sing., und somit erhielt *a* bei diesen Verben die Bedeutung/Funktion 'Prät. Sing':

	Ieur.	Germ. Sprachen (Infinitiv: Prät. Sing.)
ieur. e:o germ. e(i): a	1. ei:oi	got. *beitan:bait* (schwed. *bita:bet*)
	2. eu:ou	got. *niutan:naut* (schwed. *njuta:njöt*)
	3. e:o	ahd. *werdan:ward*
	4. e:o	ahd. *stelan:stal*
	5. e:o	ahd. *lesan:las*

Quantitativer Ablaut

Der quantitative Ablaut war ein Wechsel der Vokaldauer, d.h. der kurze Stammvokal konnte entweder wegfallen (ø) oder verlängert werden. Dieser Ablaut kommt u.a. bei der 1. – 6. Ablautreihe vor, um den Prät. Plur. zu bezeichnen:

	Ieur.	Germ. Sprachen (Infinitiv: Prät. Plur.)
Wegfall	1. ei:i	got. *steigan: stigum* (nhd. *wir stiegen*)
	2. eu:u	ahd. *liogan: lugum* (nhd. *wir logen*)
	3. e:o	(ahd. e:u[6]) ahd. *werdan: wurdum* (nhd. *wir wurden*)
Verlängerung	4. e:ē	(ahd. e:ā) ahd. *stelan: stālum* (nhd. *wir stahlen*)
	5. e:ē	(ahd. e:ā) got. *sitan: sētum* (nhd. *wir saßen*)
	6. o:ō	(germ. a:ō) frühahd. *faran, fōrum* (nhd. *wir fuhren*)

48

Durch den Lautwandel haben sich die Ablautreihen verschieden wei-
terentwickelt und differenziert. Noch heute ist der Ablaut aber in allen
germanischen Sprachen erkennbar, wie an folgendem Beispiel der 3.
Ablautreihe deutlich wird (Verben mit dem Wurzelvokal *e* + *m/n* +
Kons.):

	Inf.	Prät. Sing.	Prät. Plur.	Prät. Part.
ieur.	*e*	*o*	$\emptyset$	$\emptyset$
germ.	*i*	*a*	*u*[6]	*u*[6]
ahd.	*trinkan*	*trank*	*trunkum*	*gitrunkan*
nhd.	*springen*	*sprang*		*gesprungen*
schwed.	*binda*	*band*	(*bundo*)	*bundit*
eng.	*sing*	*sang*		*sung*

Auch in der Wortbildung spielt der Ablaut eine Rolle, indem Substantive, Adjektive und andere Verben zu den verschiedenen Tempus-
stämmen der starken Verben gebildet werden konnten:

Inf.	Prät. Sing.	Prät. Plur.	Prät. Part.
3. *Binde*	*Band*	*Bund*	
4. *ge-bären*			
ent-behren	*barn*	*Bahre*	*Geburt*
('nicht-tragen')	(ahd., schwed.)		

6.5.3. Die neuen schwachen Verben

Für die im Germ. neuentstandenen Verben (meist Ableitungen wie
Kausativa und Denominativa) entsteht eine neue Konjugation. Das
Prät. wird durch ein Dentalsuffix ausgedrückt -d-, das wahrscheinlich
zu dem Verb *tun*, eng. *do*, gehört und nicht in anderen ieur. Sprachen
vorhanden ist.

got.	*nas-i-da*	*salb-ō-da*	*hab-ai-da*
ahd.	*ner-ita*	*salb-ōta*	*hab-ēta*
nhd.	*nähr-te*	*salb-te*	*hat-te*
schwed.	*när-de*	*salv-ade*	(*ha-de*)

6.5.4. Die neue schwache Adjektivflexion

Im Germ. gab es als ieur. Erbe zwei Deklinationstypen des Substantivs:

(1) die vokalischen oder „starken" (Wurzel + Stammvokal + Endung:
germ. **kuning-a-z*, **gast-i-z*, **sun-u-z*, vgl. got. *sunus* und schwed. Plur.
konung-ar, *gäst-er*),

---

[6] Das u ist hier ein sog. Svarabhaktivokal (Hilfsvokal), der zur Erleichterung der Aussprache entstanden ist (silbenbildende r̥ l̥ m̥ n̥ > ur ul um un).

(2) die konsonantischen, von denen die n-Deklination (lat. *homo*, *hom-in-is*, dt. *Mensch, des Menschen*, schwed. *öga, ögon*), von J. Grimm als die schwache bezeichnet, im Germ. die zahlreichste war.

Die substantivische *n*-Deklination wurde nun im Germ. als neue Flexionsmöglichkeit für die Adjektive übernommen. Somit entstand die „schwache Adjektivdeklination".

7. Die Zeit der germanischen Stammessprachen

(etwa römische Eisenzeit, 1. Jh. v. Chr. – 5. Jh. n. Chr.)

Wanderungen der Germanen

Die Germanen blieben nicht in ihrer Heimat in Südskandinavien und an der unteren Elbe. Schon in der jüngeren Bronzezeit, über 1.000 Jahre v.Chr., hatten expansive Wanderbewegungen begonnen (s. Karte 6.2.). Diese dauerten mehr als 1.500 Jahre und gipfelten in der turbulenten Völkerwanderungszeit (4. – 5. Jh. n. Chr.), wo fast die ganze germanische Welt in kleinen Gruppen bis zu ganzen Stämmen unterwegs gewesen zu sein scheint. Den Ausklang der Wanderbewegungen bildeten dann die Kolonisation von Island und die Wikingerzüge.

7.1. Die germanischen Stämme

Entstehung der Einzelstämme

Um Christi Geburt hatten die Germanen im Süden Kelten und Illyrier verdrängt und waren an die Grenzen des römischen Imperiums gelangt. Zu dieser Zeit kann man, mehr archäologisch als sprachlich gesehen, fünf größere Einheiten erkennen (s. unten), die zahlreiche Kleinstämme enthalten. Die Entstehung der einzelnen germanischen Großstämme darf man sich nicht als einfache Aufspaltung einer größeren Einheit vorstellen, sondern mehr als Integrierungen, Verschmelzungen kleinerer Gruppen, manchmal verschiedener Herkunft, in größere Verkehrsgemeinschaften, Stämme.

Über die verschiedenen Zwischenstufen ist wenig bekannt, weil die schriftliche Überlieferung ja erst viel später einsetzt. Nachdem die Elbgermanen (Baiern, Alemannen, Langobarden) südwärts gezogen waren, breiteten sich slawische Stämme westwärts bis an die Elbe-Saale aus (streckenweise noch weiter westlich). Die Weser-Rheingermanen (Franken) wanderten auch südwärts, teilweise in das nördliche Gallien. (Der Name *Frankreich* und viele germanische Lehnwörter und Namen im Französischen zeugen noch davon.) Ein großer Teil der Nordseegermanen schließlich übersiedelte nach Britannien (Angeln und Sachsen), die übrigen blieben an der Nordseeküste. Aus den Elb-, Weser-, Rhein- und Nordseegermanischen Stämmen haben sich später das Friesische, Englische, Niederländische, Hoch- und Niederdeutsche entwickelt. In der Fachliteratur werden sie meistens unter dem Namen *Westgermanen* zusammengefaßt. Ob es aber ein einheitliches Westgermanisch gegeben hat, ist zweifelhaft.

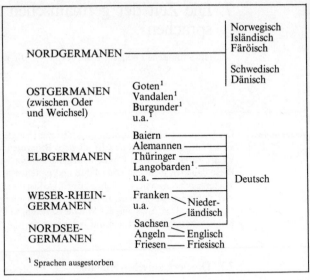

NORDGERMANEN		Norwegisch Isländisch Färöisch Schwedisch Dänisch
OSTGERMANEN (zwischen Oder und Weichsel)	Goten[1] Vandalen[1] Burgunder[1] u.a.[1]	
ELBGERMANEN	Baiern Alemannen Thüringer Langobarden[1] u.a.	Deutsch
WESER-RHEIN- GERMANEN	Franken u.a.	Nieder- ländisch
NORDSEE- GERMANEN	Sachsen Angeln —— Englisch Friesen —— Friesisch	

[1] Sprachen ausgestorben

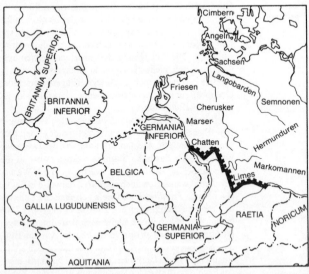

Die römischen Provinzen in West- und Mitteleuropa und der Limes als Schutz-wall gegen die germanischen Stämme. (Nach Freund: Deutsche Geschichte. Gütersloh 1966.)

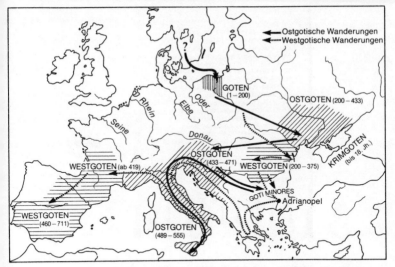

Die Goten. (Nach E. Schwarz.) Wo sich die Heimat der Goten befunden hat, ist jedoch sehr unsicher.

7.2. Gotisch

Codex argenteus

Das älteste zusammenhängende größere Schriftdenkmal der germanischen Sprachen stammt von den Goten. Der sog. Codex argenteus (der sich in der Universitätsbibliothek Uppsala befindet) ist eine ostgotische um das Jahr 500 entstandene Abschrift der Evangelienübersetzung des westgotischen Bischofs Wulfila, die aus dem 4. Jh. stammt. Die Schrift ist mit Silber und Gold auf purpurfarbenem Pergament geschrieben, daher der Name *Silberbibel* oder Silbercodex.

Neben den Schriftzeichen der sog. griechischen Unziale wurden einige lateinische Buchstaben und einzelne Runen verwendet.

Λ	a	I, ï	i	ᚱ	r
Β	b	K	k	S	s
Γ	g	Λ	l	T	t
δ	d	M	m	Y	w
Є	e	N	n	F	f
U	q	Ç	y	X	ch
Z	z	Π	u	Θ	hw
h	h	Π	p	Ω	o
Φ	p	Ч		ᛏ	

Gotisches Alphabet

53

weihnai	*namo þein.*	*qimai*	*þiudi-*
geheiligt werde	Name dein.	Komme	König-

nassus þeins.	*wairþai*	*wilja*	
reich dein.	Werde	Wille	

þeins	*swe*	*in*	*himina*	*jah*	*ana*
dein	wie	in	Himmel	auch	auf

airþai.	*hlaif*	*unsarana*	*þana*	*sin-*
Erden.	Brot	unser	dieses	täg-

teinan	*gif*	*uns*	*himma*	*daga.*	*jah*
liche	gib	uns	(an) diesem	Tage.	Und

aflet	*uns*	*þatei*	*skulans*	*sijai-*
erlaß	uns	was	schuldig	wir

ma.	*swaswe*	*jah*	*weis*	*afletam*	*þaim*
seien,	sowie	auch	wir	erlassen	den

skulam	*unsaraim.*	*jah*	*ni*	*brig-*
Schuldigen	unseren.	Auch	nicht	brin-

gais	*uns*	*in*	*fraistubnjai,*	*ak*	*lau-*
ge	uns	in	Versuchung,	sondern	lö-

sei	*uns*	*af*	*þamma*	*ubilin.*	*unte*
se	uns	von dem		Übel;	denn

þeina	*ist*	*þiudangardi.*	*jah*	*mahts*
dein	ist	Herrschaft	und	Macht

jah	*wulþus*	*in*	*aiwins.*	*amen.*
und	Herrlichkeit	in	Ewigkeit.	Amen.

Aussprache: ei [i:], air [ɛr], þ [θ], gg [ŋ], q [kv].

54

7.3. Entlehnungen im Germanischen

7.3.1. Der römische Einfluß (die erste lateinische Welle)

Verglichen mit den westlichen und südlichen Nachbargebieten war der germanische Raum ein Entwicklungsland. So hatten z.B. die Kelten schon einige Jh. v.Chr. eine verfeinerte Eisentechnik, und das Wort *Eisen* gilt als Lehnwort im Germanischen. Die stärkste Beeinflussung kam jedoch von der überlegenen Sachkultur der Römer.

Wörter mit den Sachen

Mit den materiellen Neuerungen übernahmen die Germanen auch die fremde Bezeichnung. Über 500 Wörter wurden zu dieser Zeit entlehnt, meist Substantive. Sie sind daran erkennbar, daß sie die 2. Lautverschiebung mitgemacht haben, s. 8.1.: *planta > Pflanze*. Auch erscheint lat. *c* als *k*: *cellarium > Keller*; in jüngeren lat. Lehnwörtern zeigt sich dagegen die mittelalterliche Aussprache des lat. *c* vor *i* und *e*: *cella > Zelle*.

Durch jahrelange Kriege mit den Römern und Dienst in ihren Legionen kamen die Germanen mit der römischen Militärorganisation in Berührung: *Kampf* (campus 'Feld'), *Pfeil* (pilum).

Als die Römer das Rhein- und Donaugebiet erobert hatten, lernten die Germanen die römische Verwaltung kennen: *Zoll* (tolonium), *Kerker* (carcer) etc.; und das tägliche Leben der Römer.

Bald machte man sich die Errungenschaften ihrer Zivilisation zu eigen, modernere Methoden, neuartige Geräte, neuartige Lebensmittel usw.: *Spiegel* (speculum), *Tisch* (discus[2]), *Küche* (coquina), *Pfanne* (vlat. panna), *Schüssel* (scutella), *Pilz* (boletus), *Käse* (caseus), *Pfeffer* (piper), *Senf* (sinapis), *Kümmel* (cuminum).

Die in Holzhäusern wohnenden Germanen lernten von den Römern den Steinbau mit dazugehörenden Fachausdrücken: *Ziegel* (tegula), *Mauer* (murus), *Pfeiler* (pilarium), *Keller* (cellarium), *Fenster* (fenestra).

Verkehr und Handel: Auf der *Straße* (via strata), dem gepflasterten Heeres- und Verkehrsweg, kamen neue Waren zum *Markt* (mercatus), in *Sack* (saccus), *Korb* (corbis) und *Kiste* (cista) verpackt, geladen auf *Esel* (asinus) und *Pferd* (paraveredus 'Packpferd'; diese Bezeichnung verdrängte dann das ieur. Erbwort, as. *ehu*, lat. *equus*). Es war kein Tauschhandel mehr, sondern ein *Kaufmann* (caupo) mußte mit *Münzen* (moneta) bezahlt werden. Von den Römern übernahm man auch eine neue Maßeinheit, *Pfund* (pondō, vgl. eng. *pound*).

Auch der römische Gartenbau wurde zum Vorbild: *impfen* (imputare), *Kohl* (caulis), *Frucht* (fructus), *Kirsche* (ceresia), *Pflaume* (prunum), *Pfirsich* (persica), später auch *Birne* (pirum). Von den Obstsorten kannten die Germanen nämlich nur den Apfel.

Auch der Weinbau war ihnen bisher unbekannt gewesen: *Kelter* (calcatura), *Kelch* (calix, -cis), *Essig* (vlat. *atecum). Nun konkurrierte der

---

[2] 'Scheibe'. Man setzte anfangs den Gästen schon gedeckte Tische vor.

Wein (vinum) bald erfolgreich mit den einheimischen Rauschgetränken wie *Met* (schwed. *mjöd*).

Neben *Köln* (Colonia) sind *Trier* (Augusta Treverorum), *Koblenz* (Confluentes, der Zusammenfluß von Rhein und Mosel), *Augsburg* (Augusta Vindelicum) und *Passau* (Batava Castra, auch Batavia) die bekanntesten römischen Kolonien.

7.3.2. Die ersten christlichen Lehnwörter

Griechische
Wörter

Die Vorstellungswelt der Germanen war jedoch kaum für die römische Geistesbildung empfänglich, und auch die anfänglichen Missionierungsversuche von verschiedenen Seiten her hinterließen wenig Spuren. Einige christliche Lehnwörter sind aber schon in voralthochdeutscher Zeit eingedrungen. Es handelt sich um ursprünglich griechische Wörter, die wahrscheinlich durch die Goten (der erste germanische Stamm, der sich zum Christentum bekehrt hatte) über Bayern oder durch römische Vermittlung über das Rheingebiet kamen: *Engel* (ángelos), *Teufel* (diábolos), *Pfingsten* (pentekosté 'der 50. Tag /nach Ostern/'); *Bischof* (epískopos), *Kirche* (kyriakón).

Die Anfänge der deutschen Sprache

Taufe (Nach einer Miniatur des Wessobrunner Gebets.)

Die Anfänge der deutschen Sprache

8. Abgrenzung und Periodisierung des Deutschen

8.1. Die zweite Lautverschiebung

Sprachgrenzen entstehen

Im 6. – 7. Jh. finden sich Zeichen für eine beginnende Auseinanderentwicklung der einzelnen germanischen Sprachen. Verkehrsgrenzen zwischen verschiedenen Stämmen und Ländern werden allmählich zu Sprachgrenzen.

Einen auffälligen lautlichen Unterschied zwischen dem heutigen Deutsch und den anderen germanischen Sprachen machen die Affrikaten *pf* und *ts* aus[1], z.B. *Pfeffer, Zinn*. Diese Affrikaten zeigen sich schon in dem ersten geschriebenen Deutsch, das wir kennen. Sie sind durch eine Ausspracheveränderung der germ. Konsonanten *p* und *t* entstanden, die seit Jacob Grimm wegen der Ähnlichkeit mit der 1. Lautverschiebung als die

zweite (hochdeutsche) Lautverschiebung

bezeichnet wird. Dieser Lautwandel sondert die süd- und mitteldeutschen Mundarten, zusammenfassend Hochdeutsch genannt, als selbständige Sprache vom Englischen, Nordischen, Friesischen, Niederländischen und Niederdeutschen ab.

Die 2. Lautverschiebung setzte wahrscheinlich schon um 500 n. Chr. im Alpengebiet ein, wo sie auch am konsequentesten durchgeführt ist, und verbreitete sich vom 6. Jh. an unregelmäßig nach Norden, bis an die sog. Benrather Linie, die Grenze zum Niederdeutschen. (Karte 11.5.1.) Die Entwicklung dauerte mehrere Jahrhunderte. Je nachdem wie weit die Lautverschiebung vollzogen ist, kann man das Hochdeutsche in zwei Großgebiete aufgliedern, das Oberdeutsche und das Mitteldeutsche (vgl. Mundarten 17.2.5.). Die Unterschiede zwischen den verschiedenen Dialekten waren jedoch in ahd. Zeit ausgeprägter als heute, und die Grenzen haben sich auch seither verschoben.

8.1.1. Die Verschiebung von p t k

Affrikatenverschiebung

Durch schärfere Artikulation entstanden aus den germ. *p t k* (= ieur. *b d g*) die Affrikaten *pf ts kx*. Einen ähnlichen Vorgang kann man im

---

[1] Affrikata = Klusil + an gleicher Stelle gebildeter Spirant.

heutigen Dänisch beobachten, wenn *ti* (zehn) wie [tsi] ausgesprochen wird.

p > pf	schwed. *pund*	dt. *Pfund*	
t > [ts]	schwed. *tam*	dt. *zahm*	
(k > [kx]	schwed., dt. *Korn*	alem. [kxorn])	

Die Affrikata *kx* findet man heute nur noch im Südbairischen und Hochalemannischen (17.2.6.). Das Hd. hat hier *k*.

Die Affrikatenverschiebung von *p* wird oft als Dialektkriterium angegeben, weil sie in md. Mundarten nur teilweise und unterschiedlich durchgeführt ist (es heißt z.B. md. *appel*, wmd. *pund* 17.2.6.).

Spiranten-verschiebung	Nach einem Vokal ist die Aussprache der Affrikata vereinfacht: der erste Teil verschwindet und nur der Spirant bleibt.[2]

p > ff	nl. *schip*	dt. *Schiff*
t > ss	eng. *that*	dt. *daß*
k > [x]	schwed. *sak*	dt. *Sache*

Ausnahmen	Unverändert bleiben *p t k*, wenn schon ein Spirant vorangeht, d.h. nach *s*: schwed. *spela, fisk, gäst* − dt. *spielen, Fisch*,[3] *Gast*; und in *ft ht tr*: schwed. *luft, åtta, träda* − dt. *Luft, acht, treten*.

Übersicht und weitere Beispiele

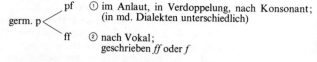

germ. p ⟨ pf ① im Anlaut, in Verdoppelung, nach Konsonant; (in md. Dialekten unterschiedlich)

ff ② nach Vokal; geschrieben *ff* oder *f*

	ahd.	as.[6]	schwed.	eng.	nl.
[pf]	*pfluoh*	*plōg*	*plog*	*plough*	*ploeg*
	apful	*appul*	*äpple*	*apple*	*appel*
	stampfōn	(mnd. *stampen*)	*stampa*	*stamp*	*stampen*
	scarpf[4]	*scarp*	*skarp*	*sharp*	*scherp*
[f]	*offan*	*opan*	*öppen*	*open*	*open*
	skif	*skip*	*skepp*	*ship*	*schip*

---

[2] H. Penzl ist der Ansicht, daß es eine Zwischenstufe in der Entwicklung gegeben hat, wo auch hier Affrikaten gesprochen wurden. Andere meinen, daß sich in diesen Positionen direkt Spiranten gebildet haben.

[3] der ʃ-Laut entsteht später, um d.J. 1000, 11.2.3.

[4] Nach l und r wurde die Affrikata schon zu Beginn der ahd. Zeit weiter verschoben *lpf, rpf > lf, rf*: *helpan > helpfan > helfan*; *werpan > werpfan > werfan*.

germ. t
- ts ① im Anlaut, in Verdoppelung, nach Konsonant; geschrieben *z* oder *tz*.
- ss ② nach Vokal;[5] ahd., mhd. *z, zz* geschrieben, nhd. *ß, ss* oder *s*.

	ahd.	as.[6]	schwed.	eng.	nl.
[ts]	*zunga*	*tunga*	*tunga*	*tongue*	*tong*
	setzen	*settian*	*sätta*	*set*	*zetten*
	herza	*herta*	*hjärta*	*heart*	*hart*
	swarz	*swart*	*svart*	*swart*	*zwart*
[s]	*ezẓan*	*etan*	*äta*	*eat*	*eten*
	fuoz	*fōt*	*fot*	*foot*	*voet*

germ. k <
- [kx] ① im Anlaut, in Verdoppelung, nach Konsonant; (nur mundartlich: alem. *chind, trinkchen*)
- [x] ② nach Vokal; ahd. *h, hh* geschrieben, nhd. *ch*.

	ahd.	as.	schwed.	eng.	nl.
[k]	*korn*	*korn*	*korn*	*corn*	*koren*
	starc(h)	*stark*	*stark*	*stark*	*sterk*
[x]	*suohhen*	*sōkian*	*söka*	*seek*	*zoeken*
	buoh	*bōk*	*bok*	*book*	*boek*

8.1.2. Die Verschiebung von d > t

Da das ältere *t* nun im Hd. fast völlig verschwindet, entsteht somit eine Lücke im Gesamtsystem des hd. Konsonantismus. Hieraus läßt sich wahrscheinlich erklären, daß germ. *d* im Hd. zu *t* verschoben wird.

	ahd.	as.	schwed.	eng.	nl.
germ. d > t	*tohter*	*dohtar*	*dotter*	*daughter*	*dochter*
	tiof	*diop*	*djup*	*deep*	*diep*
	leiten	*lēdian*	*leda*	*lead*	*leiden*
	betti	*bed(di)*	*bädd*	*bed*	*bed*

8.1.3. Germ. þ > d

Es könnte vielleicht eine weitere Kettenreaktion sein, daß aus dem germ. *þ* ein *d* wird (im Ahd. oft noch *th* geschrieben). Dieser Wandel greift allerdings in mnd. Zeit auch auf das Nd. über.

[5] Ausnahme mittelfränkisch *dat, wat, dit, allet*.
[6] Altsächsisch, die älteste Stufe des Nd.

61

	ahd.	schwed.	eng.	nl.
germ. þ > d	*bruother, bruoder* *thing, ding*	*broder* *ting*	*brother* *thing*	*broeder* *ding*

8.1.4. Die Ursachen der 2. Lautverschiebung sind noch nicht geklärt. Nichtgermanische Sprechgewohnheiten (die Einwirkung eines Substrats) und die Nachwirkung der germanischen Akzentkonzentration auf die erste Silbe können eine Rolle gespielt haben.

8.2. Periodisierung der deutschen Sprache

Jede sprachliche Periodisierung ist willkürlich, denn Sprachen entwickeln sich im allgemeinen nicht einheitlich, und die Grenzen zwischen den verschiedenen Perioden sind fließend. Aus praktischen Gründen hält man trotzdem an einer solchen Periodeneinteilung fest.

Die herkömmliche Einteilung der 1200 Jahre der deutschen Sprache in Alt-, Mittel- und Neuhochdeutsch geht auf Jacob Grimm und die Anfänge der deutschen Germanistik zurück, als man sich vorwiegend auf lautliche Kriterien stützte (vgl. die folgende Übersicht, rechts). Es ist aber schwierig, lautliche Veränderungen zeitlich festzulegen. Sie dauern oft längere Zeit und vollziehen sich nicht überall gleichzeitig. Außerdem treten sie oft in der konservativeren Schriftsprache später ein als in der gesprochenen Sprache. Morphologische und syntaktische Veränderungen werden manchmal auch zur Periodisierung mit einbezogen.

Heute geht man häufig von sprachsoziologischen Kriterien aus. Auch historische und literaturhistorische Faktoren werden berücksichtigt (einige Beispiele in der folgenden Übersicht, links). Trotzdem sind sich die Sprachforscher jedoch in der Periodisierung des Hochdeutschen noch nicht ganz einig.

Die vorschriftliche Zeit (600 – 750) wird Voralthochdeutsch oder Frühalthochdeutsch genannt. Umstritten ist z.B. auch die Grenze zwischen Ahd. und Mhd. Da es sich bei den Jahren 1050 – 1150 um eine Übergangszeit mit wenig schriftlicher Überlieferung handelt, wird der Beginn des Mhd. um 1050, 1100 oder 1150 angesetzt. Wann die mhd. Periode aufhört, ist aber die größere Streitfrage. Mit J. Grimm wird oft das Jahr 1500 als Grenze bezeichnet. Man stützt sich hier vor allem auf die herkömmliche historische Grenzlinie zwischen Mittelalter und Neuzeit. Andere wählen das Jahr 1350. Daß die deutsche Sprache heute eine Entwicklungsstufe erreicht hat, die uns berechtigt, von einer neuen Periode ihrer Geschichte zu sprechen, hat u.a. Hans Eggers gezeigt. Es ist aber noch zu früh, sowohl um sich für eine Benennung dieser Periode zu entschließen als auch um endgültige Grenzen zu ziehen – 1900 oder 1945?

Die folgende Periodeneinteilung des Hochdeutschen schließt sich u.a. an H. Eggers und W. Schmidt an.

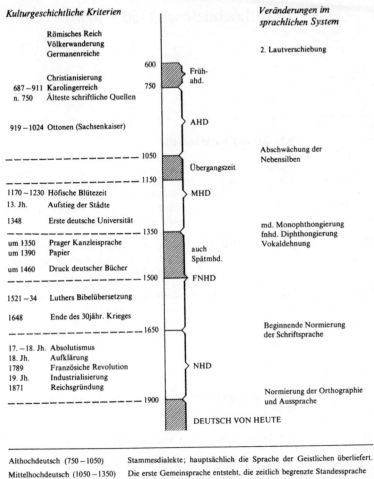

Kulturgeschichtliche Kriterien				Veränderungen im sprachlichen System
	Römisches Reich			
	Völkerwanderung			
	Germanenreiche			2. Lautverschiebung
		600	Früh-	
	Christianisierung	750	ahd.	
687–911	Karolingerreich			
n. 750	Älteste schriftliche Quellen			
919–1024	Ottonen (Sachsenkaiser)		AHD	
		1050		Abschwächung der Nebensilben
			Übergangszeit	
		1150		
1170–1230	Höfische Blütezeit		MHD	
13. Jh.	Aufstieg der Städte			
1348	Erste deutsche Universität			md. Monophthongierung
		1350		fnhd. Diphthongierung
um 1350	Prager Kanzleisprache		auch	Vokaldehnung
um 1390	Papier		Spätmhd.	
um 1460	Druck deutscher Bücher			
		1500	FNHD	
1521–34	Luthers Bibelübersetzung			
1648	Ende des 30jähr. Krieges			Beginnende Normierung der Schriftsprache
		1650		
17.–18. Jh.	Absolutismus			
18. Jh.	Aufklärung		NHD	
1789	Französiche Revolution			
19. Jh.	Industrialisierung			
1871	Reichsgründung			Normierung der Orthographie und Aussprache
		1900		
			DEUTSCH VON HEUTE	

Althochdeutsch (750–1050)	Stammesdialekte; hauptsächlich die Sprache der Geistlichen überliefert.
Mittelhochdeutsch (1050–1350)	Die erste Gemeinsprache entsteht, die zeitlich begrenzte Standessprache des Rittertums.
Frühneuhochdeutsch (1350–1650)	Entwicklung von einer Vielfalt an dialektalen Schreibsprachen hin zu wenigen überregionalen Kanzleisprachen.
Neuhochdeutsch (1650–1900)	Normierung und Anerkennung der deutschen Standardsprache.
(1900–)	Ausgleich und Differenzierung.

Für das Niederdeutsche gelten folgende Perioden:

800–1150	ALTSÄCHSISCH
1150–1600	MITTELNIEDERDEUTSCH
1600–	NEUNIEDERDEUTSCH

63

9. Althochdeutsch (750—1050)

9.1. Kurze Charakteristik

Zeit:	ALT	Die älteste schriftlich belegte Stufe der deutschen Sprache, u.a. gekennzeichnet durch volle Endsilbenvokale, Formenreichtum und einen synthetischen Sprachbau.
Raum:	HOCH	Das durch die 2. Lautverschiebung abgegrenzte hochdeutsche Gebiet, im Gegensatz zum Niederdeutschen.
Sprache:	DEUTSCH	Noch keine einheitliche Sprache, sondern verschiedene Stammesdialekte mit fließenden Grenzen: Alemannisch, Bairisch, Fränkisch, Thüringisch, (Langobardisch).

KULTURGESCHICHTLICHE ENTWICKLUNG UND WORTSCHATZ

9.2. Historisch-sozialer Hintergrund

9.2.1. Das deutsche Sprachgebiet in althochdeutscher Zeit

Östlich der Elbe, in der heutigen DDR, wohnten in althochdeutscher Zeit Slawen. In Nordfrankreich und im nördlichen Italien (Lombardei) wurde noch eine Zeitlang westfränkisch bzw. Langobardisch gesprochen. Das friesische Gebiet war damals größer als heute. Die Benrather Linie (die Nordgrenze der 2. Lautverschiebung) trennt Altniederfränkisch (Altniederländisch) und Altsächsisch (Altniederdeutsch) von den hochdeutschen Mundarten.

Die Stämme der Sachsen und der Bayern um 950. Die Ostgrenze ist noch nicht fixiert. Ein Teil der Bayern stößt nach Osten vor und wird sich später als Österreicher bezeichnen. Westfränkisch geht im 9. Jh. unter, Langobardisch im 9./10. Jh. (Nach Freund: Deutsche Geschichte. Gütersloh 1966.)

9.2.2. Das Frankenreich

Chlodwig hatte die fränkischen Stämme geeinigt, die römische Herrschaft zu Fall gebracht (486) und das Frankenreich gegründet. Nach und nach wurden die übrigen germanischen Großstämme besiegt und in das Frankenreich eingegliedert: die Thüringer, Alemannen und Bayern. Zu Beginn der ahd. Zeit gelang es Karl dem Großen (768 – 814) schließlich, auch die freien Sachsen zu unterwerfen (804) und mit Gewalt zum Christentum zu bekehren. Schon Chlodwig war zum Christentum übergetreten, um sich die Unterstützung der römischen Kirche zu sichern.

Die Enkel Karls des Großen teilten das Reich endgültig auf in ein westliches, französischsprechendes, ein südliches und ein östliches, das die deutschen Stämme umfaßte, die im 10. Jh. unter den Sachsenkaisern somit einen „deutschsprachigen" Staat bilden.

65

9.2.3. Die Gesellschaft des frühen Mittelalters

FEUDALARISTOKRATIE

GEISTLICHE (von Klosterbrüdern bis
zu mächtigen Bischöfen)

mehr
als
90%
{
BAUERN —— FREI (nur wenige)
↖ ABHÄNGIG[1] (der größte Teil)
LEIBEIGENE
}

Aus den Dorfgemeinschaften freier Bauern und Handwerker war ein
Feudalstaat entstanden. Im 8.—9. Jh. gab es etwa 2 Millionen „Deutschsprachige", zum größten Teil Analphabeten, von weltlicher und geistlicher Feudalherrschaft streng unterjocht. Die durchschnittliche Lebenserwartung der Bevölkerung war etwa 21 Jahre. Der Zivilisations-
stand war niedrig. Fast die einzigen Stätten kultureller Betätigung waren die Klöster.

Friesischer Bauer.
(Dom zu Münster)

9.2.4. Latein und Deutsch

Latein als Amts-
und Kirchen-
sprache

Obwohl mit dem Frankenreich eine Verkehrsgemeinschaft entstanden
war, wurde für den amtlichen Verkehr keine gemeinsame deutsche
Schriftsprache gebraucht. Man hatte den römischen Verwaltungsappa-
rat und damit das Latein übernommen. Das Althochdeutsche — wie
auch das Altfranzösische — lebte bis Mitte des 8. Jh. nur in gesprochener Form. Lese- und schreibkundig waren fast ausschließlich die Kleriker (Geistlichen), die auch die Beamten des neuen Staates wurden.
Wissen, Kulturerbe und Kunst wurden allein von der katholischen
Kirche getragen, deren übernationale Sprache Latein war und noch ist.

Mehrere Jahrhunderte hindurch verbleibt das Lateinische Amts-,
Gelehrten- und Kirchensprache (14.4.2.).

Das Wort
deutsch

Eine Gesamtbezeichnung für die deutschen Mundarten fehlt zunächst.
Statt dessen werden die einzelnen Stammesnamen verwendet. Karl der
Große nannte z.B. seine Muttersprache *fränkisch*, und auch für den
Mönch Otfrid (9. Jh., 9.4.3.) ist fränkisch das natürliche Wort. In den
sog. Kasseler Glossen (9. Jh., 9.4.5.) werden die *Bayern* und die roma-
nischsprechenden *Welschen* einander gegenübergestellt: *Tole sint
Uualha*[2], *spähe sint Peigira* ('Dumm sind die Welschen, klug sind die
Bayern'). Der erste Beleg für die Gesamtbezeichnung 'deutsch' findet
sich in einem lateinischen (!) Bericht aus dem Ende des 8. Jh., *theodis-
cus*, mit dem Sinn 'volkssprachlich'.[3]

---

[1] hatten, um dem Kriegsdienst zu entgehen, ihr Land der Kirche geschenkt.

[2] uu = w

[3] In einigen Nachbarsprachen lassen sich Bezeichnungen der alten Stämme wiedererkennen: 'Deutsch' heißt auf finnisch *saksa*, span. und frz. *alemán, allemand*.

Wahrscheinlich ist es im Frankenreich, an der westfränkisch-römischen Sprachgrenze, wo germanische und romanische Siedler aufeinanderstießen, zu ahd. *thiot* 'Volksstamm' gebildet worden, als Gegenstück zum Latein und zu *welsch* 'romanisch'. Im Reich Karls d. Gr. war mlat. *theodisca lingua* die amtliche Bezeichnung für die „deutschen" Volkssprachen. Vgl. hierzu frz. *tudesque* 'altdeutsch, grob'; fläm. *dietsch*, eng. *dutch* 'niederländisch'. Das Subst. *thiot* erscheint auch in got. *thiudinassus* (s. gotisches Vaterunser 7.2.); schwed. *Svitiod;* in den Personennamen *Dietrich* und *Dietmar;* und in dem Verb *deuten*, schwed. *tyda* 'dem Volk begreiflich machen'.

Der erste Beleg in einem deutschsprachigen Text, *diutisk (thiudisc)*, stammt aus dem 10. Jh. Es dauert aber, bis das Wort in die Volkssprache eindringt; erst in mhd. Zeit scheint es zu einem Begriff geworden zu sein.

Deutsche Sprache im Dienst der Kirche

Wenn nun Latein die Schriftsprache der Verwaltung und der Kirche war, warum wurde dann überhaupt Deutsch geschrieben? Um sein Kulturprogramm durchführen zu können, vor allem die Christianisierung seines ganzen Reiches, brauchte Karl der Große die Volkssprache. Deshalb wurden die Kleriker beauftragt, das Vaterunser, das Glaubensbekenntnis und Beichtformeln in die jeweilige Volkssprache zu übersetzen. Das althochdeutsche Schrifttum steht somit im Dienste der Missionierung und ist in den großen Klöstern entstanden.

Wichtige Klöster und kirchliche Zentren in ahd. Zeit. Territoriengrenzen im 10. Jh. (Nach Kleine Enzyklopädie. Die deutsche Sprache. Leipzig 1969.)

In den Klöstern entwickeln sich nun unter Einfluß des Lateins aus der bisher nur gesprochenen Volkssprache recht verschiedene Schreibsprachen.[4]

Das folgende Textbeispiel zeigt Übersetzungen des Vaterunsers aus vier verschiedenen Dialektgebieten:

---

alemannisch 8. Jh.:   Fater unseer, thû pist in himile
bairisch 8. Jh.:   Fater unsēr, dû pist in himilum
ostfränkisch 825:   Fater unser, thû thâr bist in himile
rheinfränkisch 9. Jh.: Fater unsēr, thû in himilom bist

uuîhi namun dînan, qhueme rîhhi dîn
kauuîhit sî namo dîn, piqhueme rîhhi dîn
sî giheilagôt thîn namo, queme thîn rîhhi
giuuîhit sî namo thîn, quaeme rîchi thîn

uuerde uuillo diin, sô in himile sôsa in erdu.
uuesa dîn uuillo, sama sô in himile est, sama in erdu.
sî thîn uuillo, so her in himile ist, so sî her in erdu,
uuerdhe uuilleo thîn, sama so in himile endi in erthu.

prooth unseer emezzihic kip uns hiutu
Pilîpi unsraz emizzigaz kip uns eogauuanna
unsar brôt tagalîhhaz gib uns hiutu
Broot unseraz emezzigaz gib uns hiutu

                 th = d, 8.1.3.
                 hh = [ç]
                 z, zz =
                 s < t, 8.1.1.

Schon diese ersten Sätze des Vaterunsers weisen Verschiedenheiten auf. Bei lat. *sanctificetur* 'geheiliget sei' zeigt sich z.B. der regionale Unterschied zwischen den konkurrierenden Bezeichnungen *weihen* (südlich) und *heiligen* (nördlich). Lat. *panem* 'Brot' hat hier die Nebenbedeutung 'Nahrung', die das ahd. Wort *brôt* nicht hatte. Deswegen wählt der bairische Übersetzer *bilîbi* 'das zum Leben, *lîb*, notwendige' und andere (hier nicht angeführte) Übersetzer des Vaterunsers ahd. Wörter für 'Nahrung' oder 'Bedarf'.

9.3. Veränderungen im althochdeutschen Wortschatz

9.3.1. Neue Wörter entstehen

Um die christliche Gedankenwelt zu erklären, die ja den heidnischen Germanen fremd war, mußte ein ganz neuer Wortschatz geschaffen

---

[4] Die Mundart stimmt nicht immer mit dem Schreibort überein, denn die Mönche können aus anderen Gebieten stammen. Auch entstehen bisweilen Mischmundarten wie beim Hildebrandlied, das vermutlich im Kloster Fulda nach einer bairischen Vorlage dem Altsächsischen teilweise angepaßt wurde.

werden. Mühsam versuchten die Missionare und Übersetzer, mit Mitteln der einheimischen Sprache die bisher unbekannten abstrakten Begriffe des christlichen Glaubens auszudrücken. Eine Möglichkeit, die ja immer noch verwendet wird, wenn es darum geht, neue Ideen zu popularisieren, war für sie die Umdeutung (vgl. 17.5.5. politische Neubedeutungen). Germanische Wörter wurden im Sinne der christlichen Lehre nach lat. Vorbild umgedeutet (Lehnbedeutung 3.1.), z.B. *Hölle* (urspr. das germ. Totenreich, vgl. die anord. Totengöttin *Hel*), *Gott* (hatte im Germ. sächliches Geschlecht, weil es männliche und weibliche Gottheiten bezeichnete, und wurde oft im Plural verwendet), *Jünger* (bedeutete urspr. nur 'Schüler').

Umdeutung

Lehnbedeutung: *Buße*: germ. 'Nutzen, Vorteil' > ahd. auch 'Heilung durch Zauber' > in der ahd. Kirchensprache 'die religiöse Genugtuung des Sünders vor Gott' für lat. *poenitentia*.

Neubildung

Ein vielleicht mühsamerer Weg war die Neubildung. Zusammensetzungen oder Ableitungen wurden nach den lat. Mustern gebildet (Lehnübersetzung, Lehnübertragung 3.1.): *Gewissen* (con-scientia), *Demut* (dienen + Mut für humilitas), *Heiligtum* (sanctuarium). Doch viele Fragen standen offen: Welche Variante klingt besser? läßt sich leichter akzeptieren? weckt die positiveren Assoziationen? Man hat Jahrhunderte an diesem abstrakten Wortschatz gearbeitet. Bes. viele Neu- und Lehnbildungen stammen von den Mystikern (11.7.1.). Erst mit Luther ergab sich ein gewisser Abschluß.

lateinisch	ahd. Übersetzungen
misericordia (Barmherzigkeit)	*miltida* *ginada* *eregrehte* *armherziu* *irbarmherzi* *irbarmherzida* *irbarmida*

9.3.2. Neue lateinische Lehnwörter (die zweite lateinische Welle)

Wörter mit den Sachen

Die Kirche und die Klosterkultur brachten auch viele konkrete neue Erscheinungen mit. In diesen Fällen wurden die lateinischen Wörter mit den Sachen übernommen. Diese neueren lat. Lehnwörter haben, im Gegensatz zu den älteren, die 2. Lautverschiebung nicht mehr mitgemacht (7.3.1.).

Vor allem lernte man nun die äußeren kirchlichen Einrichtungen kennen: *Papst* (papa), *Kloster* (mlat. clostrum), *Kaplan* (capellanus), *Pilger* (vlat. pelegrinus), *Kreuz* (lat. Akk. crucem), *Altar* (altare), *Orgel* (organa, Plur.), *Zelle* (cella), *predigen* (praedicare) usw.

Die Klöster vermittelten nun auch die lat. Schriftkultur: Die Kloster*schüler* (scholares) ritzten nicht wie die germanischen Vorfahren Runen in Holz oder Stein, sondern *schrieben* (scribere) mit *Tinte* (tincta aqua, 'gefärbtes Wasser') auf *Pergament* (mlat. pergamen[t]um) oder mit einem *Griffel* (graphium + ahd. grīfan 'greifen') auf eine *Tafel* (tabula).

Die Urkunden der zunächst noch nicht schreibkundigen Feudalherren fertigte der *Kanzler* (cancellarius) in der *Kanzlei* (cancelli)[5] an.

Wahrscheinlich waren es auch die Klöster – die sich weitgehend aus eigener Wirtschaft versorgen konnten – die den Wohlhabenden die neuen materiellen Errungenschaften vermittelten wie *Drillich* (trilix 'mit dreifachem Faden gewebte Leinwand'), *Mantel* (mantellum), *Teppich* (tapetum), *Brezel* (*brachitum 'in der Gestalt verschlungener Arme').

In den Klostergärten wuchsen neue wohlschmeckende oder heilkräftige Pflanzen: *Petersilie* (mlat. petrosilium), *Zwiebel* (mlat. cipolla), *Salbei* (salvia, zu lat. salvus 'gesund'); und Blumen, die nun zur Zierde gepflanzt wurden: *Rose* (rosa), *Lilie* (lilia), *Veilchen* (viola).

[5] *Kanzlei* bezeichnete ursprünglich den mit Schranken umgebenden Raum für Schreiber einer Behörde, bes. eines Gerichtshofs.

TITUS

Schreibender.
(Aus einer rheinischen
Handschrift, Mitte 9. Jh.,

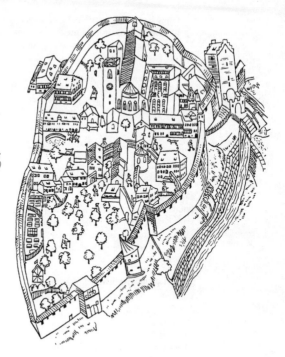

Rekonstruktion des Kloster-plans von St. Gallen, einem der ersten kirchlichen Zentren auf germanischem Boden. (Aus Freund: Deutsche Geschichte. Gütersloh 1966.)

9.3.3. Alte Wörter kommen außer Gebrauch

Durch den überwältigenden Um- und Ausbau des ahd. Wortschatzes verschwanden auch viele Erbwörter, besonders solche, die mit dem heidnischen Glauben zu tun hatten, z.B. *galan* ('/Zaubersprüche/ singen', erhalten in *Nachtigall, gell*, schwed. *galdrar* 'Zaubersprüche', schwed. *gala* 'krähen').

Nachdem die moderne griechische Medizin durch römische Vermittlung langsam Einfluß gewonnen hatte, verdrängte *Arzt* (griech. > vlat. *archiater* 'Oberarzt') das germ. Erbwort, das noch im Nord. erhalten ist: schwed. *läkare*, eig. 'Besprecher'. Ein zu dem neuen Substantiv gebildetes Verb, ahd. *arzinōn*, im Nhd. verschwunden, bekam die Bedeutung 'durch Medizin heilen'.

Segensspruch gegen den Wurm, von dem man glaubte, daß er viele Krankheiten verursachte (9. Jh. Tegernsee):

Gang uz Nesso   mit niun nessinchilinon,
uz fonna marge in deo adra   vonna den adrun in daz fleisk
fonna demu fleiske in daz fel   fonna demo velle in diz tulli
Ter pater noster

Kriech heraus, Wurm,   mit neun Würmchen
heraus aus dem Mark in die Adern,   aus den Adern in das Fleisch,
aus dem Fleisch in die Haut,   aus der Haut auf diesen Pfeil
Dreimal Pater Noster

9.4. Althochdeutsches Schrifttum

Die meisten der aus ahd. Zeit bewahrten Handschriften enthalten
lateinische Texte. Die wenigen deutschsprachigen sind zum großen Teil
vom Latein abhängig. Die uns überlieferte ahd. Sprache ist hauptsächlich die geschriebene Sprache der Geistlichen. Wie die Unterschichten
der Bevölkerung sprachen, ist nicht dokumentiert.

9.4.1. Lateinunterricht

Viele ahd. Texte dienten zur Bewältigung des schwierigen Lateins in
den Klosterschulen.

Glossen

Glossen sind einzelne deutsche Wörter, über den lateinischen Text
oder am Rand geschrieben. Das erste deutsche Schriftdenkmal ist die
Übersetzung eines lat. Wörterbuchs um 770 im bairischen Kloster
Freising, der *Abrogans*, nach dem ersten Wort benannt:

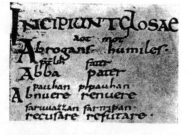

lat.	ahd.	nhd.
Abrogans, humiles	aotmot	demütig
Abba	faterlih	väterlich
pater	fater	Vater
Abnuere	pauhan	Zeichen geben
renuere	pipauhan	abwinken
recusare	faruuazzan	verdammen
refutare	fartripan	vertreiben

Interlinearversion

Eine Interlinearversion entsteht, wenn über den lat. Text eine Wort-für-
Wortübersetzung ins Ahd. geschrieben wird, wie z.B. in der Reiche-
nauer Benediktinerregel. Eine solche Übersetzung hat dann die lat.
Wortfolge und die lat. Konstruktion (Lehnsyntax 2.2.2.), was das
Deutsche oft schwerverständlich macht, wie folgender kurze Satz zeigt:

72

wizzanti kescriban
sciens scriptum

'Wissend geschrieben', ungefähr 'Ich weiß, was geschrieben steht'.

9.4.2. Übersetzungsliteratur

Kirchliche Texte
Ein großer Teil der ahd. Literatur besteht aus freieren (von der lat. Struktur weniger abhängigen) Übersetzungen, die für den kirchlichen Gebrauch bestimmt sind, z.B. liturgische Texte und Gebete (vgl. das Vaterunser 9.2.4.). Auch Bücher der Bibel wurden aus dem Lateinischen ins Deutsche übertragen. Tatian ist eine Übersetzung einer lateinischen Zusammenfassung der Evangelien (Evangelienharmonie) um 830 (Fulda).

Tatian

Notker
Vom Anfang des 10. Jh. bis zur mhd. Zeit wurde wenig Deutsch geschrieben. Latein war wieder die Sprache der Dichtung. Eine Ausnahme ist Notker Labeo (10.–11. Jh.), auch der Deutsche genannt. Mönch und Klosterlehrer in St. Gallen, der für Unterrichtszwecke philosophische und religiöse Werke aus dem Lat. übersetzte. Sein Deutsch ist gewandt, klar, differenziert und – verglichen mit den anderen überlieferten Texten – seiner Zeit um Jahrhunderte voraus. Er blieb aber ohne Nachfolger, und viele seiner Neubildungen gerieten in Vergessenheit.

9.4.3. Originaldichtung

Otfrid
Eine selbständige Nachdichtung der Evangelien in germanischen Langzeilen ist Otfrids Evangelienbuch, um 865 im Kloster Weißenburg (Elsaß) entstanden. Hier wird zum erstenmal der lateinische Endreim verwendet, und ab und zu kommt auch noch der alte Stabreim vor, wie in dem folgenden Abschnitt über den Engel Gabriel und Mariä Verkündigung:

Thô quam boto fona gote,   engil ir himile
brâht er therera worolti   diuri ârunti
Floug er sunnûn pad,   sterrôno strâza,
wega wolkôno   zi theru itis frôno,
zi ediles frouûn,   selbûn sancta Mariûn,
thie fordorôn bi barne   wârun chuninga alle.

Da kam ein Bote von Gott,   ein Engel vom Himmel,
er brachte dieser Welt   eine liebe (*teure*) Botschaft (vgl. schwed. *ärende*).
Er flog der Sonne Weg (*Pfad*),   der Sterne Straße,
den Weg der Wolken   zu der herrlichen Frau (*frôno* zu *frô* 'Herr'; vgl. schwed.
  Freij, Frö und ahd. *frouwa* 'Herrin'. *Itis* 'Frau'; vgl. isl. *dis* und schwed.
  Vanadis),
zu der edlen Herrin,   Sancta Maria selbst.
Die Vorfahren Mann für Mann (*barn* 'Kind')   waren alle Könige gewesen.

73

9.4.4. Reste germanischer Tradition

Hildebrandlied

Wessobrunner
Gebet

Von der heidnischen germanischen Dichtung ist nur wenig aus ahd.
Zeit bewahrt. Es ist in lat. Schriften gefunden worden, auf Vorsatzblät-
tern, leeren Seiten und Rändern der Handschriften. Was Karl der Große
von dieser Dichtung sammeln ließ, ist verlorengegangen.

Neben dem Hildebrandlied (Kap. 2), dem Fragment eines Helden-
gedichts aus dem Sagenkreis um Dietrich von Bern, gibt es nur kleine
Reste, z.B. Zaubersprüche. Der Anfang des Wessobrunner Gebets erinnert mit seinen stabreimenden germanischen Langzeilen und der geho-
benen poetischen Sprache an die altnordische Eddadichtung. Es ist
aber ein christliches Schöpfungsgedicht und endet mit einem Gebet.

De poeta.
Dat gafregin ih mit firahim firiuuizzo meista.
Dat ero niuuas. noh ufhimil.
noh paum noh pereg niuuas.
ni nohheinig noh sunna niscein.
noh mano niliuhta. noh der mareo seo.
Do dar niuuiht niuuas enteo ni uuenteo.
enti do uuas der eino almahtico cot.
manno miltisto.

Vom Dichter.
Das erfuhr ich unter den Menschen als das größte der Wunder,
daß die Erde nicht war noch der Oberhimmel,
noch Baum noch Berg war
noch irgendein (Stern) noch schien die Sonne
noch leuchtete der Mond noch (war) das herrliche Meer.
Als da nichts war von Enden und Grenzen,
da war der eine allmächtige Gott,
der Männer mildester.

9.4.5. Althochdeutsch als Volkssprache

Über gesprochenes Ahd. wissen wir ein wenig auf Grund von zwei kurzen Sammlungen sehr einfacher Gebrauchssätze:

Kasseler Glossen Die Kasseler Glossen (9. Jh.) waren wahrscheinlich für romanischsprechende Ausländer bestimmt:

skir min fahs	Haarschneiden, (bitte) eig. 'Schneide mein Haupthaar'
skir minan hals	Den Nacken ausputzen, (bitte)
skir minan part	Den Bart scheren, (bitte)
foor, fôrum, farant	ich/er fuhr, wir/sie fuhren, sie fahren
firnimis?	Verstehst du?

Pariser Gesprächsbüchlein Die Altdeutschen Gespräche (10. Jh.) sind ein Sprachführer für reisende Franzosen (?) mit Übersetzung ins Latein von ung. 100 Ausdrücken der gesprochenen Alltagssprache. Die unbeholfene Orthographie zeigt, daß er auch von einem Romanen geschrieben wurde, dem die Worttrennung und die fremden Laute (bes. *h* und das bilabiale *w*) Schwierigkeiten bereiteten:

		Normalere ahd. Schreibung
Gimer min ros	(*da mihi meum equum*)	gip mir...
Gimer min ansco	(*guantos*)	... hantskuoh
Coorestu, narra	(*ausculta, fol*)	hôrestu...
E guille trenchen	(*ego uolo bibere*)	/ih/willu trinkan
Guar is tin quenna	(*ubi est tua femina*)	hwâr ist thîn...

ZUM SPRACHSYSTEM IN ALTHOCHDEUTSCHER ZEIT

9.5. Die Schrift

Daß sich ein ahd. Text erheblich von einem nhd. unterscheidet, konnten wir bereits feststellen. Neben den lautlichen, lexikalischen und grammatischen Veränderungen machen aber auch die vielen Varianten der ahd. Keine einheitliche Rechtschreibung Orthographie einem Leser von heute zusätzliche Schwierigkeiten, z.B. wenn er ein Wort in einem Wörterbuch sucht:

chilauban	
gelauppen	
geloiban	Stichwort:
glouben	*gi-louben* (nhd. *glauben*)
kalaupan	
kiluben	

Die Orthographie war in ahd. Zeit nicht wie heute geregelt, nicht einmal die einzelnen Schreiber waren immer konsequent. Unsicherheit herrschte, teils weil das Ahd. ein fremdes Schriftsystem übernahm, das lateinische, wo gewisse, für das Ahd. spezielle Phoneme fehlten wie z.B. die aus der 2. Lautverschiebung entstandenen [ts], [pf], [x]. Zweitens haben natürlich auch die dialektalen Unterschiede zur orthographischen Unsicherheit der Schreiber beigetragen.

Die ahd. Handschriften sind auf Pergament geschrieben. Die Schrift nennt man Karolingische Minuskel. Schriftproben 9.4.1. und 4.

9.6. Althochdeutsche Morphologie und Syntax

Deutliche Endungen

Die Textproben haben gezeigt, daß das Ahd. ein stark differenziertes Endungssystem hat. (Vgl. auch 2.2.) Es ist auch − wie heute noch das Nhd. − in der Morphologie konservativer als die anderen germ. Sprachen. Die vielen verschiedenen „vollen" Vokale der Endsilben − gegenüber dem heutigen einheitlichen *e* − ermöglichen eine deutliche Unterscheidung, vor allem von Kasus, Genus, Person und Modus. Das Ahd. ist also noch eine stark synthetische Sprache. Der Beginn einer neuen Entwicklung läßt sich aber schon beobachten: Manchmal werden zur Verdeutlichung Artikel vor das Substantiv und Subjektspronomina vor das Verb gesetzt.

Nur zwei Tempora

Weiter gibt es immer noch hauptsächlich nur zwei Tempora: Präsens, das auch die Zukunft ausdrücken konnte, und Präteritum, das sowohl Vergangenheit wie Vorvergangenheit bezeichnete (z.B. Textprobe Otfrid, letzte Zeile) *warun chuninga* 'waren Könige gewesen'. Die aus dem Lat. übersetzenden Mönche versuchten aber oft, die Vielfalt der lat. Verbalkategorien z.B. das Passiv, durch verschiedene analytische Umschreibungen wiederzugeben.

Die Wortstellung ist noch ziemlich frei.

9.7. Althochdeutsche „Lautsysteme"

Da das Ahd. keine einheitliche Sprachstufe ist, sondern eine Periode dynamischer Entwicklung mehrerer Dialekte, ist es vielleicht richtiger, von ahd. „Lautsystemen" zu sprechen. Es gibt aber trotzdem Gemeinsames, durch die Verwandtschaft der Dialekte untereinander bedingt. Die wichtigste lautliche Veränderung in ahd. Zeit ist der i-Umlaut.

9.7.1. Der i-Umlaut. Grammatikalisierung einer phonologischen Erscheinung

Vom Norden her verbreitet sich stufenweise eine Veränderung des Vokalsystems, der Umlaut. Im Englischen und im Nordischen ist er schon vor dem Einsetzen der schriftlichen Überlieferung eingetreten, während er im Deutschen erst in mhd. Zeit ganz durchgeführt ist. Ein Beispiel für Umlaut im Eng. ist *tooth: teeth* und im Schwed. *tand: tänder*.

76

Phonetisch gesehen ist der i-Umlaut eine regressive Assimilation.[6]
Ein nachfolgendes *i* oder *j* (das später zu *e* abgeschwächt wurde oder
wegfiel 11.2.1.) wandelt einen vorangehenden hinteren Vokal in den
entsprechenden vorderen um, z.B. *u* > *ü: full-jan* > *füllen.*

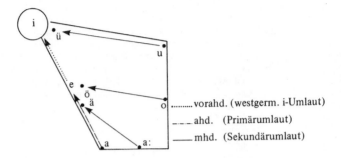

.... vorahd. (westgerm. i-Umlaut)

_ _ _ ahd. (Primärumlaut)

——— mhd. (Sekundärumlaut)

Westgermanischer i-Umlaut
e > i

(1) Schon vorahd. war der Umlaut *e* > *i* eingetreten (sog. westgerm.
i-Umlaut): **reht-jan* > *richten.*

Der heutige Vokalwechsel *e:i* im Präsens der starken Verben und bei
etymologisch zusammengehörenden Wörtern ist auf diesen ältesten Vorgang zurückzuführen.

	ahd.		nhd.	
	helfan	: /er/ *hilfit*	*helfen*	: *er hilft*
e > i	*stern*	: *gistirni*	*Stern*	: *Gestirn*
	reht	: *richten* (< **reht-jan*)	*recht*	: *richten*

Primärumlaut
a > e

(2) Zu Beginn der ahd. Zeit setzte der Umlaut *ă* > *e* ein[7] (sog. Primärumlaut), der sich in der Wortbildung, im Präsens der starken Verben, in
der Komparation, und besonders bei der Pluralbildung der Substantive
auswirkte. Heute wird der Primärumlaut fast immer *ä* geschrieben (vgl.
15.5.1.).

	ahd.		nhd.	
	sal	: *gisellio*	*Saal*	: *Geselle*
	faran	: *ferit*	*fahren*	: *fährt*
a > e	*alt*	: *eltiro*	*alt*	: *älter*
	lamb	: *lembir*	*Lamm*	: *Lämmer*
	gast	: *gesti*	*Gast*	: *Gäste*

[6] Ein folgender Laut wirkt rückwärts auf einen vorangehenden ein.
[7] Vor gewissen Konsonantenverbindungen erst im Mhd. (also Sekundärumlaut): ahd.
wahsit > mhd. *wehset* > nhd. *wächst.*

Da viele Substantive nun im Plural einen Umlaut bekamen, wenn die folgende Silbe ein *i* enthielt (besonders sog. „i-Stämme"), entwickelte sich schon zu Ende der ahd. Zeit aus dieser phonologischen Erscheinung allmählich ein morphologisches Element, d.h. der Umlaut wurde kennzeichnend für den Plural mancher Substantive.

Sekundärumlaut

(3) Während *i* und *e* schon im Germanischen existierten, waren die Umlaute von *ā, o, ō, u, ū* neue Phoneme in der Sprache. Da es in der lateinischen Schrift keine Zeichen dafür gab, mußten neue geschaffen werden. Es ist also erklärlich, daß es länger dauerte, bis diese Umlaute sich in der Schrift durchsetzten. Erst im Mhd. erscheinen sie regelmäßiger; in normalisierter Schrift (11.3.) als *æ, ö, œ, ü, iu* [y:]. In Handbüchern wird dieser Umlaut Sekundärumlaut genannt.[8]

	ahd.	mhd.
ā > æ	*tāti*	*taete*
o > ö, ō > œ	*oli* (lat. *olium*), *hōren* (< **hōr-jan*)	*öle, hœren*
u > ü, ū > iu [y:]	*ubir, hūsir* (nhd. *Häuser*)	*über, hiuser*

Grammatikalisierung des Umlauts

Allmählich ist der Umlaut im Deutschen morphologisiert worden, d.h. er ist z.B. als Pluralmorphem und Modusmorphem in die Sprache aufgenommen und analogisch systematisiert worden (s. auch 14.7.1.). So heißt der Plural von *Stab* und *Wolf* heute *Stäbe, Wölfe*, obwohl diese Substantive, sog. „a-Stämme", kein *i* in der Endung hatten, was noch im Schwedischen erkennbar ist: Plur. *stavar, ulvar* aber *gäster, fötter*. Im Präteritum der starken Verben bezeichnet der Umlaut den Konjunktiv: *nahmen – nähmen* (ahd. *nāmun – nāmīn*), *sang – sänge* (ahd. *sang – sungi*[9]).

Im Oberdeutschen unterblieb der i-Umlaut des *u* vor *ck*. Deswegen heißt es:

Osnabrück aber *Innsbruck*
Rücken aber *Rucksack* (bair. Wort)
drücken aber *drucken* (Für die Bedeutung 'Bücher drucken' wurde die obd. Form übernommen, da die ersten großen Druckereien auf obd. Gebiet lagen.)

---

[8] Die heutigen Grapheme *ä, ö* und *ü* sind erst in mhd. Zeit entstanden, indem ein *e* oder *i* über die Vokale *a, o* oder *u* geschrieben wurde.
[9] Hier ist der ältere Konjunktivvokal *ü* heute dem Indikativ angeglichen, dagegen nicht in *half – hülfe*.

9.7.2. Übersicht über lautliche Unterschiede zwischen dem Althochdeutschen und anderen germanischen Sprachen

Folgende lautliche Unterschiede zwischen dem heutigen Hochdeutsch und den anderen germanischen Sprachen existierten schon im Althochdeutschen:

im Ahd. durchgeführt	Hd.	Nd.	Schwed.	Eng.	Nl.
2. Lautverschiebung (vgl. 8.1.2.)	*Pfeffer* *Tag*	*peper* *dag*	*peppar* *dag*	*pepper* *day*	*peper,* *dag*
germ *b*[10] > ahd. *b*	*Kalb* *leben*	*kalf* *lewen*	*kalv* *leva*	*calf* *live*	*kalf* *leven*
germ. *n* vor Spirans bewahrt (auch im Nl.)	*Gans* *uns*	*gas* *us*	*gås* *oss*	*goose* *us*	*(gans)* *(ons)*
germ. Diphth. *ai, au* teilweise erhalten (= ahd. *ei, ou*)	*Stein*	*sten*	*sten* (anord. *steinn*)	*stone*	*steen*
	heil	*hel*	*hel* (anord. *heill*)	*whole*	*heel*
	laufen	*lapen/ lopen*	*löpa* (anord. *hlaupa*)	*leap*	*lopen*
	Auge	*age/oge*	*öga* (anord. *auga*)	*eye*	*oog*

---

[10] Das in der 1. Lautverschiebung entstandene bilabiale *b*, vgl. S. 219, Lautverschiebung.

10. Altsächsisch (800—1150)

10.1. Einführung und kurze Charakteristik

Zeit:	ALT	Die älteste schriftlich belegte Stufe des Niederdeutschen, u.a. gekennzeichnet durch volle Endsilbenvokale, Formenreichtum und einen synthetischen Sprachbau.
Sprache:	SÄCHSISCH	Die noch recht uneinheitliche Hauptmundart des niederdeutschen Gebiets. Merkmale: Die 2. Lautverschiebung ist nicht eingetreten; gewisse Übereinstimmungen mit dem Angelsächsischen.
Raum:	9.2.1.	

10.1.1. Niederländisch und Niederdeutsch

In ahd. Zeit sind das Sächsische und das Niederfränkische Dialekte, die nicht von der 2. Lautverschiebung betroffen sind. Ein kleiner Sektor des Niederfränkischen am Niederrhein wird durch die politische Grenzziehung dem Niederdeutschen Sprachgebiet zugeführt, während der größte Teil des Niederfränkischen zusammen mit Teilen des Sächsischen das spätere Niederländische bildet, das seit der 2. Hälfte des 12. Jh. Literatur- und teilweise Geschäftssprache ist, auf dem Wege, sich zu einer selbständigen Gemeinsprache zu entwickeln (vgl. Karte 11.5.1.).

Die älteste Periode des Niederdeutschen wird nach der Hauptmundart *Altsächsisch* (auch *Altniederdeutsch*) genannt. Ebenso wie das Ahd. ist das As. nicht einheitlich, sondern gliedert sich in verschiedene Dialekte.

10.2. Sprachliche Besonderheiten des Altsächsischen

Schon bevor die 2. Lautverschiebung das Nd. vom Hd. absonderte, gab es zwischen den Nordseegermanen (7.1.) und den übrigen deutschen

Stämmen gewisse sprachliche Unterschiede, die noch heute die Verwandtschaft des Nd. mit dem Englischen und dem Friesischen zeigen.

U.a. ist die Flexion in diesen Sprachen mehr vereinfacht als im Ahd. So ist z.B. im As. der Dativ des 1. und 2. Personalpronomens mit dem Akkusativ zusammengefallen: *mi, di* (Ostfäl. Dativ und Akkusativ *mik, dik*) – vgl. eng. *me* –; und das ahd. Personalpronomen /h/er heißt im As. *he*, vgl. eng. *he*.

Zu den lautlichen Übereinstimmungen gehört der Nasalschwund (9.7.2.).

10.3. Kulturgeschichtliche Entwicklung und Wortschatz im Altsächsischen

Geschichtlicher Hintergrund

Der selbständige sächsische Staat war von Karl dem Großen in das Frankenreich eingegliedert worden. Trotz Massentaufen, Zerstörung alter Kultstätten, Hinrichtungen und Zwangsumsiedlungen versuchten die Sachsen, ihre Selbständigkeit zu bewahren, und widersetzten sich lange den Christianisierungsversuchen und der politischen Beeinflussung.

Der hochdeutsche Einfluß

In ahd. Zeit begann jedoch die starke Beeinflussung des Nd. durch das Hd., die heute noch nicht abgeschlossen ist. Sie wirkte sich zunächst im Wortschatz aus, indem viele as. Wörter von hd. verdrängt wurden: *urdēli* 'Urteil' ersetzte *dōm* (schwed. *dom*), denn die Sachsen mußten die fränkische Gerichtsverfassung übernehmen; *fiur* 'Feuer' verdrängte *ēld* und die Präposition *fona* 'von' die as. Präposition *af* usw. Natürlich vermittelte das Ahd. auch den neuen christlichen Wortschatz.

Zur altsächsischen Textüberlieferung

Das bedeutendste as. Schriftdenkmal ist das in 6.000 Stabreimversen abgefasste Epos H e l i a n d 'Heiland', um 830 von einem Mönch oder Schüler des Klosters Fulda verfaßt. Es sollte die Missionierung der Sachsen erleichtern, indem das Christliche mit germanischem Gedankengut verbunden wurde. Es schildert das Leben Jesu, der als germanischer Stammesfürst – mit seinen Jüngern als mutigen Gefolgsleuten, *streitbaren Waffenknechten* – dargestellt wird.

> Matheus endi Marcus,   sō uuārun thia man hētana
> Lucas endi Iohannes;   sie uuārun lieba gode,
> uuirdiga ti them giuuirkie.   Habda im uualdand god
> them helithon an iro hertan   hēlagna gēst
> fasto bifolhan   endi ferahtan hugi,
> so manag uuislīk uuord   endi giuuit mikil,
> that sea scoldin āhebbean   hēlagaro stemnun
> godspell that guoda   (Aus dem Heliand)

81

Matthäus und Markus,   so hießen die Männer,
Lukas und Johannes;   sie waren Gott lieb,
würdig zu dem Werke.   Der waltende Gott hatte ihnen,
den Helden in ihre Herzen,   den heiligen Geist
fest befohlen   und verständigen Sinn,
so manches weise Wort   und großes Wissen,
daß sie anheben sollten   mit heiliger Stimme
die gute Gotteskunde.

Das Deutsch des Hochmittelalters

Ein Ritter vor seiner frouwe. (Aus der Manessischen Lieder-handschrift, zwischen 1310 und 1330)

Das Deutsch des Hochmittelalters

11. Mittelhochdeutsch (1050—1350)

11.1. Einführung und kurze Charakteristik

Zeit:	MITTEL	Die Periode zwischen Ahd. und Fnhd. Sie unterscheidet sich vom Ahd. u.a. durch abgeschwächte Nebensilbenvokale und einen analytischeren Satzbau; vom Fnhd. durch die noch erhaltenen langen Vokale $\hat{\imath}$ $\hat{u}$ iu [y:] und die Diphthonge ie uo $\ddot{u}e$.
Raum:	HOCH	Das durch die 2. Lautverschiebung abgegrenzte hochdeutsche Gebiet, im Gegensatz zum Niederdeutschen.
Sprache:	DEUTSCH	(1) Die erste Gemeinsprache — die stark standes- und zeitgebundene Literatursprache des Rittertums. (2) Im übrigen Mundarten, aber gewisse Integrationsprozesse.

Ungefähr zwischen 1100 und 1200 treten in Europa politische, soziale und kulturelle Veränderungen ein, die sich auch in der Entwicklung der verschiedenen Sprachen abzeichnen. Es ist also kein Zufall, daß man in der Periodeneinteilung mancher Sprachen eben um diese Zeit eine neue Epoche anfangen läßt, z.B. Mittelhochdeutsch (1050), Mittelenglisch, Mittelniederländisch (1100), Mittelniederdeutsch (1150).

Folgende allgemeine Tendenzen lassen sich für diese Periode feststellen:

- Die verschiedenen Volkssprachen werden nun häufiger auch geschrieben, auf Kosten des Lateins. Teils werden die Urkunden nicht mehr nur lateinisch abgefaßt und teils hat sich nun außerhalb der Kirche eine neue Kultur mit einer eigenen Literatur entwickelt.
- Die zunehmenden Kontakte mit anderen Gegenden und Ländern führen zu gewissen ausgleichenden Tendenzen innerhalb der ver-

schiedenen Sprachen. Diese Sprachkontakte sind teils religiös bedingt durch die Pilgerfahrten und die Kreuzzüge (der erste 1096), teils wirtschaftlich durch den expandierenden Fernhandel, für den wiederum die beginnende Geldwirtschaft und der Ausbau des Straßennetzes Voraussetzungen sind.

ZUM SPRACHSYSTEM IN MITTELHOCHDEUTSCHER ZEIT

An folgendem Textbeispiel, dem Anfang des Glaubensbekenntnisses, sehen wir, wie sehr sich die Sprache im Laufe einiger Jahrhunderte verändert hat: Weißenburger Katechismus, Ende 8. Jh. (We.)/Millstätter Psalter, 12. Jh. (Mi.)

(We.) Gilaubiu in got fater almahtigon
(Mi.) Ich geloube an got vater almechtigen

(We.) scepphion himiles enti erda. Endi in heilenton Christ...
(Mi.) schephaer himels unde der erde. unde an Jesum Christ...

(We.) Ther infanganer ist fona heiligemo geiste
(Mi.) der enphangen wart von dem heiligen geiste

11.2. Lautliche Veränderungen

11.2.1. Die Schwächung der unbetonten Nebensilbenvokale

Der Murmelvokal e [ə]

Der auffallendste Unterschied zwischen dem Mhd. und dem Ahd. ist die Schwächung der unbetonten Nebensilbenvokale zum Murmelvokal „Schwa" [ə], geschrieben e:

$$\left.\begin{array}{l} a, \bar{a} \\ i, \bar{\imath} \\ o, \bar{o} \\ u, \bar{u} \\ iu \end{array}\right\} > e\,[ə] \qquad \begin{array}{l} \textit{gilaubiu} > \textit{geloube} \\ \textit{almahtigon} > \textit{almechtigen} \\ \textit{erda} > \textit{erde} \end{array}$$

Diese Abschwächung hatte relativ langsam schon in ahd. Zeit begonnen, ist aber erst im Mhd. durchgeführt. Ungefähr gleichzeitig tritt sie auch in anderen germ. Sprachen ein. In der schwedischen Hochsprache sind die vollen Vokale jedoch weitgehend erhalten:

ahd.	nhd.	nl.	eng.	dän.	schwed.
kiricha	*Kirche*	*kerk*	*church*	*kirke*	*kyrka, kyrkor*
bodam	*Boden*	*bodem*	*bottom* [ə]	*bund*	*botten, bottnar*

Nur die Ableitungssuffixe haben in der Regel den vollen Vokal bewahrt, vermutlich weil sie mit Nebenton gesprochen wurden: *Reichtum, ehrlich, eßbar* usw.

86

Manchmal fällt der Vokal auch ganz weg (Synkope im Wortinneren, Apokope im Auslaut)[1]: *himiles > himels.* Vgl. auch ahd. *gi-unnan > gönnen* /schwed. *unna*/, ahd. *ginâda > Gnade* /schwed. *nâd*/. Im Mhd. treten auch Zusammenziehungen (Kontraktionen) mit Präpositionen auf, die sich oft bis ins Nhd. gehalten haben: *ze wâre > zwar, in deme > im, ûf daz > ûfz > aufs.*

Wahrscheinlich ist diese Abschwächung eine Folge der germ. Festlegung des Akzents auf die erste Silbe. Schon in germ. Zeit hat es eine solche Schwächung der unbetonten Silben gegeben (6.3.3.), und noch in unserer Zeit geht sie weiter, indem z.B. das Dativ-*e* starker Maskulina und Neutra im Schwinden ist (16.5.1.) und die Aussprache [habn, habm] akzeptiert wird (16.4.).

11.2.2. Der Umlaut

Der Umlaut setzt sich in der Schrift durch und wird morphologisiert: *almahtigon > almechtigen.* S. Sekundärumlaut 9.7.1.

11.2.3. Der sch-Laut

Ein neues Phonem, der ʃ-Laut, ist entstanden, indem *sk > sch* wurde: *schephaer,* im ahd. Text oben noch *scepphion.* Ähnlich ist die Entwicklung im Eng. und teilweise im Schwed.:

	dt.	eng.	schwed.
sk > sch	*Schiff*	*ship*	*skepp*
	Schuh	*shoe*	*sko*
	Fisch	*fish*	*fisk*

Im Spätmhd. setzt sich dieses Phonem anlautend auch vor anderen Konsonanten durch: *schlagen, Schmutz, Schnee, schwarz; spitz, Stein.* Die norddeutsche Umgangssprache, u.a. in den Hansestädten Hamburg, Bremen, Lübeck, hat vor *p* und *t* die ältere Aussprache bewahrt: *s-pitz, S-tein.*

11.2.4. Die Auslautverhärtung

Die Schreibung *wart* 'ward' im obenstehenden Text zeigt, daß die für das Deutsche typische Auslautverhärtung von *b, d, g, v* zu [p, t, k, f] in mhd. Zeit eingetreten ist. Daher schreibt man im Mhd. auch *stoup, stoubes* 'Staub'; *tac, tages.*

---

[1] Synkope und Apokope kommen besonders oft im Bairischen vor: *Gwand, gsehn, Dirndl* vgl. 17.2.6.

11.3. Zur mittelhochdeutschen Orthographie

Auch in den mhd. Handschriften finden wir wie in den ahd. eine recht willkürliche Orthographie, die oft sogar innerhalb einer Handschrift Varianten der Schreibweise aufzeigt. Diese Orthographie ist insofern interessant, als sie Aufschlüsse über die damalige Aussprache gibt.

Normalisierung von mhd. Texten In den modernen Textausgaben klassischer mhd. Werke ist jedoch die Orthographie normalisiert, d.h. nachträglich geregelt worden.[2] U.a. werden lange Vokale durch einen Zirkumflex gekennzeichnet â, ê, î, ô, û, und die langen umgelauteten Vokale ae, æ, iu geschrieben. Das mhd. z hat in den normalisierten Texten zwei Funktionen, teils die Affrikata z [ts]: *ziehen, zuo* und teils das aus dem germ. *t* entstandene *s*, das aber meistens z geschrieben wird: *hiez, waz*.

fater > vater Ahd. *fater, fona* > mhd. *vater, von*: Wegen einer Tendenz zur stimmhaften Aussprache des *f*, die sich dann aber nicht durchgesetzt hat, beginnt man im Mhd., das anlautende *f* oft *v* zu schreiben, was sich bis heute gehalten hat.

Zu *i/j, u/v* und den Kürzungen, vgl. 14.6.

In mhd. Zeit schrieb man noch auf Pergament, überwiegend sog. gotische Buchschrift.

Gotische Buchschrift. (Erste Hälfte des 14. Jh.)

11.4. Weiterentwicklung vom synthetischen zum analytischeren Sprachbau

11.4.1. Artikel und Subjektspronomen

| ahd. *heiligemo geiste* | : mhd. *dem heiligen geiste* |
| *gilaubiu* | : *ich geloube* |

Durch Synkope und Schwächung der vollen Nebensilbenvokale zerfällt das ahd. Endungssystem. Schon in den ahd. Texten findet man manchmal Artikel oder Subjektspronomen, im Mhd. sind sie allgemein üblich.

Artikel Die Substantivartikel übernehmen nun immer mehr die Funktion der Deklinationsendungen. (Der bestimmte Artikel ist aus einem Demonstrativpronomen entstanden, der unbestimmte aus einem Zahlwort.)

[2] Nicht-literarische mhd. Texte werden heute weniger oft normalisiert, vgl. 11.7.

	ahd.	mhd.
N	zala	(diu) zal /nhd. Zahl/
A	zala	(die) zal
G	zala	(der) zal
D	zalu	(der) zal
N	zalā	(die) zal
A	zalā	(die) zal
G	zalōno	(der) zaln
D	zalōm	(den) zaln

Subjekts-
pronomen Die Setzung eines Subjektspronomens ist oft erforderlich, weil die Endungen der Verben im Mhd. nicht mehr eindeutig die Person ausdrücken können.

	ahd.	mhd.
	hōrta	(ich) hôrte /nhd. hörte/
	hōrtōs(t)	(du) hôrtest
	hōrta	(er) hôrte
	hōrtum(-un)	(wir) hôrten
	hōrtut	(ir) hôrtet
	hōrtun	(sie) hôrten

11.4.2. Analytische Verbformen

Passiv Die analytischen Verbformen sind zu Beginn der mhd. Zeit voll entwickelt.

Das Passiv, das im Ahd. allmählich durch den lat. Einfluß entstanden war, hat sich im Mhd. eingebürgert:

ahd. *ther infanganer ist*   : mhd. *der enphangen wart.*

Neue Zeitformen Die mhd. Epik fordert differenziertere Möglichkeiten, die Zeit auszudrücken; Präsens und Präteritum genügen nicht mehr. Für die Vorvergangenheit wird nun entweder *ge* + Präteritum verwendet oder die Hilfsverben *haben/sîn* (sein) + Prät. Part. Analog werden auch die entsprechenden Konjunktivformen gebraucht:

die er noch nie gesach	die er noch nie gesehen hatte
nû hân ich der hüener . . .	nun habe ich zehn Hühner verloren
zehen verlorn	
ê daz was geschehen	bevor das geschehen war
man sagete . . . Sîgfrit sî	man sagte, Siegfried sei gestorben
erstorben	

Daß schließlich die analytischen Perfekt- und Plusquamperfektformen siegen, kann mit dem starken französischen Einfluß zusammenhängen.

Es gibt hier nämlich überraschende Übereinstimmungen zwischen dem Mhd. und dem Afrz.

Das Futur wird noch oft durch Präsens ausgedrückt oder durch *soln* (sollen) oder *wellen* (wollen) + Inf. (Vgl. eng. *shall/will* + Inf., schwed. *skall* + Inf.) Erst in spätmhd. Zeit beginnt sich das heutige Hilfsverb *werden* durchzusetzen, zuerst mit dem Partizip Präsens, *er wirt mich sehende*, im Fnhd. dann mit dem Infinitiv.

KULTURGESCHICHTLICHE ENTWICKLUNG UND WORTSCHATZ

11.5. Historisch-sozialer Hintergrund

11.5.1. Die Ostkolonisation

Schon gegen Ende der ahd. Zeit beginnt allmählich die sog. Ostkolonisation und erreicht in den Jahren 1150 bis 1350 ihren Höhepunkt. Auswanderer, besonders aus dem niederdeutschen, mittel- und ostfränkischen sowie aus dem bayrischen Raum besiedeln die Gebiete östlich der Flüsse Elbe und Saale: Mecklenburg, Brandenburg, Pommern, Schlesien und schließlich Ostpreußen. Nun entstehen auch die östlichen „Sprachinseln", wie das noch heute gesprochene Siebenbürgisch-Sächsische in Rumänien.

Die Mundarten in mhd. Zeit. Die Pfeile geben die ungefähre Herkunft der Siedler an. (Nach Van Raad/Voorwinden: Die historische Entwicklung des Deutschen. 1. 1973.) Vgl. die Karte S. 116.

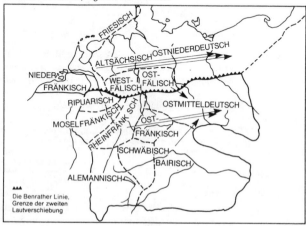

Zwei Wenden (Slawen), die kein Deutsch beherrschen, was an den gekreuzten Händen erkennbar ist, verhandeln vor dem deutschsprachigen Gericht mit je einem wendischen Dolmetscher. Die Beinriemen sind Kennzeichen der Wenden. (Aus dem Sachsenspiegel, Handschrift aus dem 14. Jh. Vgl. 13.2.1.).

Slawische
Ortsnamen

Daß auf dem Gebiet der heutigen DDR einst Slawen wohnten, zeigen Ortsnamen slawischer Herkunft: *Leipzig* (Lipsk), *Dresden* (Drjězdźny), *Bautzen* (Budyšin) und Ortsnamen mit den Endungen -*in*, -*itz*, -*ow*, *Berlin, Saßnitz, Lausitz, Pankow.* In der Lausitz wird auch heute noch eine westslawische Sprache, Sorbisch, gesprochen und geschrieben.

Die Kolonisten waren zum großen Teil Handwerker, Kaufleute und Bauern, die dem feudalen Druck zu entkommen hofften und eine bessere Existenz suchten. Aus wirtschaftlichem Interesse wurden die Siedler auch angeworben. Außerdem holten sich Fürsten und Klöster Deutsche als Verwaltungsbeamte oder zum Kriegsdienst und gestanden ihnen Privilegien oder Land zu. Das preußische Gebiet und Danzig wurden unter dem Vorwand der Missionierung von Rittern des Deutschen Ordens (ein geistlicher Ritterorden) besetzt, die dort einen eigenen Staat gründeten. Hier wurde Ostmitteldeutsch gesprochen.

Neue Mundarten

Da die Auswanderer aus verschiedenen Dialekträumen kamen, entstanden sprachliche Angleichungsprozesse. Die neu aufkommenden hochdeutschen Mundarten werden zusammenfassend Ostmitteldeutsch genannt, die niederdeutschen Ostniederdeutsch.

11.5.2. Das höfische Rittertum

Der Ritterstand

Die Gesellschaft des hohen Mittelalters ist vielschichtiger geworden. Neben der kleinen Anzahl Fürsten und Grafen des Frühmittelalters wurden nun die Adelsrechte auf die *Ministerialen* ausgedehnt, ursprünglich unfreie Hofdiener, die zum Verwaltungs- und Kriegsdienst herangezogen wurden. Sie bekamen Rechte und Lehen (Steuern und Zölle), die ihnen Einkünfte sicherten. Es gab aber auch andere Möglichkeiten, zu Geld zu kommen. Die am Ende des 11. Jh. beginnenden Kreuzzüge brachten ihren Teilnehmern nicht nur Vergebung der Sünden, sondern auch gute Chancen, sich durch Raub zu bereichern.

Die neue soziale Schicht, der sog. Ritterstand, wurde nun auch Träger einer neuen Kultur, die in der Provence (Frankreich) entstand und sich von dort über ganz Europa verbreitete, einer Kultur mit starkem Klassenbewußtsein und strengen ethischen Regeln. Man versammelte sich an zahlreichen Höfen, von der Welt der Arbeit abgeschirmt, mit Pflichten nur gegen sich selbst. Besonders durch den *minnedienst* um eine schöne *frouwe* (vgl. unten) versuchte man, die hohen ritterlichen Tugenden zu entwickeln, die Ehre in dieser Welt und Seligkeit im Jenseits bringen sollten.

Unter den Stauferkaisern Friedrich Barbarossa bis Friedrich II., vor allem in den Jahren 1170−1230, erlebt die höfische Ritterkultur ihre kurze Blütezeit.

11.5.3. Aufstieg des Bürgertums

Das Bürgertum

Im 13. Jh. erlangte ein neuer Stand, das Bürgertum, durch das Aufblühen der Städte wachsende Bedeutung und entwickelte eine neue Kultur. (*Bürger*, eig. 'Stadtbewohner' zu mhd. *burc* 'Stadt'.) Um das Jahr 1000 gab es 40 Städte in Deutschland, i. J. 1200 etwa 200, die meisten jedoch mit weniger als 1000 Einwohnern. Am Ende der mhd. Zeit lebten mehr als 10% der ung. 12 Mill. Deutschen in der Stadt. Handel und Geldwirtschaft brachten Wohlstand, und die Ansprüche stiegen. Nun war die Lese- und Schreibkunst nicht mehr Monopol der

Kramladen. (Aus der Manessischen Liederhandschrift, 14. Jh.)

Ein Bauer zahlt seinem Herrn Zins. (Aus dem Sachsenspiegel, 14. Jh. Vgl. 13.2.1.)

Geistlichen. Seit etwa 1200 gab es Stadtschulen neben den Klosterschulen, wo Bürgersöhne sich u.a. für die Verwaltung ausbilden konnten.

Auch unter den Stadtbewohnern kamen neue Schichten auf: die Großbürger, meist reiche Kaufleute, die weniger wohlhabenden Handwerker, die Gesellen und schließlich die Tagelöhner und das Hausgesinde (vgl. 14.2.2.), die keine Bürgerrechte hatten.

**Die Land-
bevölkerung**

Der größte Teil der Bevölkerung wohnte noch auf dem Land, immer mehr von Adel und Kirche unterdrückt. Die freien Bauern waren in der Minderheit. Für Bildung oder Kultur gab es kaum Möglichkeiten. Die Lebenserwartung lag noch unter 30 Jahren.

11.5.4. Ausklang der mittelhochdeutschen Zeit

Vom sog. Interregnum an (1254), als es etwa 20 Jahre lang keinen deutschen Kaiser gab, beschleunigte sich der politische Verfall des Kaiserreichs durch die wachsende Macht der Feudalfürsten. Durch die Geldwirtschaft und sinkende Agrarpreise verarmten viele Bauern. Auch der niedere Adel war betroffen: manche wurden Raubritter und machten das Land unsicher. Um das Jahr 1350, das Jahr nach dem Einbruch der großen Pest, war der Tiefstand erreicht. Mindestens 1/3 der Bevölkerung fiel der Pest zum Opfer, und weitere kamen noch durch Aufstände, Verfolgungen und Pogrome ums Leben.

11.6. Das klassische Mittelhochdeutsch — die Literatursprache der Ritter

11.6.1. Die erste Gemeinsprache

Der Ritterstand entwickelte eine überlandschaftliche Literatursprache, die auch auf niederdeutschem Gebiet, aber nicht in den Niederlanden, gebraucht wurde. Diese Sprache, das klassische Mittelhochdeutsch, ist verhältnismäßig einheitlich, aber weniger als uns die normalisierte Rechtschreibung der Ausgaben mhd. Literatur glauben läßt. Sie hat oberdeutsche Grundlage, da die meisten Dichter oberdeutscher Herkunft sind, läßt sich aber keinem bestimmten Dialekt zuordnen. Um auch an anderen Höfen verstanden zu werden, vermieden die mhd. Dichter Wörter und Aussprache, die als stark mundartlich empfunden wurden. Es gehörte natürlich auch zu dem höfischen Ideal, allzu Volkstümliches oder Vulgäres zu vermeiden.

Das klassische Mhd. ist also eine Kunstsprache, für die mhd. Dichtung bestimmt, die mündlich vorgetragen wurde. Die Alltagssprache der Ritter war wohl stärker landschaftlich gefärbt, und die übrige Bevölkerung sprach und schrieb Mundart (s. Gebrauchsprosa 11.7.). Mit dem Niedergang des Rittertums verschwand diese erste deutsche Gemeinsprache aus der Literatur, und die Dichter des beginnenden 14. Jh. lassen wieder stärker ihren Dialekt erkennen.

11.6.2. Der höfische Wortschatz

Die gesellschaftlichen Veränderungen spiegeln sich — wie immer — im Wortschatz wider. Für den neuen Lebensstil wird ein neuer erweiterter Wortschatz gebraucht, der teils durch Neubildungen und Bedeutungswandel deutscher Wörter, teils durch Entlehnungen aus dem Französischen entsteht.

Der französische Einfluß	daz suln die *garzûne* sagen ... ine mag ir *bûhurdieren* niht allez *becroieren* (Tristan, 5059 ff)

Mit der Übernahme der französisch-provenzalischen gesellschaftlichen Lebensform drangen auch viele französische Wörter in die Sprache der Ritter ein, meist durch das Mnl. über Flandern vermittelt, wo die romanische höfische Kultur zuerst Eingang fand.

Die höfische Dichtung enthält eine Fülle frz. Lehnwörter, die das ritterliche Leben widerspiegeln; für Kampfspiele, Unterhaltung, Kleidung und kostbare Handelswaren. Viele dieser Lehnwörter versteht man heute nicht mehr ohne Wörterbuch, da sie mit der Ritterkultur verschwunden sind: *garzûn* (garçon) 'Knappe'; *bûhurt* (bouhourt) 'Ritterspiel Schar gegen Schar', *schapel* (chapel), ein Kopfschmuck für Männer und Frauen, 'Kranz, Diadem'.

Andere haben sich in der Standardsprache eingebürgert: *Abenteuer* (aventure), ein Modewort für die gefährlichen Begegnungen der Ritter, über die das höfische Publikum gern Erzählungen hörte; *Turnier* (afrz. *tornei*) 'ritterliches Waffenspiel', zum afrz. Verb *tournier* 'die Rosse

94

wenden' gebildet; *Lanze* (lance); *Preis* (afrz. *pris*); *fein* (fin); *Tanz* (danse); *Rubin* (rubin), *Samt* (afrz. *samit*).

Daß das Gefühl für soziale Unterschiede ausgeprägt war, zeigt sich in der neuen Anredeform *ir* — 2. Pers. Plur. —, die sich nach französischem Vorbild (vous) neben dem alten *du* einbürgerte. (Das Anredepronomen *Sie* beginnt sich erst im 17. Jh. durchzusetzen.)

Zusammen mit Lehnwörtern wie *turnieren, parlieren, melodie, courtoisie* gelangten auch die beiden Suffixe *-ieren* und *-ie* (im Fnhd. > *ei*) in das Deutsche und wurden in der Wortbildung produktiv: *buchstabieren, hausieren* und *Fischerei, Zauberei*. Die Betonung der letzten Silbe verrät die fremde Herkunft dieser Suffixe.

Eine Erinnerung daran, daß bes. das flandrische Rittertum als Vorbild galt, sind z.B. die aus dem Mnl. übernommenen unverschobenen Formen *Wappen* und *Tölpel* (< *dörper*, eig. 'Dorfbewohner', das die Bedeutung 'unhöfischer, ungebildeter Mensch' erhielt und afrz. *vilain* — mit dem gleichen Bedeutungsgehalt — wiedergibt).

Bedeutungsveränderungen mittelhochdeutscher Wörter

Beim Übersetzen mhd. Texte macht man leicht den Fehler, die mhd. Wörter in der heutigen Bedeutung verstehen zu wollen. Man darf aber nicht vergessen, daß in manchen Fällen Bedeutungsveränderungen eingetreten sind (Kap. 4).

arebeit (Arbeit) 'Mühsal, Anstrengung'

hôchgezît (Hochzeit) 'Fest'

klein (klein) 'fein, zierlich' (die alte Bedeutung ist noch in *Kleinod, haarklein* und schwed. *klensmed* erhalten. 2.3.1.)

maget (Magd) 'Mädchen'

mügen (mögen) 'vermögen, können'

snel (schnell) 'kräftig, tapfer, rasch'

tump (dumm) 'unerfahren, töricht, stumm' (vgl. eng. *dumb* 'stumm')

Andere Wörter spiegeln die Normen der damaligen Oberschicht der Gesellschaft wider, das höfische Ideal, und lassen sich nicht übertragen, ohne daß gleichzeitig der soziale und kulturelle Hintergrund erklärt wird:

reht (Recht), das Standesrecht und die Standespflicht eines Menschen, die nach der damaligen Auffassung jedem angeboren waren; Recht; Gesetz; Gericht.

zuht (Zucht), die äußere und innere Wohlerzogenheit eines echten Ritters: sowohl das rücksichtsvolle Benehmen wie auch die „innere Bildung".

milde (mild) 'freigebig', eine Eigenschaft, die dem Lehnsherrn zukam (heute noch in *mildtätig*).

hôher muot (Hochmut), eine Kombination von edler Gesinnung und hohem Selbstgefühl, charakteristisch für einen Menschen, der alle Tugenden hat, die sein hoher Stand fordert.

minne (Minne), eig. 'Erinnerung', dann 'die verehrende Liebe eines Ritters zur *frouwe*'. Nach einer Bedeutungsverschlechterung verschwand das Wort im 15. Jh. als nicht mehr gesellschaftsfähig, wurde aber von Dichtern des 18. Jh. neu belebt.

vrouwe (Frau) 'Herrin', die sozial hochstehende, verheiratete Frau. In ihrem Dienst kann der Ritter seine höfischen Tugenden vervollkommnen. Die unverheirateten 'Jungfrauen' durften nicht am höfischen Gesellschaftsleben teilnehmen.

Übersetzung aus dem Mittelhochdeutschen

Daß man den Text oft nicht wörtlich wiedergeben kann, zeigt z.B. auch folgende Übertragung ins Nhd. einiger Strophen des Nibelungenliedes (11.6.3.):

1 Uns ist in alten mæren   wunders vil geseit:
  von helden lobebæren,   von grôzer arebeit,
  von vröuden hôchgezîten,   von weinen und von klagen,
  von küener recken strîten   muget ir nû wunder hœren sagen.

2 Ez wuohs in Burgonden   ein edel magedîn,
  sô in allen landen   niht schœners mohte sîn,
  Kriemhilt geheizen;   si wart eins küneges wîp;
  dar umbe muosen degene   vil verliesen den lîp.

4 Ir pflâgen drî künege   edel unde rîch,
  Gunther unde Gêrnôt,   die recken lobelîch,
  und Gîselhêr der junge,   ein ûzerwelter degen.
  diu vrouwe was ir swester;   die vürsten hetens in ir pflegen.

6 Ze Wormz bî dem Rîne   si wonden mit ir kraft.
  in diende von ir landen   vil stolziu ritterschaft
  mit stolzlîchen êren   unz an ir endes zît.
  sît sturbens jâmerlîche   von zweier edelen vrouwen nît.

13 Ez troumde Kriemhilde,   in tugenden der si pflac,
  wie si einen valken wilden   züge manegen tac,
  den ir zwên arn erkrummen,   daz si daz muoste sehen.
  ir enkunde in dirre werlde   nimmer leider geschehen.

14 Den troum si dô sagete   ir muoter Uoten.
  si enkunde in niht bescheiden   baz der guoten:
  'der valke, den dû ziuhest,   daz ist ein edel man;
  in welle got behüeten,   dû muost in schiere vloren hân.'

Uns ist in alten Geschichten viel Herrliches erzählt worden: von ruhmvollen Helden und ihren schweren Kämpfen, von höchstem Glück, von tiefstem Schmerz und von dem Heldenkampf der tapferen Burgunden könnt Ihr jetzt eine herrliche Geschichte vernehmen.

KRIEMHILD VON BURGUND

In Burgund war einst eine edle Jungfrau herangewachsen, so schön, wie es in keinem anderen Land eine schönere gab. Kriemhild hieß sie, und sie wurde später die Frau König Etzels. So kam es, daß viele Helden ihr Leben verloren.

Drei edle und mächtige Könige hatten die Vormundschaft über sie: Gunther und Gernot, zwei rühmliche Helden, und der junge Giselher, auch er schon ein auserwählter Ritter. Kriemhild war ihre Schwester; daher unterstand sie ihrer Obhut.

Sie herrschten in Worms am Rhein; eine stattliche Schar von Rittern diente ihnen in angesehener Stellung, solange sie lebten. Später mußten sie grausam ihr Leben lassen — dahin kam es durch die Feindschaft zweier Königinnen.

Eines Tages träumte Kriemhild, daß sie, vornehm zu leben wie sie gewohnt, sich einen wilden Falken aufgezogen hätte und daß zwei Adler ihn vor ihren Augen zerfleischten. Etwas Schrecklicheres hätte ihr überhaupt nicht widerfahren können.

Den Traum erzählte sie gleich ihrer Mutter Frau Ute. Die wußte ihn ihrer Tochter richtig zu deuten: „Der Falke, den du dir aufziehst, ist ein edler Held. Wenn Gott ihn nicht schützt, wird es dir bestimmt sein, ihn früh zu verlieren."

(Übers. von Ulrich Pretzel)

Neuhoch-
deutsche Redens-
arten als Spiegel
der Ritterzeit

Aus der Ritterzeit stammen mehrere noch heute gebräuchliche Redensarten, z.B. *einem die Stange halten* 'jds Meinung unterstützen'; *eine Lanze für einen brechen* 'für jdn eintreten'; *einem den Fehdehandschuh hinwerfen* 'einen herausfordern'; *einen in Harnisch bringen* 'einen wütend (kampfbereit) machen'; *etwas aus dem Stegreif* (eig. 'Steigbügel') *tun* 'etw. rasch, ohne Vorbereitung tun, ohne erst vom Pferd abzusitzen'; *einem einen Korb geben* 'einen abweisen' (vgl. die Abbildung unten; der unwillkommene Liebhaber bekam einen Korb mit schadhaftem Boden).

*Ein junger Ritter wird
in einem Korb zum Fenster
der Angebeteten
emporgezogen. (Aus der
Manessischen Lieder-
handschrift, 14. Jh.)*

97

11.6.3. Die klassische mittelhochdeutsche Dichtung

Während die überlieferte ahd. Literatur hauptsächlich religiös-didaktisch ist, bietet die klassische mhd. Dichtung vor allem Unterhaltung für den neuen Ritterstand. Das Interesse an der Literatur muß groß gewesen sein, denn verhältnismäßig viele Handschriften sind uns überliefert, trotz aller Kriege, Brände, Diebstähle und der Gewohnheit, von älteren Pergamenthandschriften die Schrift abzuschaben, um das Pergament verkaufen oder neu verwenden zu können.

Neue literarische Gattungen der mhd. Zeit sind die höfische Lyrik und das höfische Epos, während das mhd. Volksepos auf ältere Traditionen zurückgeht. (*Epos* bedeutet in beiden Fällen 'langes erzählendes Gedicht'.)

Volksepos

Dem Volksepos liegen germanische Sagen zugrunde; es ist aber dem höfischen Geist angepaßt. Auch die Form erinnert an das alte Heldenlied (Strophen von 4 Langzeilen, vgl. die Textprobe oben). Im Nibelungenlied (um 1200) sind zwei Sagenkreise vereint, die mythische altgermanische Erzählung von Siegfried und Brünhild, die auch in der nordischen Edda vorkommt, und historische Ereignisse aus voralthochdeutscher Zeit: der Untergang der Burgunder und Attilas Tod. Von einem unbekannten Dichter ist dann die Handlung in eine höfische Umgebung verlegt worden.[3]

Höfisches Epos

Das höfische Epos schildert in vierhebigen Reimpaaren den Idealtyp des tapferen, tugendhaften und maßvollen Ritters. Als Vorlagen dienten französische Nachdichtungen (bes. Chrestien de Troyes) der keltisch-britannischen Heldensagen von König Artus und seinen Mannen. Die drei großen mhd. Epiker sind Hartmann von Aue, Wolfram von Eschenbach und Gottfried von Straßburg.[3]

Sigurd (Siegfried) tötet den Drachen. Schwedische Felszeichnung, 11. Jh. (Ramsundsberget, Södermanland) Rechts unten: S. tötet den Drachen; links: der enthauptete Schmied; S. brät das Herz des Drachen, steckt den Daumen in den Mund und versteht die Sprache der Vögel.

[3] Die großen mhd. Dichtungen haben zahlreiche Bearbeitungen in der deutschen Literatur gefunden, bes. in fnhd. Zeit (Volksbücher) und im 19.–20. Jh., u.a. die Opern Richard Wagners (Der Ring des Nibelungen, Parsifal, Tristan und Isolde) und Werke von z.B. Hebbel (Die Nibelungen), Hauptmann (Der arme Heinrich), Th. Mann (Der Erwählte = Hartmann: Gregorius).

Hartmann von Aue,
(Aus der Weingartner
Liederhandschrift, um 1300)

Hartmann von
Aue

Der alemannische Dichter Hartmann von Aue stellt sich in „Der arme
Heinrich" folgendermaßen vor:

> Ein ritter sô gelêret was
> daz er an den buochen las
> swaz er dar an geschriben vant,
> der was Hartman genant,
> dienstman was er z'Ouwe.

was 'war'; *an* 'in'; *buoch* 'Buch';
swaz 'alles was';
dienstman 'Ministeriale' (11.5.2.).

Seine beiden großen Versepen Erec und Iwein schildern Artusritter
im Konflikt zwischen *êre* und *minne*.

Wolfram von
Eschenbach

Wolfram von Eschenbach in Ostfranken war auch Ministeriale. Sein
Hauptwerk „Parzival" beschreibt die Entwicklung eines einfältigen
Knaben, der seine ritterlichen Anlagen noch nicht kennt (*tumpheit*),
zum Ritter und schließlich durch christliche Demut zum Gralskönig
(*saelde* 'Seligkeit'). Wolfram gilt als der beste Menschenschilderer
unter den mhd. Dichtern. Er wollte seinen Zuhörern nicht nur Abenteuer, sondern auch ethisch-religiöse Werte vermitteln. Im Epilog heißt
es:

> swes leben sich sô verendet,
> daz got niht wirt gephendet
> der sêle durch's lîbes schulde,
> und der doch der werlde hulde
> behalden kan mit werdekeit,
> daz ist ein nütziu arbeit.

Frei übersetzt: Wer sein Leben so zu
Ende führt, daß Gottes Anspruch auf
die Seele nicht unerfüllt bleibt, und wer
dennoch in Ehren die Anerkennung der
Welt behalten kann, für den haben sich
seine Anstrengungen gelohnt.

Wolframs Sprache ist manchmal dunkel, und für einen modernen Leser
ist es oft schwer, alle Nuancen zu erfassen.

Gottfried von Straßburg schrieb eine klare, klangvolle Sprache und vollendete Verse. Er war bürgerlicher Herkunft und hatte eine gediegene Bildung.

Der folgende Abschnitt aus „Tristan und Isolde" schildert die beiden Hauptpersonen, nachdem sie irrtümlich einen Liebestrank geleert haben:

Nû daʒ, diu maget unde der man,
Isôt unde Tristan,
den tranc getrunken beide, sâ
was ouch der werlde unmuoʒe dâ
Minne, aller herzen lâgærin,
und sleich z'ir beider herzen în
ê sî's wurden gewar,
dô stieʒ s'ir sigevanen dar
und zôch si beide in ir gewalt:
si wurden ein und einvalt
die zwei und zwîvalt wâren ê;

. . .

si heten beide ein herze:
ir swære was sîn smerze,
sîn smerze was ir swære;
si wâren beide einbære
an liebe und an leide.

nû daʒ 'als nun'; *maget* 'Mädchen'; *sâ* 'da'; *unmuoʒe* 'Unruhe'; *aller herzen lâgærin* 'die allen Herzen nachstellt'; *sleich ze* 'schlich sich in'; *stieʒ s'ir sigevanen dar* 'stieß sie ihre Siegesfahne hinein'; *zôch* 'zog'; *ein und einvalt* 'eins und unzusammengesetzt'; *zwîvalt* 'zweifach'; *swære* 'Leid'; *einbære* 'gleich'.

*Gottfried von Straßburg.
(Aus der Manessischen
Liederhandschrift, 14. Jh.)*

Nach dem Vorbild provenzalischer und französischer Troubadoure wurden im Minnesang Schönheit und Tugenden der *frouwe* gepriesen. Andere Lieder schildern die Natur. Die lehrhaften oder politischen Lieder werden meist Sprüche genannt. Alle Lieder wurden gesungen vorgetragen.

Walther von der Vogelweide (um 1170–1230) ist der größte Lyriker der mittelhochdeutschen Zeit. Er hat durch Überwindung des Konventionellen im Minnesang einen persönlichen Ton gefunden.

Herzeliebez frouwelîn
got gebe dir hiute und iemer guot!
Kund ich baz gedenken dîn,
des hete ich willeclîchen muot.
Waz mac ich dir sagen mê,
wan daz dir nieman holder ist? owê, dâ von ist mir vil wê.

Sie verwîzent mir daz ich
ze nidere wende mînen sanc.
Daz si niht versinnent sich
waz liebe sî, des haben undanc!
Sie getraf diu liebe nie,
die nâch dem guote und nâch der schœne minnent, wê wie minnent
die?

Meine geliebte kleine Herrin,
Gott behüte dich heute und immer!
Könnte ich schöner meine Wünsche ausdrücken –
ich tät es wahrlich gern.
Was aber kann ich dir mehr sagen,
als daß dich niemand lieber haben kann? Ach, das macht mir manchen Kummer.

Sie werfen mir vor, daß ich
an niedrig Geborene richte meinen Sang.
Daß sie nicht begreifen,
was wirkliche Liebe ist – dafür sollen sie verwünscht sein!
Nie hat wahre Liebe sie getroffen,
die nach dem Grad von Reichtum und Schönheit entflammt werden – ach, was für
eine Liebe ist das?

(Übers. von Peter Wapnewski)

Walthers Bild in der berühmten Manessischen (Heidelberger) Liederhandschrift illustriert den Anfang von einem bekannten *Spruch*, wo er, auf einem Stein sitzend, über das ethische Verhalten der Menschen nachdenkt:

Ich saz ûf eime steine,
und dahte bein mit beine;
dar ûf satzt ich den ellenbogen;
ich hete in mîne hant gesmogen
daz kinne und ein mîn wange.
Dô dâhte ich mir vil ange,
wie man zer werlte solte leben:

decken, dahte 'bedecken'; *setzen, satzte*
'setzen'; *smiegen, gesmogen* stv.
'schmiegen'; *ein mîn wange* 'meine
eine Wange'; *denken, dâhte* 'denken';
ange 'genau', verwandt mit *Angst* und
beengen.

Walther von der Vogelweide. (Aus der Manessischen Liederhandschrift, 14. Jh.)

In seinen politischen Sprüchen setzt er sich aktiv auf der Seite des
deutschen Kaisers und der Einheitsbestrebungen ein, sowohl gegen den
Papst als auch gegen die selbständigen Feudalherren.

Ahî wie kristenlîche nû der bâbest lachet,
swenne er sînen Walhen seit 'ich hânz alsô gemachet!'
daz er dâ seit, des solt er niemer hân gedâht.
er giht 'ich hân zwên Allamân undr eine krône brâht,
daz siz rîche sulen stœren unde wasten.
ie dar under füllen wir die kasten:
ich hâns an mînen stoc gement, ir guot ist allez mîn.
ir tiuschez silber vert in mînen welschen schrîn.
ir pfaffen, ezzet hüenr und trinket wîn,
unde lât die tiutschen [leien magern unde] vasten'.

Oh, wie christlich jetzt der Papst lacht,
wenn er seinen Welschen berichtet: 'Ich hab es folgendermaßen hinbekommen!'
— Was er da sagt, das hätte er nicht einmal denken dürfen!
Er sagt: 'Ich habe zwei Alemanni unter eine einzige Krone gebracht,
damit sie das Reich in Verwirrung und Verwüstung stürzen.
Indessen füllen wir unsere Truhen.
Ich habe sie an meinen Opferstock getrieben, ihr Hab und Gut ist alles mein.
Ihr deutsches Silber wandert in meinen welschen Schrein.
Ihr Geistlichen, eßt Hühner und trinkt Wein
und laßt die deutschen (Laien magern und) fasten!'

(Übers. von Peter Wapnewski)

Vieles in Walthers Liedern und Sprüchen hat die Zeit überdauert.

> Nieman kan mit gerten
> kindes zuht beherten:
> den man zêren bringen mac,
> dem ist ein wort als ein slac,
> den man zêren bringen mac;
> kindes zuht beherten
> nieman kan mit gerten.

gerte 'Rute';
beherten 'durch Härte erzwingen';
zêren, ze êren, 'zu Ehrgefühl';
mac 'kann';
als 'wie'.

Aus seinen letzten Liedern spricht Resignation über den beginnenden allgemeinen Niedergang der Gesellschaft. In *Owê, war sint verswunden alliu mîniu jâr (war* 'wohin') beklagt er, teils daß die ursprüngliche Natur immer mehr zurückgedrängt wird:

> *bereitet ist daz velt, verhouwen* 'abgeholzt' *ist der walt*;

teils daß die Jugend nicht mehr fröhlich und wohlerzogen ist:

> *owê wie jæmerlîche junge liute tuont,*
> *den ê vil hovelîchen ir gemüete stuont*;

und daß man sich nicht mehr standesgemäß anzieht:

> *die stolzen ritter tragent dörpellîche wât* 'bäurische Kleidung'.

11.7. Die Anfänge der deutschen Gebrauchsprosa

Latein

Die Sprache der Kirche, der Verwaltung und des Unterrichts ist in der mhd. Zeit noch immer Latein. Wie im übrigen Europa fängt man aber auch auf deutschem Gebiet allmählich an, die Volkssprachen zu schreiben (11.1.). Verglichen mit der höfischen Dichtung ist die mhd. Prosa weit stärker von der jeweiligen Mundart gefärbt.

11.7.1. Die religiöse Literatur

Die volkstümliche Predigt

Die religiöse Literatur besteht nicht nur aus biblischen Texten. Im 13. Jh. wurden Predigtsammlungen berühmter Prediger aus den Bettelorden der Franziskaner und Dominikaner herausgegeben, z.B. Berthold von Regensburg. Hier finden wir erstmals eine zwar regional begrenzte, aber alltägliche und volkstümliche Sprache.

Wichtig für die Entwicklung des abstrakten Wortguts im Deutschen war die religiöse Bewegung der Mystik. Meister Eckehart (1260–1327) und Mechthild von Magdeburg z.B., die im ostmitteldeutschen Sprachraum wirkten, versuchten, in ihren Briefen und Traktaten das religiöse Erlebnis in deutscher Sprache darzustellen. Um das Unendliche begreiflich zu machen, brauchten sie neue Ausdrucksmittel und unbelastete Wörter. Deshalb verwendeten sie bes. Wortbildungen in Form von Metaphern wie *einbilden, Eindruck, Einfall, Einfluß, einleuchten*. Sie bevorzugten auch Abstraktbildungen mit den Suffixen - h e i t, - k e i t, - u n g, die bisher nicht sehr häufig gewesen waren (*Hoheit, Heimlichkeit, Berührung*) und substantivierte Infinitive: *Sein, Wesen, Tun*.

Viele nhd. Abstrakta, die Gefühl und Empfinden ausdrücken, stammen von den Mystikern. Ihre Wortbildungen leben besonders in der Sprache der Philosophie weiter. Folgender Abschnitt einer Predigt Meister Eckeharts versucht, den Zeitbegriff *nû* 'nun' zu erläutern:

Nime ich ein stücke von der zît, sô enist eẓ weder der tac hiute noch der tac gester. Nime ich aber nû, daẓ begrîfet in im alle zît. Daẓ nû, dâ got die werlt inne machete, daẓ ist als nâhe dirre zît als daẓ nû, dâ ich iezu inne spriche, und der jüngeste tac ist als nâhe disem nû als der tac, der gester was.

enist 'ist nicht'; *dirre* 'dieser'; *iezuo* 'gerade jetzt'

11.7.2. Rechts- und Urkundenliteratur

In der Zeit 1200–1350 gingen die deutschen Städte, angefangen mit den süddeutschen, allmählich dazu über, in den Kanzleien auch deutsch, d.h. die lokale Mundart zu schreiben, obwohl die lateinischen Urkunden immer noch in der Mehrzahl waren. Die Sprachform (phonologische Struktur, Wortschatz) unterscheidet sich meist von Schreibstube zu Schreibstube. Nur der Stil ist einheitlich.

Wir der abbet Bertholt von Mûrbach tûn kunt allen, die disen brief Sehent oder horent lesen, das wir die nuwe Mulin ze Celle heizen abe brechen, vñ deme wassere sinen alten rúns lassen . . . [4]

(Urkunde vom 2. Jan. 1266)

û = uo; *abbet* 'Abt'; *nuwe Mulin* (*niuwe müle*) 'neue Mühle'; *heizen* (mit Ack.t.Inf.) 'befehlen'; *vñ* (Abkürzung für *vnde*) 'und'; *runs* 'das Rinnen, Wassergraben'.

Aus dem 13. Jh. stammen die ersten Rechtsbücher auf deutsch (vgl. 13.2.1.).

[4] Zitiert nach Els Oksaar: Mittelhochdeutsch. Stockholm 1964, S. 190.

11.7.3. Die Artesliteratur

Nach und nach fing man an, auch wissenschaftliche Arbeiten auf deutsch zu schreiben, die sog. Artesliteratur. Ihre Gliederung stammt von den mittelalterlichen Scholastikern, die in drei „Artesreihen" die weltlichen Wissenschaften zusammenfaßten: die sieben freien Künste (die Elementarfächer der Schule), die Eigenkünste (u.a. Handwerk, Handel, Heilkunde) und die verbotenen Künste (Magie und Gaunertum).

Unter den mhd. Fachprosahandschriften sind die medizinischen am zahlreichsten vertreten: Arzneibücher, Kräuterbücher, Gesundheitsregeln u.a.

Der folgende Text aus der Kopenhagener Handschrift GKS 1664,[5] 16, ist nicht normalisiert (vgl. 11.3.):

Fúr geswlst.
Nim einen hund vñ schlach den ze tode vnd
nim daz marck us den beinen vñ eins hasen mark
vñ eins Rehes mark. dirre mark nim aller ge-
lich vil vñ also vil altes schmerwes vñ temper
dis alles zůsamen vñ zerlas ez. dar nach tů es in ein
búhse vnd salbe da mit aller schlacht geswlst. sy z͡gat.

w = wu; *dirre* 'dieser' (Gen.); *schmer, -wes* 'Fett' (vgl. schwed. *smör*), *tempern* 'mischen'; *slaht* 'Art'; z͡gat (Abkürzungen für *zergat, vgl. 14.6.*) 'vergeht'.

[5] Die Handschrift stammt zwar aus dem Ende des 14. Jh., die Sprache (Alemannisch) hat jedoch mhd. Züge.

12. Jiddisch (ייִדיש)

12.1. Die jiddische Sprache

Nachdem man im 12.–13. Jh. die Juden in Gettos isoliert hatte, entwickelte sich unter ihnen eine mit hebräischen und später auch slawischen Elementen durchsetzte Sondersprache. Um 1300 setzten größere Verfolgungen ein, und die überlebenden Juden zogen nach Polen und der Ukraine, behielten aber ihre mhd. Sprache.

Noch heute spiegelt das Jiddische die damaligen städtischen Umgangssprachen Süd- und Mitteldeutschlands, von denen wir sonst nicht viel wissen. Es enthält einen z.T. recht altertümlichen Wortschatz und hat nicht die ausgeprägte Endstellung des Verbs: *Schpaj nischt in brunem – efscher wesstu darfn fun im trinken wasser* 'Spei nicht in den Brunnen, vielleicht /hebr. *efschár*/ wirst du von ihm Wasser trinken müssen'.

Etwa 6 Mill. Menschen sprechen heute noch Jiddisch, vor allem in Israel und den Vereinigten Staaten. Es wird jedoch immer mehr vom Hebräischen und Englischen zurückgedrängt, obwohl jiddische Zeitungen und Literatur noch regelmäßig erscheinen. Jiddisch wird meist mit hebräischen Buchstaben geschrieben.

YIDISHER VISNSHAFTLEKHER INSTITUT
Max Weinreich, Geshikhte fun der
yidisher shprakh

Transkribierter Buchtitel. (New York 1973.)

12.2. Jiddische und rotwelsche Wörter im Neuhochdeutschen

Jiddisch hat die deutsche Sondersprache der „Gauner", das R o t - w e l s c h e (von *rot* 'Bettler' + *welsch* in der Bedeutung 'unverständliche Sprache'), lexikalisch beeinflußt. Diese Wörter sind teilweise auch in die Allgemeinsprache aufgenommen worden: *Schlamassel* 'Mißgeschick', *Schmiere* 'Wache' *stehen, blechen* 'zahlen', *Kittchen* 'Gefängnis', *schachern* 'feilschen', *Pleite* 'Bankrott', *mies* 'schlecht, häßlich', *schofel* 'erbärmlich, schäbig'.

106

13. Mittelniederdeutsch (1150 – 1650)

Zeit:	MITTEL	Steht zwischen Altsächsisch und Neuniederdeutsch (Plattdeutsch); unterscheidet sich vom As. u.a. durch abgeschwächte Endsilbenvokale.
Raum:	NIEDER	Das deutsche Sprachgebiet, das nicht von der Hochdeutschen Lautverschiebung betroffen ist.
Sprache:	DEUTSCH	(1) Im nd. Raum zu dieser Zeit noch *sassesch* genannt (2) Die zweite deutsche Gemeinsprache – die Verkehrssprache der Hanse.

13.1. Verbreitung des Mittelniederdeutschen

Ebenso wie das hd. Gebiet hat sich auch das nd. stark vergrößert. Im Nordwesten wird allmählich das Friesische verdrängt, und durch die Ostkolonisation entstehen die ostniederdeutschen Mundarten (s. Karte 11.5.1.).

Im 14. und 15. Jh. ist das Mnd. Geschäfts- und Schriftsprache im ganzen Hansegebiet – von Bergen in Norwegen bis Livland – auch in Städten, wo sonst nicht Nd. gesprochen wird. Sogar aus Nowgorod und London gibt es mnd. Urkunden.

13.2. Die Entstehung der mittelniederdeutschen Schriftsprache

An den nd. Höfen ist die mhd. Sprache Mode, und die niederdeutschen höfisch-ritterlichen Dichter schreiben deshalb meist ihre Werke in einem – nicht immer guten – Mhd.

Die Bevölkerung hält aber am Nd. fest, und um eine effektive Verwaltung — bes. in den neuen Territorien — aufbauen zu können, sind die Fürsten darauf angewiesen, sich auf nd. zu verständigen. Die Kanzleien der heranwachsenden Städte gehen auch seit Anfang des 13. Jh. vom Lat. zum Nd. über, um die geschäftlichen und politischen Beziehungen der Bürger zur Obrigkeit zu erleichtern.

13.2.1. Historische und juristische Prosa in Ostfalen

Die nd. Prosa hat sich früher als die hd. entwickelt. Das erste bedeutende historische Werk in deutscher Sprache ist die Sächsische Weltchronik (13. Jh.).

Eike von Repgow in Ostfalen wird durch seinen *Sachsenspiegel* (um 1224; *Spiegel* bedeutet hier 'Regelbuch') auch als Begründer der juristischen Prosa angesehen. Der Sachsenspiegel wurde nicht nur auf nd. Gebiet benutzt: In Thüringen und im Kurfürstentum Sachsen (ostmitteldeutsch) galt er trotz der schwerverständlichen Sprache bis ins 19. Jh. als *Gemeines* ('allgemeines') *Sachsenrecht*.

In Bilderhandschriften aus dem 14. Jh. wird der Text des Sachsenspiegels durch Symbole und Gebärden der Bilder verdeutlicht:

III 33 § 1,2.
§ 1 Sewelc man hevet sin reht vorme koninge.
§ 2 Iewelc man mût oc wol antwarden vorme coninge in allen steden na sime rehte. vnde nicht na des clegers rechte.

Jeder hat sein Recht vom König und muß nach diesem Recht sich vor ihm verantworten.

Vor dem König stehen ein Sachse, erkennbar an dem krummen Messer, dem Sachs, ein Franke im Mantel mit Pelzkragen, ein Thüringer als Heringesser und eine Frau.

III 42 § 6.

Na rehtir warheit so heuet egenschap begin van dwange, vnde van
vencgnisse vnde van vnrehter gewalt, de men van aldere in eine
vnrehte gewont getogen heuet vnde nů vůr reht hebben wil.

In Wahrheit kommt Leibeigenschaft von Zwang, Gefängnis und unrechter Gewalt,
die man hinterher für Recht erklärt.

Gefangener.

13.2.2. Die Sprache der Hanse

Niederdeutsch
wird Verkehrs-
sprache

Nachdem die Stadt Lübeck 1143 auf wendischem Gebiet gegründet
worden war, entstand dort aus den verschiedenen deutschen Mundarten
der Neubürger eine koloniale Ausgleichsprache. Lübeck wurde das
Oberhaupt der im 13. Jh. gegründeten Hanse, und in der Mitte des 14.
Jh., hat sich die lübische Ausgleichsprache durch die Autorität der
Hanse als Verkehrssprache im ganzen norddeutschen Raum durchgesetzt. Eine wichtige Rolle spielte dabei das Lübecker Stadtrecht, das im
13. Jh. aus dem Lat. ins Nd. übersetzt wurde.

Deutschsprachige Hansestädte waren zu dieser Zeit u.a. Visby (das
auch ein mnd. Stadtrecht hatte) und die baltischen Städte Riga, Reval
und Dorpat. In vielen anderen Städten in den Niederlanden, in Skandinavien und England hatte die Hanse Niederlassungen, sog. *Kontore*.
Überall galt hier die mnd. Schriftsprache wie z.B. in folgender Urkunde
vom 24. Nov. 1392.

(Aus: Hansisches Urkundenbuch Bd V, Nr. 58.)
Die hansischen Vögte zu Falsterbo und Skanör beantragen beim Rat
ihrer Städte ein Verbot des Hausierhandels mit Heringen in Schonen:

de ghemeyne voghede to Falsterbode unde to Schonore... bid-
den... eren isliken raat in den steden, de to Falsterbode unde to
Schonøre..., dat ze kundeghen unde vorbeden laten, dat noch man
noch vrowe karinen mit heringhe to Schone dreghen scal, ok neyn
borgher noch kopman... ute den karinen yenighen hering køpen
schal, wente dar unvorwynnelik grot scade van komet.

islik 'jeglich'; *kundeghen* 'ankündigen'; *vorbeden* 'verbieten'; *noch – noch* 'weder –
noch'; *karine* 'Karre, Gefäß'; *yenighen* 'irgend einen'; *wente* 'weil'; *unvorwynnelik*
'unüberwindlich'.

109

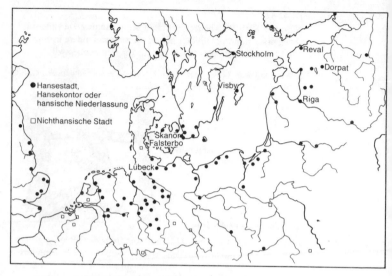

Hansestädte, Hansekontore, hansische Niederlassungen (Auswahl). (Nach Schildhauer, J. u.a.: Die Hanse. Berlin 1974.)

Mittelnieder-
deutsche Litera-
tur

Nach Erfindung des Buchdrucks wurden in Lübeck viele nd. Bücher gedruckt, sowohl belehrende als auch unterhaltende Literatur. Besonders
bekannt sind die *Lübecker Bibel* (1494) und *Reynke de Vos* (Reineke
der Fuchs, 1498), eine Satire auf die damalige Gesellschaft.

13.3. Sprachliche Ausstrahlung des Mittelniederdeutschen

13.3.1. Die Beeinflussung der nordischen Sprachen

Weder früher noch später hat das Deutsche andere Sprachen so stark
beeinflußt wie das Mnd. die nordischen Sprachen. Manche Nordisten
sind der Ansicht, daß fast die Hälfte des gesamten schwed. Wortschatzes in der einen oder anderen Hinsicht niederdeutscher Herkunft sei.

Der nd. Einfluß entstand durch die wirtschaftlichen Beziehungen
zur Hanse, die vielen deutschen Einwanderer (Anfang des 14. Jh.
waren die deutschen Stadträte in Stockholm in der Mehrzahl) und
Übersetzungen niederdeutscher Literatur. Eine große Rolle spielte die
Ähnlichkeit der Sprachen: Sowohl Niederdeutsch wie Schwedisch und
Dänisch haben

110

- keine 2. Lautverschiebung
- ē für den germ. Diphthong [ai] (*sten, hel*)
- keine fnhd. Diphthongierung (*min, ny, hus*).

Das Mnd. vermittelte kirchliche Terminologie (*munk, dop, påve*) und höfische Kultur (*herre, fru, fröken* /diminutiv < nd. *vröuwe-ken/, riddare, ära*), Kaufmannssprache (*handel, vara, köpman, kosta*) und städtische Kultur (*rådhus, borgare, stad, gaffel, frukost, kalas*), sowie fast alle Handwerkerbezeichnungen (*snickare, skomakare, verkmästare*).

Daneben finden sich aber auch zahlreiche Wörter des Alltagslebens, die oft einheimische Wörter verdrängten, wie *fönster* (vindöga), *arbete* (arvode), *hoppas* (våna), *ropa* (öpa), *fråga* (spörja), *klar* (skär), *svår* (vansklig); und sogar Wortbildungselemente (die Suffixe *-aktig, -bar, -het, -inna, -ska*, die Präfixe *an-, be-, för-, und-*); und Funktionswörter wie *bliva* (für *varda*), *måste* (mnd. Prät. *moste* zum Inf. *moten*), *sådan* (*sō dān* = so getan für *þōlikin* = tocken).

13.3.2. Niederdeutsche Wörter im Hochdeutschen

Der nd. Einfluß auf das Hd. ist dagegen nicht sehr groß gewesen. Einige Wörter sind aus der mnd. Rechtssprache übernommen (*echt, Gerücht*), andere aus der Kaufmannssprache (*Fracht, Gilde, Stapel, Stockfisch, Laken*) und der Seemannssprache (*Ebbe, Hafen, schleppen, Teer*).

In einzelnen Fällen haben die nd. Wörter bei der Aufnahme ins Hd. auch eine hd. Lautform angenommen: *hopen > hoffen, tīdinge > zīdung*, nhd. *Zeitung, twist > Zwist*.

13.4. Das Mittelniederdeutsche verschwindet als Schriftsprache

Mit dem Niedergang der Hanse um 1500, bedingt durch die erstarkenden politischen Einzelstaaten und den aufblühenden niederländischen Handel, verliert auch die mnd. Schriftsprache ihren wichtigsten Rückhalt. In Skandinavien ist das Mnd. nicht mehr Handelssprache, und auf nd. Gebiet gehen die Kanzleien im 16. Jh. nach und nach zum Hd. über. Die Reformation und die Annahme des römischen Rechts tragen zu dieser Entwicklung bei.

Um 1600 geht die mnd. Periode zu Ende. Im Laufe einiger Jahrzehnte übernehmen Schule und Kirche endgültig das Hd. 1621 wird die letzte Bibel in nd. Sprache gedruckt. Das Neuniederdeutsche ist nach 1650 keine geschriebene Sprache mehr, sondern lebt nur noch in den nd. Dialekten weiter (17.2.6.). Wie das Ansehen der Mundart sinkt, setzt sich der Ausdruck *Platt(deutsch)* für ’Niederdeutsch’ durch von (frz. > nl. >) nd. *plat(t)* in der übertragenen Bedeutung ’gemeinverständlich’.

Der Weg zur deutschen Standardsprache

*Buchdrucker
aus dem 16. Jh.
(Holzschnitt
von Jost Amman.)*

Der Weg zur deutschen Standardsprache

14. Frühneuhochdeutsch (1350—1650)

14.1. Einführung und kurze Charakteristik

> den man mus nicht die buchstaben inn der lateinischen sprachen
> fragen/ wie man sol Deutsch reden/ wie diese esel thun/ sondern/
> man mus die mutter jhm [im] hause/ die kinder auff der gassen/ den
> gemeinen man auff dem marckt drumb fragen/ vnd den selbigen
> auff das maul sehen/ wie sie reden/ vnd darnach dolmetzschen/ so
> verstehen sie es den/ vnd mercken/ das man Deutsch mit jn redet.

(Aus Luthers Sendbrief vom Dolmetschen.)   Ca. 1510

Sprachen der Städte

Wenn uns das Ahd. hauptsächlich durch den geistlichen Stand vermittelt wird, in der Form verschiedener Mundarten, und das Mhd. im wesentlichen als die einem Ideal nachstrebende oberdeutsch gefärbte Sprache des höfischen Ritterums gilt, dann ist das Fnhd. in erster Linie von den Sprachen der Städte geprägt.

Beginnende sprachliche Einigung

Etwa um die Mitte des 14. Jh. setzt die lange Entwicklung zur deutschen Standardsprache ein, von einer Vielfalt an Schreibdialekten über einige große überlandschaftliche Schreibsprachen hin zu einer gemeinsamen Schriftsprache auf ostmitteldeutscher Grundlage. Mehrere Faktoren haben zu dieser Entwicklung beigetragen wie der Einfluß der großen Kanzleien, Handelsinteressen, die Erfindung des Buchdrucks und die damit verbundene Wirkung des gedruckten Wortes. Wichtig war auch die Tatsache, daß es auf verschiedenen Sachgebieten mehr deutsche Texte zu lesen gab und daß mehr Leute lesen konten. Schließlich hat Luther, bes. durch seine Bibelübersetzung, eine große Rolle gespielt.

Merkmale

Das Fnhd. ist die Sprache einer Übergangszeit. Es gibt keine Einheitlichkeit, weder in der Orthographie noch in der Flexion und Syntax, sondern mehrere Varianten existieren oft nebeneinander, sogar im selben Text. Im Wortschatz gibt es teils regionale, teils sozial bedingte Unterschiede.

Vom Mittelhochdeutschen unterscheidet sich das Fnhd. vor allem durch die Ausspracheveränderungen der Vokale: Die fnhd. Diphthongierung, die md. Monophthongierung und die Vokaldehnung.

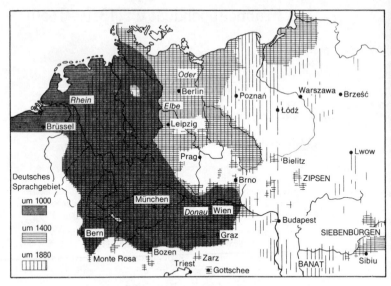

Das deutsche Sprachgebiet um 1000, um 1400 und um 1880. (Nach Kleine
Enzyklopädie, Die deutsche Sprache. Leipzig 1969.)

KULTURGESCHICHTLICHE ENTWICKLUNG UND WORT-SCHATZ

14.2. Historisch-sozialer Hintergrund

14.2.1. Verbreitung des Deutschen

Um 1350 ist die Ostkolonisation abgeschlossen (11.5.1.), und die öst-
liche Sprachgrenze des Deutschen bleibt dann mit kleineren Veränderungen bis 1945 bestehen.

14.2.2. Die wachsende Bedeutung der Städte

Zu Beginn der fnhd. Zeit hatte sich auch die feudale agrarische Gesellschaftsordnung des Mittelalters durch das Aufkommen der Städte ge-
wandelt. Die Bürger darf man (wie oben 11.5.3. gezeigt wurde) nicht
als einheitliche soziale Gruppe sehen. Es gab mehrere soziale Schichten
wie reiche Patrizier, z.T. adeliger Herkunft, Handwerker, Gesellen
und Tagelöhner.

Um 1400, als die deutschsprachige Bevölkerung nach den großen
Seuchen wieder auf etwa 11 Mill. angewachsen war, gab es über 1100
Städte — oder eher kleine Städtchen. (Die größten waren Köln, Straß-

116

Bürgerliches Leben.
(Holzschnitt aus dem 15. Jh.)

Bäuerliches Leben.
(Holzschnitt aus dem 15. Jh.)

burg, Nürnberg, Ulm, Frankfurt a.M., Zürich, Augsburg. Noch um 1500 hatte Köln jedoch erst 30 000 Einwohner.) Die Städte waren Zentren für Verwaltung (die Kanzleien), Bildung und Kultur. Vor 1400 waren schon fünf Universitäten gegründet worden (Prag 1348, Wien 1365, Heidelberg 1386, Köln 1388, Erfurt 1392) und bis 1500 noch weitere acht, an denen die „freien Künste" Jurisprudenz, Medizin und Theologie gelehrt wurden (vgl. 14.4.2.). Die städtischen Elementarschulen sorgten für Schreibunterricht und schufen auch ein neues Lesepublikum, die Mittelschicht. (Auch das Vorlesen spielte eine Rolle.) Die Bildung blieb nicht mehr nur der dünnen Oberschicht vorbehalten. 90% der Bevölkerung waren jedoch immer noch Analphabeten, arbeiteten durchschnittlich 14 Stunden pro Tag und hatten wenig Zeit, sich zu bilden.

14.2.3. Kleinstaatliche Zersplitterung

Nach dem Tod Friedrichs II. 1250 war das alte Reichsgebiet nach und nach in Einzelterritorien zerfallen, aus denen im Laufe der Zeit durch Erbteilung oft noch kleinere Fürstentümer entstanden. Die Versuche der späteren Kaiser, eine wirtschaftliche und politische Einheit zu schaffen, blieben erfolglos; die Einzelstaaten und die Reichsstädte wurden immer selbständiger, was die Entwicklung einer deutschen Nationalsprache verzögerte (vgl. dagegen Frankreich und England!). Jedes Land hielt im allgemeinen an seinen Sprachgewohnheiten fest. Neuere Untersuchungen haben gezeigt, daß die Mundartengrenzen unseres Jahrhunderts weitgehend mit diesen ehemaligen Territorialgrenzen übereinstimmen.

14.2.4. Reformation und Dreißigjähriger Krieg

Die Reformation (Luthers Thesen 1517), die gescheiterte Bauernrevo-
lution (1523 – 25) und die Gegenreformation prägen das 16. Jh. Die
Aufteilung in drei politisch-religiöse Lager (Lutheraner, Calvinisten und
Katholiken) führte auch zu einer kulturellen Spaltung. Die Landes-
fürsten der Klein- und Kleinstaaten konnten ihre Macht noch weiter
ausbauen, nicht zuletzt durch den Augsburger Religionsfrieden 1555,
der den Landesherrn den Glauben der Untertanen bestimmen ließ,
nach dem Prinzip *cuius regio eius religio* (Wessen das Land, dessen die
Religion).

Anfang des 17. Jh. verschärften sich die machtpolitischen und religiösen
Gegensätze und führten schließlich zum 30jährigen Krieg. Beim Frie-
densschluß 1648 war die Bevölkerungszahl von knapp 26 Mill. auf weniger als 15 Mill. zurückgegangen (prozentual waren viermal mehr Deutsche ums Leben gekommen als im 2. Weltkrieg!). Man könnte auch
hier von einer Stunde Null sprechen, denn zahlreiche Städte und Dörfer
waren verwüstet, und die Armut der Landbevölkerung und der städtischen Mittel- und Unterschicht war katastrophal.

Ein Bauer predigt den Aufstand.
(15. Jh.)

Threnen des Vatterlandes / Anno 1636

Wir sindt doch nuhmer gantz / ja mehr den gantz verheret!
   Der frechen völcker schaar / die rasende posaun
   Das vom blutt fette schwerdt / die donnernde Carthaun
Hatt aller schweis / vnd fleis / vnd vorraht auff gezehret.
Die türme stehn in glutt / die Kirch ist vmbgekehret.
   Das Rahthaus ligt im graus / die starcken sind zerhawn.
   Die Jungfrawn sindt geschändt / vnd wo wir hin nur schawn
Ist fewer / pest / vnd todt der hertz vndt geist durchfehret.

Hier durch die schantz vnd Stadt / rint alzeit frisches blutt.
Dreymall sindt schon sechs jahr als vnser ströme flutt
Von so viel leichen schwer / sich langsam fortgedrungen.
Doch schweig ich noch von dem was ärger als der todt.
Was grimmer den die pest / vndt glutt vndt hungers noth
Das nun der Selen schatz / so vielen abgezwungen.

(Andreas Gryphius, 1616 ÷ 1664)

Verböserte Welt

Wann wir unsre wüsten Güter wieder bauen also teuer,
Was denn werden sie uns bringen: Steuer, Steuer, Steuer, Steuer. —
Luthrisch, Päpstisch und Calvinisch — diese Glauben alle drei

Sind vorhanden, doch ist Zweifel, wo das Christentum denn sei.

(Friedrich von Logau, 1604 — 1677)

Der Schweden Auszug 1650

Die Schweden ziehen heim. Wär'n sie daheim geblieben,
Wär Deutschland auch daheim und nicht, wie jetzt, vertrieben.

(Friedrich von Logau)

14.3. Beginn der sprachlichen Einigung

Germania tot habet dialectos, ut in triginta miliaribus homines se mutuo non intelligant.
Austri et Bavari nullas servant diphthongos, dicunt enim *e ur, fe ur, bro edt* pro *feuer, euer, brodt*. Ita Francones unisona et crassa voce loquuntur, quod Saxones praecipue Antverpiensium linguam non intelligunt... *die Oberlendische sprache ist nicht die rechte Teutzsche sprache*, habet enim maximos hiatus et sonitus, sed Saxonica lingua est facillima, fere pressis labiis pronunciatur.

Deutschland hat so viele Dialekte, daß die Leute in einem Abstand von 30 Meilen einander nicht verstehen.
Die Österreicher und Bayern behalten keine Diphtonge, denn sie sagen e-ur, fe-ur, bro-edt für feuer, euer, brodt. Die Franken reden so eintönig und dick, daß die Sachsen besonders die Sprache in Antwerpen nicht verstehen... ,,die Oberlendische sprache ist nicht die rechte Teutzsche sprache'', denn sie hat sehr offene und starke Laute, aber die sächsische Sprache ist sehr leicht, sie wird mit fast zusammengepreßten Lippen ausgesprochen.

(Aus Luthers Tischreden. Lauterbachs Sammlung B, Nr. 6146.)

14.3.1. Die Bedeutung der Kanzleien

In den vielen neueingerichteten Kanzleien der Städte und der Territorialstaaten hatten sich lokale Schreibtraditionen entwickelt (11. 7.2.). Diese geschriebene Sprache entfernt sich allmählich von der gesprochenen, weil sie z.B. manche Archaismen bewahrt und bestimmte Konstruktionen vom Latein übernimmt.

In den größeren landesfürstlichen und städtischen Kanzleien versucht man bewußt, ausgesprochen lokale Mundartmerkmale zu vermeiden. Der regionale Charakter der Sprache läßt sich jedoch immer noch erkennen.

Das Streben nach verwaltungs- und verkehrmäßiger Vereinheitlichung zwischen Dialekten führt im 14. Jh. in Städten mit weiten Handelsverbindungen wie Nürnberg, Regensburg und Eger (im damaligen Böhmen) zu den ersten sog. überregionalen Kanzleisprachen.

Wiener Kanzlei

Ebenso muß sich die gerade vom Lateinischen zum Deutschen übergegangene kaiserliche Kanzlei darum bemühen, überall verstanden zu werden. (In den Jahren 1346 – 1438 befand sie sich in Prag[1] und wurde dann nach Wien verlegt.) So schrieb man z.B. in der kaiserlichen Kanzlei nicht die mhd. Diphthonge, obwohl sie in Wien gesprochen wurden, sondern z.B. *gut, hüten* statt *guot, hüeten* (14.5.2.). Schließlich weist

Sächsische
Kanzlei

auch die thüringisch-sächsische Kanzlei der Wettiner Fürsten im neubesiedelten Osten einen solchen überlandschaftlichen Charakter auf.

Im 15. Jh. wirken besonders die beiden letzteren Kanzleisprachen als Vorbilder, d.h. die Sprache der Kaiserlichen Kanzlei in Wien und die der Meißner Kanzlei in Sachsen[2]. Auch die großen Stadtkanzleien, z.B. von Augsburg, Leipzig und besonders Nürnberg tragen nun dazu bei, daß die Schreibsprachen verschiedener Gegenden einander näher kommen.

14.3.2. Papier und Buchdruck

Papier

Nachdem man Ende des 14. Jh. vom Pergament zu dem billigeren Papier übergegangen war[3], stieg die Zahl der Handschriften, die oft in größeren Werkstätten „fabrikmäßig" hergestellt wurden und auch für das städtische Bürgertum erschwinglich waren. Ein Schreiber brauchte jedoch — nach neueren Berechnungen — zwei Jahre, um die Bibel abzuschreiben.

---

[1] Die Prager Kanzleisprache hat nicht den großen Einfluß auf die Entwicklung der deutschen Sprache gehabt, wie ältere Forschung meinte. Prag war jedoch etwa ein halbes Jh. lang ein kultureller Mittelpunkt: Dort war die erste zentraleuropäische Universität gegründet worden, und dort wirkten die böhmischen Frühhumanisten am kaiserlichen Hof. Hier entstand z.B. Johann v. Tepl, Der Ackermann aus Böhmen, s. 14.4.1.

[2] Zu unterscheiden von Niedersachsen mit nd. Sprache! Handelszentrum in Sachsen ist *Leipzig*, kulturelles Zentrum *Erfurt*, das bis Anfang des 16. Jh. die größte Studentenzahl Deutschlands hat.

[3] Die erste deutsche Papiermühle wurde 1389 bei Nürnberg gegründet.

Nach der Erfindung des Buchdrucks mit beweglichen Lettern (Johannes Gutenberg, um 1440) dauerte es fast 50 Jahre, bis eine verbesserte Technik und die Gründung neuer Druckereien die Buchpreise senkten. Dann aber stiegen die Auflagen rasch[4].

Die ersten in Deutschland gedruckten Bücher sind in lateinischer Sprache, und die lateinischen Drucke überwiegen auch während der ganzen fnhd. Zeit. Um 1500 liegen etwa 80 deutsche Drucke vor. Die ältesten deutschen Drucke sind noch stark mundartlich gefärbt. Vom 16. Jh. an bemüht man sich aber auch, in anderen Mundartgebieten Käufer zu finden. Besondere Korrektoren beseitigen allzu dialektale Lautformen und Ausdrücke und „verbessern" die Syntax. Man lehnt sich hier an die größeren Kanzleisprachen an, ohne immer ihren Stil nachzuahmen. So entstehen verschiedene deutsche Druckersprachen, anfangs sogar mehr als eine in manchen Städten. (Bekannt sind z.B. Augsburg, Wien, Nürnberg, Wittenberg, Frankfurt, Straßburg, Basel).

[4] Im Jahre 1500 gab es über 1100 Drucker in Europa, und bis dahin waren schätzungsweise 11 Millionen einzelne Druckschriften, vom Flugblatt bis zum dicken Folianten erschienen.

Ein kurtzer Vnterricht/
für diejenigen/ die gedruckte Werck
corrigiren wollen .

Ein Korrektor bei seiner Arbeit. (Aus Hornschuh, H.: Der Corrector, ein Unterricht Bücher zu corrigieren. Leipzig 1805.)

Der Einfluß des Gedruckten ist natürlich groß, was allmählich zu einer gewissen Vereinheitlichung der Orthographie und der Sprachformen beiträgt. Man darf aber nicht vergessen, daß es noch keine normierende Grammatik oder übergreifende politische Instanz gab, die die Sprachentwicklung beeinflussen konnten. Ende des 16. Jh. folgen die Buchdrucker — mit Ausnahme der Kölner und Schweizer — dem Schreibgebrauch entweder des Ostmitteldeutschen oder des sog. Gemeinen Deutsch (vgl. unten), und die Unterschiede zwischen den beiden „Sprachen" sind nicht mehr allzu groß.

14.3.3. Die großen Schreibsprachen

Fünf Schreib-
sprachen

Um 1500 haben sich fünf größere durch die Kanzleien und die Buchdrucker geprägte Schreibsprachen auf deutschem Gebiet entwickelt. Sie unterscheiden sich voneinander durch orthographische bzw. lautliche Besonderheiten, hauptsächlich in der nicht einheitlichen Durchführung der 2. Lautverschiebung (nd./hd.), der neuen Diphthonge (*dütsch/teutsch*) und der Apokope (*Red/Rede*). Es gibt aber auch regionale Verschiedenheiten in der Grammatik (z.B. für das Part.Prät. von sein: *gewesen/gewest/gesein*) und im Wortschatz (*waschen/zwagen*; *beiten/harren/warten*; *bis/unz*; *michel/groß*). Viele Inkonsequenzen und Doppelformen kommen vor, da ja noch keine Normierung existiert. Die fünf großen Schreibsprachen sind:

• Die mittelniederdeutsche Schreibsprache (13.2.2.).
• Die Kölner Schreibsprache bewahrte eine Zeitlang ihre lokalen Züge. Die Kölner hatten rege Handelsverbindungen mit den Niederlanden, was wohl erklärt, daß die Kölner Schreibsprache an die niederländische anknüpfte.
• Die ostmitteldeutsche Schreibsprache: In den Städten des neubesiedelten omd. Gebiets hatte sich durch Ausgleich der verschiedenen Siedlermundarten eine relativ einheitliche Verkehrssprache ausgebildet, die Grundlage für das dort geschriebene Deutsch wurde, sowohl für die Literatur- wie auch für die Kanzleisprache, die Sprache der sächsischen Kanzlei (Meißnerisch, oben 14.3.1.).

Dieses geschriebene Deutsch wurde wiederum von den Schreibtraditionen der Nachbargebiete beeinflußt. So richtete man sich, z.B. was die 2. Lautverschiebung betrifft, nach dem obd. Gebrauch und schrieb *Apfel* statt md. *Appel*. Allerdings wirkte dann auch die omd. Tradition auf die südöstliche ein, so daß allmählich eine Wechselwirkung stattfand.

• Die südöstliche Schreibsprache (*Das Gemeine Deutsch*): Unterstützt von der Autorität der kaiserlich-habsburgischen Kanzlei in Wien und dem Einfluß der obd. Druckereien wurde das Gemeine Deutsch (*gemein* 'allgemein') mit gewissen lokalen Abweichungen in Österreich, Bayern, Schwaben und im Elsaß weithin verwendet. Es ist eine überlandschaftliche Schreibsprache auf bairisch-österreichischer Grundlage. Charakteristisch ist z.B. daß die Apokope des *-e* häufiger auftritt als in den omd. Texten: *das Aug, die Füß, ich hab, er het* (hätte) und daß Unterschiede im Wortschatz vorhanden sind.

• Die südwestliche Schreibsprache hält lange an ihren alemannischen Besonderheiten fest, was durch die wachsende politische und wirtschaftliche Selbständigkeit der Schweizer Städte bedingt ist. Auch die religiöse Unabhängigkeit (Calvinismus) trägt dazu bei.

Ausblick

Zu Beginn des 16. Jh. sieht es so aus, als ob das Gemeine Deutsch die Stellung einer deutschen Gemeinsprache erreichen könnte. Durch Luthers sprachliche Tätigkeit und den Sieg der Reformation erlangt jedoch die omd. Schreibsprache großes Ansehen. Zuerst setzt sie sich im westmitteldeutschen Raum durch, und im Norden verdrängt sie bald das Niederdeutsche.

Die Gegenreformation bedient sich des Gemeinen Deutsch. Anfangs kämpft man intensiv gegen „lutherische" Wörter und Formen (wie Setzung des im Obd. weggefallenen *-e*, z.B. *Bube* statt obd. *Bub*), aber am Ende der fnhd. Zeit sind die beiden großen Schreibsprachen nicht mehr so weit voneinander entfernt. Am konservativsten ist die Schweiz, wo sich die Diphthongierung erst nach 1650 in der Schriftsprache ganz durchsetzt. In der Schweizer Alltagssprache wird aber heute noch die Mundart verwendet (Schwyzerdütsch 17.2.6.).

14.3.4. Luthers sprachliche Bedeutung

Luthers Rolle in der Entwicklungsgeschichte der deutschen Sprache ist nicht zu unterschätzen. Zwar ist er nicht der „Schöpfer des Neuhochdeutschen", wie einst behauptet wurde, aber er hat sich einer bestimmten Schreibtradition, der ostmitteldeutschen, angeschlossen, hat diese vervollkommnet und sie durch seine Tätigkeit als Reformator zum Gemeingut und zum Vorbild machen können.

Die deutschen Bibelübersetzungen

Handschriften

Schon in ahd. Zeit gab es Übersetzungen einzelner Bibelbücher. Die erste bekannte Übersetzung der ganzen Bibel entstand wahrscheinlich in der letzten Hälfte des 14. Jh.

Drucke

Die erste gedruckte deutsche Bibel erschien 1466 bei Johannes Mentel in Straßburg. Vor Luther gab es 14 hd. Ausgaben der ganzen Bibel, 4 nd. und eine Menge Teilausgaben[5]. Diese gehen alle auf die lat. *Versio Vulgata* zurück, während Luther den griechischen und hebräischen Urtext des Neuen bzw. Alten Testaments verwendete.

[5] Nach einer Schätzung kommt im Jahre 1500 ein Druck oder Teildruck der deutschen Bibel auf jeden 300. Deutschen, im Jahre 1546 ein Druck/Teildruck von Luthers Bibelübersetzung auf jeden 13. Deutschen! NB die Katholische Kirche hatte Luthers Schriften verboten.

Luthers Übersetzung des Neuen Testaments 1522 hatte einen außerordentlichen Erfolg und wurde ins Niederländische, Niederdeutsche, Dänische und 1524 ins Schwedische übersetzt. Das Alte Testament erschien seit 1523 in fortlaufenden Teilen, und 1534 wurde in Wittenberg die ganze Bibel herausgegeben.

Nach Luthers Bibel werden die vorlutherischen Bibeln nicht mehr gedruckt. Auch seine konfessionellen Gegner nehmen seine Übersetzung an, indem Luthers Text mit kleineren Änderungen (und mit anderem Namen auf dem Titelblatt) einfach abgedruckt wird:

Mentelbibel, Straßburg 1466

Wann wir erkennen vom tail: vnd weyssagen vom tail. Wann so das kumpt das do ist durnechtig: so wirt verüppigt das daz do ist vom tail. Do ich was ein lützler ich rett als ein lützler: ich wisst als ein lützler: ich gedacht als ein lützler. Wann do ich wart gemacht ein man: ich verüppiget die ding die do waren des lützeln. Wann nu sehen wir durch den spiegel in bedeckung: wann denn von antlütz zŭ antlütz.

Luther NT 1522

Denn unser wissen ist stuckwerk,
unnd unser weyssagen ist stuckwerck. Wenn aber komen wirt das
volkomene, so wirt das stuckwerck
auffhoren. Da ich eyn kind war,
da redet ich wie eyn kind, und
richtet wie eyn kind, und hette
kindische anschlege. Da ich aber
eyn man wart, that ich abe was
kindisch war. Wyr sehen ytzt
durch eynn spiegel ynn eynem
tunckeln wort, dann aber
von angesicht zu angesicht.

Katholisches NT (Emser) 1527

Den unser wissen ist stückwerck
und unser weyßsagen ist stückwerck. Wen aber kommen wirt, das
volkomene, so wirt das stückwerck
auffhören. Do ich ein kindt war,
do redet ich wie ein kind, und
richtet wie ein kindt, und hatte
kindische anschlege. Do ich aber
eynn man wardt, leget ich ab was
kindisch war. Wir sehen itzt
durch eyn spiegel inn
dunckel, den aber
von angesicht tzu angesicht.

(1. Kor. 13, 9 – 12).

Luther arbeitete bis zu seinem Tod an der Bibelsprache, änderte und verbesserte, was an den verschiedenen Ausgaben erkennbar ist:

1523 vnd Gott sahe das liecht fur gut an (1. Mos. 1, 4)
1534 Vnd Gott sahe, das das Liecht gut war

1523 das der bawm feyn war, dauon zu essen (1. Mos. 3, 6)
1534 das von dem Bawm gut zu essen were

1523 warumb sehet yhr heutte so ubel (1. Mos. 40, 7)
1534 warumb seid jr heute so traurig

1522 Vnd fieng an zu ertzittern vnd zu engsten (Mark. 14, 33)
1530 Vnd fieng an zu zittern vnd zu zagen

Ein ſendbꝛieff D. M. Lutthers. Von Dolmetzſcheñ vnd Fürbit der heiligenn. M. D. XXX.

Martin Luther.
(Holzschnitt aus dem Jahre 1551.)

Im *Sendbrief vom Dolmetschen* (1530) beschreibt Luther seine Übersetzerprobleme, wie er z.B. wochenlang nach einem einzigen Wort suchen konnte und wie unmöglich oft eine wortgetreue Übersetzung sein kann:

> Also / wenn der verrether Judas sagt / Vt quid perditio ista vngenti facta est? Folge ich den Eseln [Katoliken] vnd buchstabilisten [Buchstabengetreuen] / so mus ichs also verdeutschen / *Warumb ist dise verlierung der salben geschehen?* Was ist aber das fur deutsch? Welcher deutscher redet also / verlierung der salben ist geschehen? Vnd wenn ers wol verstehet / so denckt er / die salbe sey verloren / vnd (man) musse sie etwa wider suchen / [...] Aber der deutsche man redet also / *Es ist schade vmb die salbe* /

Luther hatte eine seltene Sprachbegabung. Seine Sprache ist neu in dem Sinne, daß sie verschiedene Traditionen und Tendenzen vereinigt. Einerseits schließt er sich einer überlandschaftlichen Sprachform an und folgt, wie er selbst sagt, der Sprache der sächsischen Kanzlei, so daß ihn sowohl Ober- als auch Niederdeutsche verstehen können. Andererseits betrifft dies jedoch nur Rechtschreibung, Lautstand (Diphthongierung/Monophthongierung), Formen und teilweise Wortwahl. Er übernimmt aber nicht den vom Latein abhängigen Satzbau und die Wortbildung der Kanzleisprache – und der früheren Bibelübersetzung –, sondern bemüht sich um einen klaren, verständlichen Stil. Hierbei lernte er viel von der gesprochenen Volkssprache (vgl. Zitat 14.1.): den einfachen Stil, den Gebrauch von einfühlenden Modalpartikeln (*allein* 'nur', *ja, doch, denn, schon* usw.) und die Vorliebe für eine bildhafte Ausdrucksweise mit Metaphern, Redensarten und Sprichwörtern, die man auch in der polemischen Literatur jener Zeit wiederfindet.

Luther legte selbst eine Sammlung von Sprichwörtern an, und manche seiner Formulierungen sind auch zu Sprichwörtern geworden. (*Der Geist ist willig, aber das Fleisch ist schwach.*)

Luthers Stil ist aber auch durchdacht; er verwendete geschickt die Stilmittel der Rhetorik wie Hervorhebung durch synonyme Ausdrücke, Steigerung, rhetorische Fragen usw.

Luthers Wortschatz war außergewöhnlich groß. Von seinem umfassenden Studium her kannte er u.a. die Rechtssprache und die Sprache der Mystiker (11.7.1.), die ihn zu vielen neuen Wortbildungen inspirierte: *Feuereifer, friedfertig, gastfrei, gottselig, Herzenslust, kleingläubig, lichterloh, Sündenangst* usw.

Manche mitteldeutsche und niederdeutsche Wörter sind durch Luther in den nhd. Wortschatz aufgenommen worden. Anfangs mußten noch obd. Wortlisten zu seiner Bibelübersetzung herausgegeben werden, bald aber wurden Luthers Wörter auch auf obd. Gebiet verstanden:

Luther	Oberdeutsch
fett	*feist*
freien	*werben*
heucheln	*gleisnen*
Hügel	*Bühel*
Lippe	*Lefze*
tauchen	*tunken*
Topf	*Hafen*

Obwohl Luther keine sprachlichen Regeln aufstellte, hatte seine Sprache eine normative Kraft. Seine Werke könnten mit einem heutigen Massenmedium verglichen werden: Die Bibelübersetzung (1534 – 1547, wohl 100.000 Exemplare gedruckt), seine Kirchenlieder, der Katechismus und die Postille (Auslegung von biblischen Texten) sind mehr als andere Bücher gelesen, vorgelesen und auswendig gelernt worden, und ihre Sprache erlangte außerdem durch den religiösen Inhalt eine besondere Geltung.

14.4. Latein und Deutsch

14.4.1. Die Humanisten: Interesse für die deutsche Sprache

Humanismus

Bereits zu Beginn der fnhd. Zeit hatte eine neue geistige Strömung aus Italien, der Humanismus, am Prager Hof Fuß gefaßt. *Der Ackermann aus Böhmen* von Johann v. Tepl (1401) zeigt z.B. einen neuen, vom lateinischen bzw. rhetorischen Ideal beeinflußten Sprachstil. Von etwa 1450 an verbreitete sie sich über das ganze deutsche Sprachgebiet und spielte noch im 15. Jh. eine wichtige Rolle. Die durch die Renaissance wieder erschlossene antike Kultur galt als Vorbild; Bildung, persönli-

126

che Entwicklung zur *humanitas*, bes. durch die antike Literatur, war das Ziel. NB die Wörter *Philologie, Philologe* (15. Jh.).

Der Humanismus befestigte zwar die Stellung des Lateins noch mehr, er erneuerte aber auch die deutsche Sprache. Für die Humanisten war Latein die Sprache der Bildung und das natürliche Verständigungsmittel der Gelehrten. Der differenzierte Wortschatz und die syntaktischen Ausdrucksmittel ermöglichen sowohl einen komprimierten als auch einen präzisen Stil. Nach diesem Ideal versuchten sie dann auch, z.B. in ihren Übersetzungen, den deutschen Wortschatz mit Synonymen und neuen Begriffen zu bereichern und die Syntax zu erneuern, denn wie in anderen Ländern förderte der Humanismus in Deutschland ein Interesse an der eigenen Vergangenheit und Sprache. Lateinisch-deutsche Wörterbücher wurden gedruckt, und 1573 – 78 erschienen drei deutsche Grammatiken[6] – in lateinischer Sprache (14.4.4., 14.8.1.).

Das beginnende 17. Jh. bringt dem Interesse für die Muttersprache neue Anregungen. Nach italienischem Vorbild werden deutsche Sprachgesellschaften gegründet, die sich für Sprachreinigung und Sprachnormung einsetzen. (Ihre Arbeit wird im Zusammenhang mit der Normierung der deutschen Sprache behandelt, s. 15.3.2.)

14.4.2. Vorherrschen der lateinischen Sprache

Latein als
Schriftsprache

Obwohl die Humanisten zahlreiche Werke aus dem Latein, dem Italienischen und Griechischen ins Deutsche übersetzen, um die antike Kultur an Nicht-Lateinkundige zu vermitteln, schreiben sie selbst je-

[6] Die bekannteste stammt von Johannes Clajus 1578 und stellt Luthers Sprache als Vorbild auf.

Universitätsvorlesung. (Holzschnitt aus Magistri Laurentii Corvini Novoforensis compendiosa carminum structura. Köln 1508.)

127

doch weitgehend lateinisch. Latein verblieb ebenfalls die Sprache der Schule, der Wissenschaft und der Liturgie, wenn auch Reformation und Buchdruck dem Deutschen große Verbreitung brachten. Sogar Luther schrieb mehr Latein als Deutsch, und 1570 waren 70% der im deutschen Sprachgebiet gedruckten Bücher noch auf lateinisch abgefaßt! (1770 sind es noch 17%.) Erst 1687 werden die ersten Vorlesungen auf deutsch gehalten, und im 18. Jh. setzt sich dann Deutsch als Unterrichtssprache an den Universitäten durch.

14.4.3. Erweiterter Geltungsbereich des geschriebenen Deutsch

Latein ich vor geschriben hab
Das was ein Yeden nicht bekandt.
Jetzt schrey ich an das vatterlandt,
Teutsch nation in irer sprach

(Ulrich v. Hutten: Clag und Vermanung)

Obgleich also noch für geraume Zeit mehr lateinisch als deutsch geschrieben wird, gewinnt das Deutsche immer mehr Boden. Dem gesprochenen Deutsch tritt somit allmählich ein geschriebenes gegenüber. Im Fnhd. finden wir erstmals in der Geschichte der deutschen Sprache eine reichhaltige und vielseitige Prosaliteratur, die durch den Buchdruck weite Verbreitung erlangt.

„Ein feste Burg ist unser Gott" in Luthers Handschrift.

Verwaltung und Handel

Die Behörden schreiben nunmehr ihre Akten und Urkunden auf deutsch – wenn auch ein recht starres und vom Latein abhängiges Deutsch –, und die Geschäftssprache ist ebenfalls deutsch.

Wissen

Die Schul- und Universitätssprache ist zwar Latein, aber es gibt trotzdem deutsche Lehrbücher in manchen Schulfächern wie z.B. Rechnen und Logik. Wichtig sind auch die Fachbücher für verschiedene Berufe (für Kaufleute und Handwerker, für Bergbau und Kriegswesen), die populärwissenschaftlichen Schriften über Alchemie und Reisen und — nach wie vor — eine große Menge medizinische Literatur. Auch deutsche Geschichtsliteratur entsteht, z.B. die Chroniken einzelner Städte. (vgl. Artesliteratur 11.7.3.).

Titel von Adam Riese: Rechnung nach der lenge. Leipzig 1550. Vgl. den Ausdruck: nach Adam Riese, 'genau gerechnet'. (Links); Titel einer frühen Ausgabe des Lalenbuchs = das Volksbuch von den Schildbürgern. (Mitte); Die erste Ausgabe des Volksbuchs von Dr. Faust. (Rechts)

Erbauung	Neben den Bibelübersetzungen erscheinen Lebensbeschreibungen der Heiligen, Predigten, didaktisch-moralische Schriften usw. (vgl. 14.3.4.)
Unterhaltung	Viel gelesen werden die sog. V o l k s b ü c h e r, von denen die ersten schon Ende des 15. Jh. gedruckt wurden. Es sind Ritterepen in Prosa Tristan), Sagenstoffe (Faust) und Fabeln. Die Schwänke[7] entsprechen dem Verlangen nach derber Belustigung (*Der Finckenritter*, und *Hans Clawert*, Vorgänger von Münchhausen bzw. *Till Eulenspiegel, Die Schildbürger* sowie *Das Rollwagenbuch* von Jörg Wickram). Auch die Novellensammlungen mit abenteuerlichen, pikanten und rührseligen Geschichten (nach lateinischen und italienischen Quellen) verkaufen sich gut. Die V o l k s l i e d e r schließlich erleben im 16. Jh. eine Blütezeit.

Mühlrad

Dort hoch auf jenem Berge
da geht ein Mühlerad,
das mahlet nichts denn Liebe
die Nacht bis an den Tag;
die Mühle ist zerbrochen,
die Liebe hat ein End,
so gsegen dich Gott, mein feines Lieb!
Jetzt fahr ich ins Elend.

Elend hier in der älteren Bedeutung 'Ausland'.

---

[7] derb-komische Erzählungen, oft eines Streiches

Liederdruck um 1520.

Der Nürnberger Schuhmacher und Poet *Hans Sachs* ist ein Vertreter der neuen bürgerlichen, oft spießbürgerlichen Literatur. Er schrieb eine Unmenge Schwänke, Fastnachtsspiele (derbe Lustspiele in Revueform im Anschluß an alte Frühlingsbräuche), Dramen, Gedichte und über 4.000 *Meistergesänge*, die in holprigen Knittelversen moralische Belehrungen vermitteln. (Der Meistergesang war die in Singschulen geübte Dichtkunst der Handwerker des 15. – 16. Jh. Sie wurde nach strengen Regeln, sog. *Tabulatur*, betrieben. Vgl. Wagners Oper Die Meistersinger von Nürnberg.) .

Ein Tischzucht

Hör, Mensch, wenn du zu Tisch wilt gahn,
dein Händ sollt du gewaschen han.
Lang Nägel ziemen gar nit wohl,
die man heimlich abschneiden soll.
Am Tisch setz dich nit oben an,
der Hausherr wölls dann selber han!
Der Benedeiung nit vergiß!
In Gottes Nam heb an und iß!
Den Ältisten anfahen laß!
Nach dem iss züchtiglichermaß!
Nit schnaude oder säuisch schmatz!
Nit ungestüm nach dem Brot platz,
dass du kein Gschirr umstossen tust!
Das Brot schneid nit an deiner Brust! [...]
Red nicht mit vollem Mund! Sei mäßig!
Sei in der Schüssel nit gefräßig! [...]
Im Kopf sollt du dich auch nit krauen!
Dergleichen Maid, Jungfrau und Frauen
solln nach keim Floch hinunterfischen.
Ans Tischtuch soll sich nieman wischen;
auch leg den Kopf nit in die Händ!
Lein dich nit hinten an die Wänd,
bis daß das Mahl hab sein' Ausgang!
Denn sag Gott heimlich Lob und Dank,
der dir dein Speise hat beschert,
aus väterlicher Hand ernährt!
Nach dem sollt du von Tisch aufstehn,
dein Händ waschen und wieder gehn
an dein Gewerb und Arbeit schwer.
So sprichet Hans Sachs, Schuhmacher.

gahn 'gehen';
han 'haben';
dann 'wenn – nicht';
Benedeiung 'Tischgebet';
vergessen + Gen.;
anfahen 'anfangen';
züchtiglichermaß
'mit gutem Benehmen';
schnaude 'schnaufe';
nach dem Brot platz
'gierig langen nach';
krauen 'kratzen';
Floch 'Floh';
lein 'lehne';
denn 'dann';

Hans Sachs: Nürnberger Flugblatt. Obwohl H. Sachs Protestant war, benutzte er das „Gemeine Deutsch". Vgl. 14.3.3.

Im 16. Jh. werden Tausende von agitatorischen und polemischen Flug-
schriften gedruckt, um in Dichtung und Prosa die Ideen des Bauern-
krieges und der Reformationszeit zu verbreiten. Da diese politische und
religiöse Propagandaliteratur sich direkt an das Volk wendet, gebraucht
man zwangsläufig eine einfachere, volkstümlichere Sprache. In folgender Propagandaschrift von Agricola gegen Thomas Müntzer überzeugt
ein „ehrbarer Bauer einen Schwärmer", d.h. einen aufständischen
Bauern:

SCHWERMER. Wozu sind sie auff erden nütz, denn das sie gewalt vben mit pracht vnd hoffart? BAWER. Was geht dich das an,
wir mussen sie haben zur straff der vbelthetter, sonst kundt kein
mensch vor den vnglewbigen menschen leben vnd ein mensch mocht
wol das ander fressen, wo nicht straff were. Darumb sind sie gesatzt zur rach vnd straff der vbelthetter. SCHWERMER. Wir sind
ia nicht vbelthetter, denn wir haben vmbs wort Gottes willen ge-
fochten. BAWER. Seit yr nicht vbelthetter warumb seit yr denn
also auff dem Eißfeld vmbhergezogen vnd geraubt, gemordt vnd
gebrandt.

sie 'die Machthaber'; *denn* 'als'; *zur straff der vbelthetter* 'um die Verbrecher zu
strafen'; *vor den vnglewbigen* 'wegen der Ungläubigen'; *mocht* 'könnte'; *wo* 'wenn';
gesatzt 'gesetzt' 14.7.2.; *rach* 'Rache'

Auch Tagesereignisse und Mordgeschichten werden in Form von Flug-
blättern verbreitet. Die ersten Zeitungen erscheinen ab 1609 und
erleben durch den 30jährigen Krieg einen Aufschwung, während die
Buchproduktion zurückgeht.

Ein grausam vnd erschröcklicher Mordt/so sich zu Deingen
en halbe Meyl wegs von Schaffhausen gelegen - begeben vnd ist getragen

*Verbrechen und Hinrichtung
eines Mörders zu Deingen
bei Schaffhausen. Flugblatt
1561. Ein Vorgänger der
heutigen Sensationspresse.*

131

14.4.4. Der Wortschatz

Die dritte latei-
nische Welle

So mach dir selber ein latinum:
Mistelinum, gebelinum.

'Mach Latein aus deutschen Wörtern wie Mist und Gabel — um gelehrt zu erscheinen!' rät der elsässische Dichter Thomas Murner (1475 — 1537) verbummelten Studenten. Die Gelehrten waren damals zweisprachig. Oft verwendeten sie untereinander eine lateinisch-deutsche Mischsprache, was z.B. aus Luthers Tischgesprächen ersichtlich ist: „Unus Latomus *ist der feinst* scriptor contra me *gewest*" (463); „quia Diabolus *schlegt eim* verbum *auff den Kopff*" (590). Durch diese Zweisprachigkeit gelangten allmählich viele lat. Wörter in den allgemeinen Sprachgebrauch.

Die lateinische Sprache hatte seit ahd. Zeit ununterbrochen auf den deutschen Wortschatz eingewirkt, bald schwächer, bald stärker. In der Humanistenzeit überflutet die d r i t t e l a t e i n i s c h e W e l l e das Deutsche. Vieles ist kurzlebig geblieben, aber zahlreiche Wörter haben sich eingebürgert. Neu ist, daß nun auch g r i e c h i s c h e s Wortgut entlehnt wird, oft allerdings durch das Lateinische vermittelt. (Die griech. Wörter sind unten durch (*) gekennzeichnet.)

Griechische
Wörter

Die verschiedenen Fachsprachen, die mit der Entwicklung der Wissenschaften und dem Aufkommen neuer bürgerlicher Berufe entstanden sind, nehmen viele Fremdwörter auf, die dann auch in den allgemeinen Gebrauch übergehen[8]. Manche stehen für neue Begriffe, andere verdrängen ältere deutsche Wörter wie z.B. die Monatsnamen: lat. *Juli, Dezember* für dt. *Heumonat, Christmonat.*

Verwaltungssprache: *kopieren, Magistrat, Registratur; Archiv* (*)

Rechtssprache[9]: *Advokat* (das alte *Fürsprech* lebt heute noch in der Schweiz), *Arrest, Testament; Polizei* (*)

Medizin: *Nerv, Patient, Rezept; Chirurgie* (*), *Epidemie* (*), *Katarrh* (*)

Mathematik (*) und Geometrie (*): *multiplizieren, plus, Produkt; Parallele* (*), *Problem* (*), *Zylinder* (*)

Grammatik (*): *Konjugation, Konsonant; Orthographie* (*)

Akademische Fachsprache: *Dissertation, immatrikulieren, Student; Kommilitone, Professor; Akademie* (*)

Terminologie der höheren Schule: *Examen, Rektor, Gymnasium* (*)

Druckersprache: *Fraktur, Makulatur, Korrektur, Format.*

Romanische
Lehnwörter

Seit dem 16. Jh. beeinflussen auch die lateinischen Tochtersprachen die verschiedenen Fachvokabulare. Die Kaufmannssprache und die Musiksprache übernehmen viele Bezeichnungen aus dem Italienischen (3.2.).

---

[8] Das erste deutsche Fremdwörterbuch *Teutscher Dictionarius* erscheint 1571.
[9] Im Jahre 1495 wurde das römische Recht eingeführt. Hierdurch gelangten viele lat. Fachwörter in die Rechtssprache.

Die Soldatensprache bringt eine große Anzahl romanischer Lehnwörter ins Deutsche, angefangen im 16. Jh. und dann durch die internationalen Söldnerscharen des 30jährigen Krieges verstärkt:

italienisch: *Alarm, Kanone, Soldat*;
spanisch: *Armada, Infanterie, Major*;
französisch: *Bombe, Brigade, Offizier*.

(Über den seit Ende der fnhd. Zeit immer stärkeren französischen Einfluß auf die Sprache der oberen Gesellschaftsschichten, s. 15.3.1.)

Neue deutsche Wörter

Andererseits bemüht man sich aber auch, deutsche fachsprachliche Wörter zu schaffen, durch Lehnübersetzung/-übertragung oder durch Neubildung/Lehnschöpfung: *Jahrbücher* (annales); *Vollmacht* (plenipotentia); *Viereck* (Quadrat);

Bergmannssprache: *Kobalt* (eig. 'Kobold'; wertloses, von den Berggeistern verdorbenes Mineral), *Wolfram* (eig. 'Wolfsschmutz', *Wolf*, weil das Wolframerz Zinn frißt; mhd. *ram* 'Schmutz' bezieht sich auf die schwärzliche Farbe), *Zink* (eig. *Zinke* 'Zacke', weil das Mineral sich zinkenförmig an den Wänden absetzt).

Viele neue deutsche Wörter entstehen in fnhd. Zeit, bes. Abstrakta auf *-ung* (*Abbildung, Belohnung, Verfolgung*). Für ihre Verbreitung haben die lateinisch-deutschen Wörterbücher und die Synonymenlisten der Humanisten eine nicht geringe Rolle gespielt, wie auch das durch die humanistische Prosa beliebt gewordene Stilmittel der synonymen Ergänzung: *schnell und behend, achten und schetzen* (schätzen), *gerungen und gestritten*; *Testament und letzter Willen*.

Titel von Maalers Deutsch-lateinischem Wörterbuch 1561:

Die Teutsch Sprach. Alle Wörter, Namen und Arten zů reden in hochdeutscher Spraach, dem ABC nach ordentlich gestellt und mit gůtem Latein ganz fleißig vertolmetscht, desgleichen bißhär nie gesähen.

Regionale Unterschiede

Die regionalen Unterschiede im Wortschatz finden durch Luther einen gewissen Ausgleich; s. 14.3.4.

ZUM SPRACHLICHEN SYSTEM IM FRÜHNEUHOCHDEUTSCHEN

14.5. Lautwandel

Ausspracheveränderungen mittelhochdeutscher Vokale

Der fnhd. Vokalismus weist drei größere Veränderungen auf, die alle in mhd. Zeit beginnen: die Diphthongierung der drei langen geschlossenen Vokale, die Monophthongierung von drei Diphthongen und die Dehnung kurzer Vokale in offener Silbe. Teilweise treten diese Veränderungen schon in mhd. Gebrauchsprosa auf, nicht aber in der höfischen Dichtersprache, wo sie wohl als allzu mundartlich galten.

14.5.1. **Die frühneuhochdeutsche Diphthongierung** (auch nhd. Diphthongierung genannt) der drei langen geschlossenen Vokale [i: y: u:].

mhd.			fnhd.
mîn	[i:]	> ei	*mein*
niuwez	[y:]	> eu	*neues*
hûs	[u:]	> au	*Haus*

beginnt − grob gesehen − im frühen Mhd. (12. Jh.) in Bayern und hat im 14. Jh. schon weite ober- und mitteldeutsche Gebiete erreicht.

Im Laufe der fnhd. Zeit wird die Diphthongierung zum Kennzeichen des hochdeutschen Sprachraums. Sie ist jedoch nicht in allen Mundarten durchgeführt. Das Alemannische in der Schweiz und im Elsaß hat die alten Langvokale bewahrt; es heißt nicht *auf Schweizerdeutsch* sondern *uf schwyzerdütsch* [ʃwiːtsɐdyːtʃ]. Auch das Niederdeutsche hat die Diphthongierung nicht, was den durch die 2. Lautverschiebung markierten Unterschied zwischen Hochdeutsch und Niederdeutsch (und Schwedisch) noch deutlicher unterstreicht.

Um die gleiche Zeit treten ähnliche Veränderungen im Niederländischen und Englischen auf: nl. *mijn huis*; eng. *my house.*

Die drei neuen hd. Diphthonge fallen allmählich in der Aussprache mit den alten, aus dem Germ. ererbten Diphthongen zusammen (9.7.2.). Ein Vergleich mit dem Schwed. läßt oft noch den unterschiedlichen Ursprung der nhd. Diphthonge erkennen:

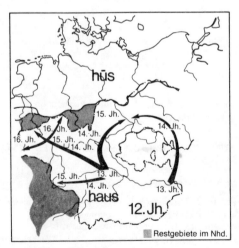

Entwicklung der fnh Diphthongierung[10]. (Nach Wagner: Deutsche Sprachlandschaften. Restgebiete im Nhd.

[10] Neuerdings wird diese Strömung durch Forschungen in Frage gestellt.

134

		nhd.	mhd.	schwed.
ei [ai] < î / ei		*fein* *heim*	*fîn* *heim*	*fin* *hem*
au < û / ou		*auf* *laufen*	*ûf* *loufen*	*upp* *löpa*
eu, äu [ɔy] < iu / öu		*steuern* *Freude*	*stiuren* *vröude*	*styra* *fröjd*

14.5.2. Die mitteldeutsche Monophthongierung

mhd.		fnhd.
lieben	ie > [i:]	*liebe*
guoten	uo > [u:]	*gute*
brüeder	üe > [y:]	*Brüder*

Die Monophthongierung der Diphthonge *ie uo üe* begann im 11.–12. Jh. in Mitteldeutschland. Sie hat das Bairische und Alemannische nicht erreicht. (Vgl. bair. *liab*, *guat*; alem. *lieb*, *guet*. Das Nd. hat hier von Anfang an andere Vokale gehabt, mnd. *lēf*, *gōt*.)

In der Schrift hat sich der mhd. Diphthong *ie* erhalten, wodurch das *e* zum bloßen Längenzeichen des *i* geworden ist. Heute wird diese Schreibung deshalb auch in manchen Fällen verwendet, wo das Mhd. keinen Diphthong hatte: *liegen* (mhd. *ligen*), *dieser* (mhd. *diser*), *Biene* (mhd. *bin/e/*).

14.5.3. Die Vokaldehnung

Die kurzen mhd. Vokale werden in offener Silbe gedehnt,

mhd. kurzer Vokal > fnhd. langer Vokal

fa|ren	*fah|ren*
ne|men	*neh|men*
vo|gel	*Vo|gel*
ku|gel	*Ku|gel*

aber nicht in geschlossener Silbe: mhd. *nim* > *nimm*. Hierdurch entstehen im Fnhd. Unterschiede in der Vokalqualität, vor allem in der Deklination, die aber im allgemeinen allmählich durch Analogie ausgeglichen werden: auch in der endungslosen Form (Nom., Akk. Sing.), wird der Vokal gedehnt, obwohl er hier in geschlossener Silbe steht, nhd. [ta:k]. Die norddeutsche Aussprache hat jedoch in diesen Fällen oft die alte Kürze im Singular bewahrt: *Gras* [gras, pl. 'grɛ:zɐ]. *Tag*, *Rad*. (Die Form mit kurzem Vokal ist ins Schwed. in der Bedeutung 'Lenkrad' entlehnt: *ratt*.)

N	*tag|*	*tā|ge*
A	*tag|*	*tā|ge*
G	*tā|ges*	*tā|ge*
D	*tā|ge*	*tā|gen*

14.6. Zur Orthographie des Frühneuhochdeutschen

Die Inkonsequenz in der Orthographie ist im Fnhd. besonders auffällig. Orthographische Varianten eines Wortes im selben Text sind nicht selten, z.B. bei der Bezeichnung der Vokallänge, die ja im heutigen Deutsch immer noch nicht konsequent ist:

Vokallänge

- keine Bezeichnung: *Los*
- Verdoppelung des Vokals: *Moos*
- *h, e* oder *i* als Dehnungszeichen: *froh, viel*; *Soest* [zo:st], Stadt in Westfalen, *Voigt* [fo:kt], Personennamen. In Namen findet man oft Reste älterer Schreibung.

Konsonanten-häufung

Charakteristisch für das Fnhd. ist auch eine oft unmotivierte „dekorative" Häufung von Konsonanten (*todt, thier, köppfen, auff, wortt*), vor allem für die Affrikata [ts]: *zc, cz, tcz, czz* (*letczt*), die noch heute uneinheitlich geschrieben wird: *Kreuz, Schutz, Skizze*. Während der Barockzeit, 16. −17. Jh., ist diese Buchstabenhäufung große Mode (*funffczig, wherdenn*).

i/j u/v

Im Fnhd. unterscheidet man wie im Mhd. *i/j* und *u/v* noch nicht nach der Lautqualität Vokal/Konsonant wie heute, sondern nach der Stellung im Wort. Anlaut: *jn, jar* (in, Jahr); *vm, vleiß* (um, Fleiß); Inlaut: *wil, müeien* ('will', *müejen* nhd. 'mühen'), *mus, zuuor* (muß, zuvor).

y

Nun kommt auch der Gebrauch des *y* auf. Es steht für [i] im Fnhd.: *yhm, feyren* (vgl. noch heute: *Mayer*); erst im Nhd. für [y].

Abkürzungen

In den fnhd. Drucken werden noch oft Abkürzungen aus der Handschriftenzeit verwendet: der „Nasalstrich" für *m* oder *n* (*kom̃en, sehē* 'kommen, sehen'; auch in der Abkürzung *vñ* 'und') und der „er-Haken" für *r/er* (*odˆ, dˆ, wassˆ* 'oder, der, Wasser').

Silbentrennung

Für Zusammenschreibung von Wörtern oder Wortgruppen gibt es noch keine festen Regeln (*zu rissen, zuuerteutschen* 'zerrissen, zu verdeutschen'), ebenso wenig wie für die Silbentrennung, die nach jedem Buchstaben möglich ist (*sch-rift*).

Großschreibung

Im Laufe der fnhd. Zeit setzt sich allmählich die Großschreibung der Substantive durch, was sich anhand von Luthers Schriften verfolgen läßt. In seinen frühen Werken werden nur Substantive, die einen religiösen Inhalt haben oder einen hohen Rang bezeichnen, großgeschrieben (*Gott, das Newe Testament, Bapst, Keiser, Fürst* usw.), in den späteren schon 80% aller Substantive, die nicht Eigennamen sind. Eine Regelung existiert im Fnhd. aber nicht. (Zur Großschreibung s. weiter 15.5.4.).

Interpunktion

Die Interpunktion ist auch nicht geregelt. Zu Luthers Zeit verwendet man hauptsächlich *Virgel*, d.h. den Schrägstrich, und Punkt (s. Beispiel 14.1.). Der Gebrauch von Komma, Frage- und Ausrufezeichen setzt sich erst im 17. Jh. durch.

14.7. Vereinheitlichung der Flexion

14.7.1. Die Substantive

Deutlicherer Plural

Schon im Mhd. hatten sich durch die Nebensilbenabschwächung die Unterschiede zwischen den Deklinationstypen (den verschiedenen „Stämmen", vgl. 6.5.4.) stark verwischt. Nun verschwinden diese Unterschiede immer mehr zugunsten einer deutlichen Kennzeichnung des Plurals.

- So wird z.B. der Umlaut als Pluralmorphem immer häufiger verwendet (*Vögel, Klöster*, vgl. 9.7.1.).
- Der bis dahin seltene *er*-Plural breitet sich aus, bes. auf die starken Neutra, die im Nom./Akk. Plural keine Endung hatten (mhd. Plur.: *wort, horn, vaz, bant* — vgl. den im Schwed. noch endungslosen Plural: *ord, horn, fat, band*).
- Die neuen Pluralsuffixe *-e* und *-en* entstehen aus alten Kasusendungen:

		(früh) ahd.	mhd.	fnhd.
Sing.	NA	*tag*	*tag*	*-e* wird als Kennzeichen des Plurals auf-
	G	*tagas*	*tages*	gefaßt und z.B. auf starke Neutra über-
	D	*taga*	*tage*	tragen:
Plur.	NA	*taga*	*tage*	mhd. Plur. *dinc, jar* > fnhd. Plur. *Ding-e*,
	G	*tago*	*tage*	*Jahr-e* (vgl. schwed. plur. *ting, år*)
	D	*tagum*	*tagen*	

In diesem Zusammenhang verlieren manche Subst. durch Apokope ihr Endungs-*e* im Singular: mhd. *star(e), mâne, rîche, herre, tôre, lêrære* > *Star, Mond, Reich, Herr, Tor, Lehrer* (vgl. schwed. *stare, mâne, rike, herre, dâre, lärare*). Auch der umgekehrte Fall kommt vor; ein *-e* dringt aus anderen Kasus in den Nom./Akk.: mhd. *eich, lîch* > *Eiche, Leiche* (vgl. schwed. *ek, lik*).

Manchmal ist bei den (ursprünglichen oder durch Deklinationswechsel entstandenen) schwachen Mask. das *-n* aus den obliquen Kasus in den Nominativ übertragen worden. Diese Subst. werden dann stark flektiert: mhd. *boge, schade, mage* > *Bogen, Schaden, Magen* (vgl. schwed. *bâge, skada, mage*). Bei einigen dieser Mask. ist der Prozeß jedoch bis heute noch nicht abgeschlossen (*Glaube, Wille* usw.).

Gemischte Deklination

- Die schwachen Feminina (Flexion wie die schwachen Maskulina, d.h. *-en* im Akk. Sing.) fallen allmählich mit den starken zusammen, zeigen eine deutliche Numerusunterscheidung und bilden die heutige gemischte Deklination mit starkem (endungslosem) Singular und schwachem Plural (*-en*):

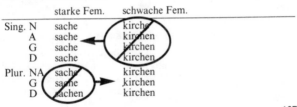

		starke Fem.	schwache Fem.
Sing.	N	sache	kirche
	A	sache	kirchen
	G	sache	kirchen
	D	sache	kirchen
Plur.	NA	sache	kirchen
	G	sache	kirchen
	D	sachen	kirchen

Reste des alten schwachen Singulars lassen sich heute noch erkennen, in Zusammensetzungen (*Frauen-kirche, Heiden-röslein*), in Sprichwörtern (*Es ist nichts so fein gesponnen, es kommt doch an das Licht der Sonnen*) und Redewendungen (*im Himmel und auf Erden; in Sachen, von seiten*).

14.7.2. Die Verben

Ausgleich

• Bei den Verben findet ebenfalls ein Ausgleich statt, z.B. werden die Personalendungen noch einheitlicher:

> mhd. Präs. Ind. 3 Plur.: *sie gebent* > *sie geben*
> mhd. Prät. Ind. 2 Sing. bei starken Verben: *du gæbe* > *du gabst*;

• Viele schwache Verben mit umlautlosem Präteritum und Präteritum Partizip (sog. Rückumlaut) geben diese Formen auf[11]

> mhd. *setzen, satze, gesazt* > *setzen, setzte, gesetzt*
> mhd. *hœren, hôrte, gehôrt* > *hören, hörte, gehört*

Einige Verben haben jedoch die umlautlosen Formen bis heute beibehalten (*brennen, kennen, rennen* usw., vgl. schwed. *välja, valde*).

• Schließlich verschwindet immer mehr der Unterschied zwischen Singular und Plural im Prät. Ind. der starken Verben, der im Schwed. bis ins 20. Jh. beibehalten wurde:

> *ich band — wir bunden*   (schwed. *band — bundo*)
> *ich reit — wir ritten*
> *ich was — wir wâren*[12]

Meist siegt der Singularvokal (*band→banden*), manchmal der Plural (*ritt←ritten*). Lange halten sich aber Varianten nebeneinander, z.T. bis ins 18. Jh. (Die veraltete Singularform *ward* für *wurde* kommt ja teilweise heute noch in höherem poetischen Stil vor. Vgl. auch das Sprichwort: *Wie die Alten sungen, so zwitschern die Jungen.*)

Differenzierung

Das Resultat dieser Vereinheitlichungstendenz im Fnhd. war aber für die starke Konjugation nicht nur ein Ausgleich (zwischen Prät. Sing. und Plur.), sondern auch eine Differenzierung: aus den sieben alten Ablautreihen (6.4.2.) entstanden im Laufe der Zeit fast 30 Untergruppen der nhd. starken Verben! (S. weiter 15.6.1.)

14.8. Entwicklungstendenzen im deutschen Satzbau

Auch was die Syntax betrifft, ist das Fnhd. eine Übergangszeit. Einerseits wird in den Kanzleien und der Übersetzungsliteratur der Humanisten versucht, im geschriebenen Deutsch die lat. Syntax nachzuahmen (Lehnsyntax 2.2.2.). Andererseits gibt es aber auch Tendenzen, sich der gesprochenen Sprache anzupassen, und zwar in der agitatorischen Massenliteratur und bei Luther.

14.8.1. Der lateinische Einfluß (Lehnsyntax)

Hypotaxe

In mhd. Zeit war der Satzbau noch hauptsächlich parataktisch (nebenordnend), mit einfachen Hauptsatzreihen. Wahrscheinlich durch das lat. Vorbild bedingt kommt nun in zunehmendem Maße Hypotaxe (Unterordnung) vor. Der erweiterte Kommunikationsradius des geschriebenen Deutsch (14.4.3.) spielt hierbei natürlich auch eine Rolle. Verwaltung und Wissenschaft verlangen eine höhere Abstraktionsstufe, was z.B. die explizite Bezeichnung der hypotaktischen Beziehung notwendig macht. Für die vielen abhängigen Nebensätze entstehen somit neue Konjunktionen (*auf daß, indem, ohne daß* u.a.). Die Sätze werden außerdem länger und komplizierter, bes. in der Kanzleisprache.

Partizipial- und Infinitiv- konstruktionen

Dem Latein sind auch gewisse Partizipial- und Infinitivkonstruktionen zu verdanken. Manche verschwinden im Laufe der Zeit wieder aus dem Deutschen (*Nach genommenem Abschied von seinem Freund* — so noch Schiller —; *und sagst du . . . dich nit wissen,* heute: *daß du nicht weißt,* vgl. aber schwed. *säger du dig inte veta*); andere haben sich in der Schriftsprache eingebürgert wie — seit etwa 1600 — das erweiterte Attribut (z.B. *die hin und wieder im Reich erst-gedachten Commercien,* vgl. 16.6.2.).

Wortstellung im Aussagesatz

Die Wortstellung festigt sich nach und nach[13]. Im Ahd. konnte z.B. das Verb im Aussagesatz am Anfang, an zweiter Stelle (d.h. als zweites Satzglied) oder am Satzende stehen. Nachdem sich im Mhd. das Subjektspronomen immer mehr durchgesetzt hatte, wurde die Anfangsstellung des Verbs aber seltener, und im Fnhd. tritt auch in diesen seltenen „übrig gebliebenen" Fällen oft ein *es* als Füllwort im Vorfeld auf: *es durfft 'brauchte' ein Esel nicht viel singen* (Luther)[14]. Nun übernimmt das finite Verb im allgemeinen die zweite Stelle im Satz, und die ev. übrigen Prädikatsteile stehen immer häufiger am Satzende. Eine verbale Klammerstellung ist jedoch noch nicht die Regel: *Er mus dencken an ein vas 'Faß' voll bier* (Luther); *Dis hat gedruckt Antonius Sorg zu Augspurg.*

Im Nebensatz

Im Nebensatz wird die Endstellung des Verbs allmählich vorherrschend, was sich z.B. anhand von Luthers Schriften verfolgen läßt:

1522 die weyl aber yhr nicht *seyt* von der welt,...
1546 Dieweil jr aber nicht von der welt *seid*,...

1522 das die welt *bereyttet ist* durch Gottis wort,
1534 das die welt durch Gottes wort *gemacht ist*,

---

[11] Es handelt sich hier um urspr. lang- oder mehrsilbige sog. jan-Verben.

[12] Der Unterschied *s* : *r* ist sog. Grammatischer Wechsel (6.3.1.), vgl. eng. *was* : *were*.

[13] Welche Rolle die lat. Einfluß hier gespielt hat, ist noch nicht geklärt.

[14] Die alte Anfangsstellung ist noch in einzelnen Wendungen bewahrt: *Weiß Gott;* vgl. auch *Sah ein Knab ein Röslein stehn* (Goethe).

139

15. Neuhochdeutsch (die Zeit von 1650 bis 1900)

15.1. Einführung und kurze Charakteristik

Zwei Varianten
der geschriebenen
Sprache

Die Reformation hatte die Stellung der deutschen Sprache gegenüber der lateinischen gefestigt und die ostmitteldeutsche Variante weit verbreitet. Anfang des 17. Jh. waren die nd. und wmd. Schreibsprachen verdrängt worden. Zu Beginn der nhd. Zeit gehen die größten Schweizer Kanzleien und Druckereien zur oberdeutschen Variante über. Somit stehen nun hauptsächlich zwei Formen der geschriebenen Sprache − mit nicht sehr großen Unterschieden − einander gegenüber. Erst in der 2. Hälfte des 18. Jh. schließt sich auch der Süden der omd. Schreibtradition an.

Herausbildung
der Norm

Während der ganzen nhd. Periode wird an der Normierung der Sprache gearbeitet. Sprachgesellschaften, Grammatiker und Lexikographen bemühen sich um Regeln für Aussprache, Formen- und Satzbau. Wortgebrauch und Rechtschreibung, indem die großen Dichter, die Presse und die Wissenschaft der geschriebenen Sprache Verbreitung schaffen, sie durch zahlreiche neue Wörter bereichern und verschiedene Textsortenstile entwickeln. Gegen Ende des 19. Jh. zeigen sich bewußte sprachkritische Bestrebungen, die Norm aufrechtzuerhalten: für „richtiges" Deutsch, gegen „Sprachdummheiten".

Erst um 1900 wird eine Einheitlichkeit erreicht. Der letzte Schritt, eine allgemein anerkannte einheitliche Orthographie und Aussprache, vollzieht sich nach der Reichsgründung 1871, und 1901 schließen sich die Schweiz und Österreich an die deutsche Rechtschreibung an. Im Wortschatz lassen sich jedoch noch heute gewisse regionale Unterschiede erkennen (17.2.3 −4.).

Merkmale

Vom Fnhd. unterscheidet sich das Nhd. vor allem durch eine größere Einheitlichkeit und Systematisierung der Flexion, eine gewisse Umschichtung des Kasusgebrauchs und eine größere Variation des Satzbaus.

140

KULTURGESCHICHTLICHE ENTWICKLUNG UND WORTSCHATZ

15.2. Historisch-sozialer Hintergrund

18. Jh.

Erst am Anfang des 18. Jh. ist der Rückschlag nach dem Dreißigjährigen Krieg einigermaßen überwunden. Österreich ist zur Großmacht geworden und kämpft mit dem neuen Königreich Preußen um die Vormachtstellung. Von den immer noch zahlreichen übrigen Fürstentümern spielt Sachsen eine nicht unbedeutende politische und kulturelle Rolle. Wegen der politischen Zersplitterung liegt die Entstehung eines Nationalstaates noch in weiter Ferne. Die literarischen und geistigen Strömungen schaffen jedoch Voraussetzungen für eine gemeinsame Kultur und Sprache, die von den oberen Schichten getragen werden. Wissenschaft und Kunst sind nach französischem Vorbild von den verschiedenen Höfen abhängig. Etwa 75% der Bevölkerung leben auf dem Lande und sprechen nach wie vor ihren Dialekt.

19. Jh.

Mit der Aufhebung der Leibeigenschaft kam zu Beginn des 19. Jh. die Freizügigkeit, d.h. die Freiheit, seinen Wohnort zu wechseln. Von den dreißiger Jahren an konzentrieren sich durch die Industrialisierung immer mehr Menschen unterschiedlicher Herkunft in den Städten, was zu einer größeren Verbreitung der überregionalen städtischen Umgangssprachen führt (17.2.3.). Im Jahr 1900 ist die Stadtbevölkerung auf etwa 54% angestiegen. Die Napoleonkriege (1805–15), die Revolution von 1848, das Entstehen der Arbeiterklasse und schließlich die nationale Einigung (1871) sind weitere Faktoren, die diesem Jahrhundert das Gepräge geben.

15.2.1. Der Wortschatz als Spiegel geistiger Strömungen und technischer Entwicklung

Die kulturelle, wissenschaftliche und technische Entwicklung spiegelt sich, wie wiederholt gezeigt wurde, im Wortschatz wider. So haben auch die geistigen Strömungen der letzten Jahrhunderte sowie die gesellschaftlichen, politischen und wirtschaftlichen Veränderungen Spuren im deutschen Wortschatz hinterlassen. Bei diesem Prozeß handelt es sich nicht nur um Entlehnungen oder Neuschöpfungen. Manchmal gelangen durch die Literatur oder die Gebrauchsprosa weniger frequente Wörter in weite Kreise, oder mundartliche Wörter in die Hochsprache. Zuweilen werden vergessene Wörter neu belebt wie im Sturm und Drang und in der Romantik. Oft haben wir es mit Umdeutungen – Bedeutungswandel – zu tun (s. unten *Freiheit, Genosse*). Hier folgen einige Beispiele für solche Mode- und Neuwörter:

Alamode: *Kavalier, Pläsier, Pöbel*, Vgl. weiter 15.3.1.;

Pietismus: *Erleuchtung, Innigkeit, Gelassenheit, durchglühen* und andere Wörter der Mystiker;

141

Aufklärung: *Vernunft, Toleranz, Menschenliebe, Weltbürgertum*;

Französische Revolution: *Freiheit* (ahd. 'freier Sinn, verliehenes Vorrecht'). *Brüderlichkeit, Demokratie, Revolution;*

Sturm und Drang: *Genie, Begeisterung, seelenvoll, Wehmut* ('Zorn' bis Ende des 17. Jh.);

Romantik: *geheimnisvoll, geisterhaft, Schicksal, unbeschreiblich*;

Vormärz und Junges Deutschland: *Junkertum, Polizeistaat, Pressefreiheit, großdeutsch*;

Turnwesen (viele Begriffe werden zu Beginn des 19. Jh. von „Turnvater" Jahn eingeführt): *turnen* (ahd. *turnēn* 'drehen'), *Reck* (nd. 'Stange − zum Aufhängen von Wäsche'), *Dauerlauf*;

Aufschwung der Wissenschaft: *Kreislauf* (Medizin 18. Jh.), *Triebfeder* (Physik, 18. Jh.), *durchschnittlich* (Mathematik), *Reaktion* (Chemie);

Industrielle Revolution: *Industrie, Maschine* (zuerst im 17. Jh. als 'Kriegsmaschine'), *Fabrikarbeiter, Stundenlohn*;

Arbeiterbewegung: *Klassenkampf, Gewerkschaft, Genosse* (bis Ende des 19. Jh. 'Gefährte'), *arbeitende Massen*;

Technische Entwicklung: *Gas* (Fachwort, kam erst durch die Gasbeleuchtung im 19. Jh. in die Gemeinsprache), *Dampfschiff* (1816), *Waschmaschine* (1831), *Reißverschluß* (1889);

Politik nach 1871: *Reichstag* (nun mit einem politischen Sinn), *Gründer, Kulturkampf, Kuhhandel.*

15.3. Sprachpflege und erste Normierungsversuche

15.3.1. Der französische Einfluß

Zunehmende
Überfremdung

1. Ich teutscher Michel, versteh schier nichel   *nichel* 'nichts';
   In meinem Vatterland, es ist ein schand.
   Man thuet jetz reden als wie die Schweden
   In meinem Vatterland, es ist ein schand.

2. Ein jeder Schneyder will jetzund leyder   *jetzund* 'jetzt';
   Der Sprach erfahren sein und redt Latein,   *wann* 'wenn';
   Welsch und Französisch, halb Japonesisch   *Knoll* 'plumper
   Wann er ist voll und doll, der grobe Knoll.   Mensch';

42. Was ist der *Hugenot*? gar ein vergriffte Krot?   *Krot* 'Kröte';
    Wie bsteht der *Floriot*? mit schand und spot.
    Wer ist der *Idiot*, ist er dein *Patriot*?
    Was ist *Piscot* für gsodt, ach lieber Gott!   *gsodt* zu sieden,
                                                            'gekochtes';

48. Was ist ein *Marcepan*? ein Hennen oder Han?   *Han* 'Hahn';
    Was ist ein *Grobian* doch für ein Gspan?   *Gspan* 'Gefährte';
    Was ist ein *Busican*, was ist ein *Carpesan*?
    Was ist ein *Partisan* für ein *Phasan*?

So heißt es in einem 55-strophigen oberdeutschen *Klagelied wider alle Sprachverderber, der teutsche Michel genandt* um 1638. Der fremde Einfluß hatte sich am Ende der fnhd. Zeit verstärkt. Neben dem Lateinischen wirkten nun die romanischen Sprachen auf das Deutsche ein

Niederländische Lehnwörter

(s. 14.4.4.). Auch aus dem Niederländischen kamen, hauptsächlich im 17. Jh., Lehnwörter wie *Düne, Schleuse, Stoff, Kante, Apfelsine* (Kap. 1), *Niete* (nl. *niet* 'nichts'), nachdem die nd. Hanse ihre Vormachtstellung im Handel verloren hatte.

Alamodezeit

Nach dem Dreißigjährigen Krieg überwiegt jedoch der französische Einfluß und wächst immer mehr an. Besonders unter und nach Ludwig XIV., etwa 1650–1770, gilt Frankreich in ganz Europa politisch und kulturell als führende Nation. Adel und höheres Bürgertum orientieren sich nach der Mode (frz. *à la mode*) von Paris und dem französischen Königshof. (Die Bezeichnung Alamodezeit wird oft für das 17. Jh., bes. nach dem Dreißigjährigen Krieg, verwendet.) Um 1700 hat sich auch in diesen Gesellschaftsschichten eine Zweisprachigkeit entwickelt[1]. Es gilt als vornehm, Französisch zu sprechen, und durch die Prestigesprache kann man sich nach unten abgrenzen. 1750 schreibt Voltaire vom Hofe Friedrichs II. in Potsdam: *Man spricht nur unsere Sprache. Das Deutsche ist nur für die Soldaten und die Pferde.* Noch 1750 – 1780 sind 10% der in Deutschland gedruckten Bücher französisch.

Spottgedicht der Alamodezeit: *Reverierte Dame*
Phoenix meiner *ame*
Gebt mir *audientz*
Euer Gunst *meriten*
Machen zu *falliten*
Meine *patientz.*

Während der Alamodezeit überfluten eine Unmenge französische Lehnwörter das Deutsche. Ein Teil ist wieder verschwunden, aber fast die Hälfte hat sich trotz der Bemühungen der Sprachreiniger gehalten. Daß die Pariser Mode einst Kleidung und Haartracht bestimmte, zeigen Wörter wie *Mode, Kostüm, Weste, Parfüm, frisieren, Perücke.* Die französische Küche galt lange als vorbildlich (*Bouillon, Omelette, Ragout, Torte; Serviette, Tasse, delikat*). Wer es sich leisten konnte, übernahm die französische Wohnkultur (*Balkon, Salon, Hotel, Gardine, Sofa, Büfett*) und eiferte dem Gesellschaftsleben in Frankreich nach (*amüsieren, Maskerade, Billard, Karusell, Promenade*). Hierbei wurden die Anredeformen ins Deutsche übertragen (*Madam. Mademoiselle > Gnädige Frau, Gnädiges Fräulein*) und sogar alte Verwandtschaftswörter verdrängt (*Papa, Mama, Onkel, Tante, Cousin* und *Cousine*, vgl. 5.2.).

---

[1] Vgl. die Zweisprachigkeit der Gelehrten, Latein/Deutsch 14.4.4.

Erst im 19. Jh. verebbt der französische Einfluß. In der Mode ist Frankreich noch lange tonangebend (*Monokel, Korselett*), und Französisch bleibt die Sprache der Diplomatie. Zu den politischen Lehnwörtern der letzten Jahrhunderte gehören *Revolution, Sozialist, Bourgeoisie, Reaktionär.*

15.3.2. Die Sprachgesellschaften und das Interesse für die deutsche Sprache

Voraussetzungen

Die Voraussetzungen für eine Pflege und Normierung der deutschen Sprache waren — wie oben gezeigt wurde — zu Beginn der nhd. Zeit nicht sehr günstig, verglichen mit anderen europäischen Ländern. Es gab kein politisches oder kulturelles Zentrum für das ganze deutsche Sprachgebiet, das eine sprachliche Vereinheitlichung erleichtern konnte. Es gab auch noch keine Nationalliteratur wie z.B. in Frankreich und England. Die Gelehrten schrieben noch überwiegend lateinisch, der deutsche Adel meist französisch, und die bürgerliche Literatur war noch verhältnismäßig provinziell und unbeholfen.

Sprachgesellschaften

Das von den Humanisten geweckte Interesse für die deutsche Sprache (14.4.1.) vertiefte sich jedoch im 17. Jh., indem die Stellung der Nationalsprache in Deutschland wie in anderen europäischen Ländern erstarkte. 1617 wurde nach italienischem Vorbild die erste der

Eine Sitzung der ,,Fruchtbringenden Gesellschaft''. (Kupfer von P. Isselburg.)

deutschen Sprachgesellschaften gegründet, die „Fruchtbringende Gesellschaft" in Weimar[2]. Ihr Ziel war es, eine deutsche Literatursprache zu schaffen; diese Sprache zu normieren, d.h. Aussprache, Rechtschreibung, Grammatik und Wortschatz; und die Sprache von Fremdwörtern zu reinigen.

Als Resultat ihrer Arbeit erschienen:

Literatursprache

Übersetzungen und Poetiken (Lehrbücher der Dichtkunst): Der Schlesier Martin Opitz gilt mit seinem *Buch von der Deutschen Poeterey* (1624) als Begründer der deutschen Literatursprache. Auf das Werk von Georg Philip Harsdörffer, *Poetischer Trichter/Die Teutsche Dicht- und Reimkunst/ ohne Behuf der lateinischen Sprache/ in VI Stunden einzugießen* (1647), ist der Ausdruck *Nürnberger Trichter* gemünzt worden (Lernmethode, bei der einem ohne eigene Leistung etwas „eingetrichtert" wird).

Normierung

Grammatiken und Wörterbücher: Großes Ansehen als Grammatiker hatte Justus Georg Schottel. Seine *Ausführliche Arbeit von der Teutschen Haubt Sprache* 1663 (beinahe 1500 Seiten! NB den Titel S. 146) umfaßt u.a. Regeln für Wortbildung, Orthographie, Flexion und Syntax.

Er sah nicht einseitig das meißnische Omd. oder das Obd. als Vorbild, sondern forderte als erster eine überlandschaftliche, für das ganze deutsche Sprachgebiet gültige „eigentliche" Sprache. *Die hochteutsche Sprache [...] ist nicht ein Dialectus eigentlich, sondern Lingua ipsa Germanica.*

Purismus

Viele neue deutsche Wörter, meist Zusammensetzungen: Am eifrigsten wandten sich die Sprachgesellschaften gegen die sprachliche Überfremdung. Von ihren Verdeutschungen haben sich u.a. folgende behauptet: *Anschrift* (Adresse), *Entwurf* (Projekt), *Mundart* (Dialekt), *Menschentum* (Humanité), *Wahlspruch* (Devise), *Verfasser* (Autor), *Wörterbuch* (Idiotikon): während andere von den Zeitgenossen als übertrieben verlacht wurden: *Zitterweh* (Fieber), *Gesichtserker* (Nase). *Nase* ist eigentlich ein Erbwort, war aber fälschlich als Fremdwort aufgefaßt worden. Besonders erfolgreich als Sprachschöpfer war Philipp von Zesen, der allerdings von manchen Gegnern für extrem gehalten wurde.

Die Wirkung der Sprachgesellschaften blieb zunächst auf einen kleineren Kreis beschränkt. Mit dem beginnenden 18. Jh. gipfelte der französische Einfluß auf das Deutsch der höheren Gesellschaftsschichten (15.3.1.), und die Gelehrten bevorzugten immer noch Latein.

[2] Andere Sprachgesellschaften entstanden dann z.B. in Straßburg, Hamburg, Nürnberg und Leipzig.

> Ausführliche Arbeit von der Teutschen Haubt
> Sprache/ Worin enthalten Gemelter dieser Haubt Sprache
> Uhrankunft/ Uhraltertuhm/ Reinlichkeit/ Eigenschaft/
> Vermögen/ Unvergleichlichkeit/ Grundrichtigkeit/ zu-
> mahl die SprachKunst und VersKunst Teutsch und guten
> theils Lateinisch völlig mit eingebracht/ wie nicht weniger
> die Verdoppelung/ Ableitung/ die Einleitung/ Nahm-
> wörter/ Authores vom Teutschen Wesen und Teutscher
> Sprache/ von der verteutschung/ Jtem die Stammwörter
> der Teutschen Sprache samt der Erklärung und deroglei-
> chen viel merkwürdige Sachen. Abgetheilet In Fünf Bü-
> cher. **Ausgefertiget von Justo-Georgio Schottelio D.,
> Braunschweig 1663.**

*Titel von Schottels wichtigstem Werk. Man be-
trachtete zu dieser Zeit das Deutsche als eine der
'Hauptsprachen', die nach dem Turmbau zu Babel
entstanden waren und von denen sich andere
Sprachen als verderbte Dialekte entwickelt hatten,
wie die romanischen Sprachen aus dem Lat.*

*Rechts
J.G. Schottel.*

*G.W. Leibniz. Aus: Unvorgreiffliche Gedancken, betreffend die Ausübung und
Verbesserung der Teutschen Sprache. Leibniz schrieb in obd. Sprachform. NB.
die Allongeperücke.*

Unvorgreiffliche Gedancken,
betreffend die Ausübung und Ver-
befferung der Teutfchen Sprache.

1.

ES ift bekandt, dafs die Sprach ein Spiegel
des Verftandes, und dafs die Völcker, wenn
fie den Verftand hoch fchwingen, auch zu-
gleich die Sprache wohl ausüben, welches
der Griechen, Römer und Araber Beyfpiele
zeigen.

2. Die Teutfche Nation hat unter allen
Chriftlichen den Vorzug, wegen des Heiligen
Römifchen Reichs, deffen Würde und Rechte
fie auff fich und ihr Oberhaupt gebracht,
welchem die Befchirmung des wahren Glaubens, die Vogthey der allgemeinen Kirche,
und die Beförderung des Beften, der ganzen
Chriftenheit oblieget, daher ihm auch der
Vorfitz über andere hohe Häupter ohnzweif-
fentlich gebühret und gelaffen worden.

5. Derowegen haben die Teutfche fich
defto mehr anzugreiffen, dafs fie fich diefer
ihrer Würde würdig zeigen, und es andern
nicht weniger an Verftand und Tapfferkeit
zuvor thun mögen, als fie ihnen an Ehren

A   und

146

Der Philosoph Gottfried Wilhelm Leibniz (gestorben 1716) schrieb fast nur französisch oder lateinisch. Obwohl er selbst an die Möglichkeiten der Muttersprache glaubte, betrachtete er den Kampf gegen das Französische als aussichtslos. Seine zwei Schriften, in denen er sich für das Deutsche einsetzte, wurden erst nach seinem Tode veröffentlicht. Er hat auf die Sprachforscher des 18. Jh. eingewirkt, u.a. durch seine Empfehlung, die Mundarten zu erforschen.

15.4. Die Zeit bis 1900

15.4.1. Ein genormtes Ostmitteldeutsch setzt sich durch

Die Bemühungen um eine Normierung der geschriebenen Sprache hatten erst im Zeitalter der Aufklärung größeren Erfolg. Einen bedeutenden Einfluß gewann Johann Christoph Gottsched (1700 – 1766) mit seiner *Grundlegung einer deutschen Sprachkunst. Nach dem Muster der besten Schriftsteller des vorigen und itzigen* (jetzigen) *Jahrhunderts aufgestellet* (1748). Im Sinne der Aufklärung befürwortet er einen einfachen, klaren Stil im Gegensatz zum barocken „Schwulst" und stellt die ostmitteldeutsche Schreibsprache, wie man ihr in der „guten" Literatur begegnet (z.B. bei Opitz), als ideales Vorbild und Norm hin. Er versucht auch – mit etwas pedantischen Vorschriften –, diese Literatursprache zu systematisieren und zu normieren. (U.a. stammt die Regelung der schwachen Deklination der Adjektive von Gottsched. Obd. wurde oft im Plur.Nom. *-e* gesprochen und geschrieben. In dem Text von Leibniz Abb. S. 146 steht z.B. *haben die Teutsche*, während es heute *die Deutschen* heißt.)

Im einzelnen wurde seine Arbeit stark kritisiert, bes. von Dichtern, die den „persönlichen" Stil nicht aufgeben wollten, und von Vertretern der obd. Sprachform. Es ist jedoch wohl letzthin Gottscheds Autorität zu verdanken, daß sich nun auch im Süden die omd. Variante der Schriftsprache schneller durchsetzte[3]. In Österreich und Bayern wurde seine Sprachlehre durch staatliche Beschlüsse an den Schulen eingeführt.

Johann Christoph Adelung wertete Gottscheds Theorien konkret aus, in seinem fünfbändigen Wörterbuch (1774 –81), in seiner Sprachlehre für die Schule (1781) und seiner Rechtschreibungslehre (1788). Adelung wurde das standardsprachliche „Orakel" für das 18. Jh. und die erste Hälfte des 19. In sprachlichen Zweifelsfällen wurden seine Werke allgemein benutzt, auch von den großen Dichtern dieser Zeit.

---

[3] Viele der obd. Eigenheiten, die in der Schriftsprache aufgegeben wurden, sind jedoch heute noch in der gesprochenen Sprache zu hören (Apokope, wortgeographische Unterschiede usw., s. 17.2.3.).

J.Ch. Gottsched. Erste Seite der Grundlegung einer deutschen Sprachkunst. 1748.

15.4.2. Die klassische Literatursprache als Vorbild und nationale Hochsprache

Dichter beeinflussen die Sprachentwicklung

In der 2. Hälfte des 18. Jh. spielte die Dichtung eine entscheidende Rolle für die Entwicklung der deutschen Sprache. Nach der Normierung und Vereinheitlichung der Schriftsprache durch die Dichter wurde nun in der Praxis gezeigt, daß auch deutsch, nicht nur auf französisch gedichtet werden konnte. In Wortwahl, Wortbildung und durch Ausnutzen aller syntaktischen Ausdrucksmöglichkeiten haben die Dichter, bes. der Aufklärung, des Sturm und Drang und der Klassik, jeder auf seine Art zur Weiterentwicklung und Bereicherung des Deutschen beigetragen. Ihr Stil und ihre Wortwahl galten als hochsprachliches[4] Vorbild. Ende des 18. Jh. hat die deutsche Literatur europäische Bedeutung erlangt. Deutsch ist eine angesehene Literatursprache geworden und hat somit auch seine „kulturelle Legitimation" bekommen (v. Polenz).

Vorbildliche Sprachform

Diese Literatursprache wird allmählich weitgehend als Standard akzeptiert und dringt in andere Kommunikationsbereiche ein, Zeitschriften, wissenschaftliche Publikationen usw. (Auch in der Gebrauchsprosa überwiegt jetzt endgültig das Deutsche. Im Jahre 1800 sind nur noch

---

[4] Vgl. Hochsprache: die in Aussprache, Wortschatz und grammatischen Regeln als vorbildlich geltende Sprachnorm im Gegensatz zur Umgangssprache und Mundart, s. 17.2.1. Hochdeutsch: Ober- und Mitteldeutsch im Gegensatz zum Niederdeutschen, vgl. 17.2.5.

148

Aufklärung: J. Winckelmanns Geschichte der Kunst des Altertums bestimmte das Antikenbild der deutschen Klassik, edle Einfalt ('Einfachheit') und stille Größe. (Links); Sturm und Drang: Viel gelesen wurde Goethes Briefroman Die Leiden des jungen Werthers. (Rechts)

4% der gedruckten Bücher lateinisch.) Außerdem wird die Literatursprache aber ein Zeichen für Bildung und somit die – ideale – Sprachform vor allem der bürgerlichen Gesellschaft, nachstrebenswert auch im mündlichen Verkehr, gepflegt in den humanistischen Gymnasien des 19. Jh., und getrennt von den unterschiedlichen Mundarten der Landbevölkerung und den zwischen den Dialekten und der Literatursprache/Hochsprache stehenden regionalen Umgangssprachen der Städte (17.2.3.).

Politische Rolle Nach und nach übernimmt die genormte hd. Sprache auch eine gewisse nationalpolitische Rolle. Das Gefühl einer gemeinsamen sprachlichen Identität unterstützt die Abgrenzung nach außen und die politischen Einheitsbestrebungen.

Papierstil Der vorbildliche Stil der Dichter konnte jedoch nicht dem vom Lateinischen abhängigen „Papierstil" ein Ende machen, der vor allem im Behörden- und Beamtendeutsch blühte, aber sich auch z.B. in der gelehrten Prosa zeigte (15.6.3.).

15.4.3. Die Verbreitung einer standardsprachlichen Norm

Weitere Kreise lesen deutsch Von der Mitte des 18. Jh. kann man auch eine Umstellung der Lesegewohnheiten feststellen, von in erster Linie Wiederholungslektüre (Bibel, Erbauungsschriften usw.) zum hauptsächlich extensiven Lesen

149

aller Arten von Literatur. Gleichzeitig wird auch viel mehr gelesen. Leihbibliotheken und Lesevereine kommen auf, und zahllose Wochenschriften verbreiten Bildung und Unterhaltung. Wenn um das Jahr 1800 etwa 1% der Bevölkerung an der literarischen Kultur Anteil haben können, dann sind es 100 Jahre später schon 20%[5].

Zeitungen

Die Zeitungen beginnen allmählich, die Rolle eines Massenmediums zu spielen. Nach einer Statistik kommt im Jahre 1750 ein Exemplar einer Tageszeitung auf 225 Erwachsene; i.J. 1850 ist das Verhältnis schon 1:30! Hierdurch wird ein breites Publikum mit der Schriftsprache vertraut, wenigstens passiv, als Leser. Nach der Einführung von Rotationspresse und Holzpapier werden die Zeitungen billiger und erreichen in den letzten Jahrzehnten des 19. Jh. Massenauflagen.

Berlinifche privilegirte Zeitung.

1ſtes Stück.   Donnerſtag, den 1 Januarius 1761.

Zeitungskopf aus der Zeit Friedrichs des Großen.

Schulunterricht

Der Schulunterricht trägt ebenfalls zur Verbreitung der standardsprachlichen Norm bei, angefangen in Norddeutschland, wo die niederdeutsch Sprechenden die hochdeutsche Schriftsprache fast als Fremdsprache lernen müssen. Seit Ende des 18. Jh. ist dies auch für die obd. sprechenden Schüler der Fall. Hier sind die sprachlichen Unterschiede jedoch geringer. Um 1850−60 gehen 50−85% der Kinder zur Schule. 1860−1900 setzt sich die allgemeine Schulpflicht durch.

15.4.4. Neues Interesse für Purismus

Kurz vor dem Ende des 18. Jh. erwacht aufs neue ein prinzipielles Interesse für die Fremdwortbekämpfung. Am erfolgreichsten ist J. Heinrich

Campe

Campe bes. mit dem *Wörterbuch zur Erklärung und Verdeutschung der unserer Sprache aufgedrungenen fremden Ausdrücke* 1801 (Neudruck 1968). Seine oft recht geschickten Verdeutschungsversuche wurden zwar teilweise stark verspottet und abgelehnt (*Süßchen* für *Bonbon*), aber einige seiner Vorschläge haben sich durchgesetzt, jedoch nicht im-

---

[5] M. Rauh in H. Glaser (Hrsg.): Deutsche Literatur. Eine Sozialgeschichte. Bd 8. 1982.

150

mer das Fremdwort verdrängt: *Bittseller* (Supplikant), *Minderheit* (Minorität), *verwirklichen* (realisieren). *Zartgefühl* (Delikatesse), *Zerrbild* (Karikatur).

Sprachkritik

Mit den 70er Jahren beginnt eine Phase erneuten puristischen Interesses, das sich nach und nach durchsetzt. Mehrere Bücher über „richtiges Deutsch" bzw. „sprachliche Sünden" erscheinen. Die Terminologie der Eisenbahn und des Postwesens wird schon früh planmäßig verdeutscht, während Österreich und die Schweiz die ursprünglichen Fremdwörter behalten: *Bahnsteig* für *Perron, Fahrkarte* für *Billet, Briefumschlag* für *Kuvert*. Der 1885 gegründete **Allgemeine Deutsche Sprachverein** arbeitet für Sprachpflege, Sprachreinigung und Nationalbewußtsein und beeinflußt bes. die Sprache der Verwaltung und der Behörden. Viele Lehrer und Beamte sind Mitglieder des Vereins. S. weiter 16.2.2.

Allgemeiner Deutscher Sprachverein

15.4.5. Englischer Einfluß und Internationalismen

Englisches Lehngut

Schon im 18. Jh. waren mehrere englische Wörter und Wortbildungen ins Deutsche gekommen, vor allem durch die Übersetzungen englischer Literatur (*Humor, Blankvers, Pudding*) und durch das Einwirken englischer Politik (*Opposition, Parlament*) und Wirtschaft (*Budget, Banknote*).

Im 19. Jh. nahm dieser Einfluß zu und ersetzte den französischen auf dem Gebiet der Mode und des Gesellschaftslebens (*Ulster, Smoking, Klub, toasten, Roastbeef*). Durch direkte Kontakte über Politik, Wissenschaft und Handel vermehrten sich die Wortübernahmen auch auf diesen Gebieten (*Streik, Lokomotive, Partner*). Als im Laufe des 19. Jh. die neue Fachsprache des Sports an Boden gewann, brachte dies neues englisches Lehngut ins Deutsche: *Sport, Match, Trainer, Hockey*. Die Sportarten Golf, Polo, Tennis u.a. haben heute noch eine große Anzahl englische Ausdrücke in ihrer Terminologie (*Green, Chukker, Advantage*) während im volkstümlicheren Fußballspiel vieles eingedeutscht wurde (*Fußball < football, Strafstoß < penalty kick*). S. weiter 17.3.2.

Lateinische und griechische Kunstwörter

Obwohl Latein nicht mehr die gemeinsame europäische Gelehrtensprache war, behielt die Sprache der Wissenschaft und Technik jedoch ein internationales Element bei. Das erforderliche neue Fachvokabular wurde nämlich zum großen Teil aus lateinischen und griechischen Wortstämmen gebildet, und diese Kunstwörter fanden internationale Verbreitung (Internationalismen). Oft gelangten sie durch das Französische oder Englische ins Deutsche (vgl. 16.3.3.).

elektrisch (1711 lat. Adj. zu griech. *ēlektron* 'Bernstein')

Kommunismus (zu lat. *communis* 'gemeinsam'; nach 1840 ins Deutsche aus dem Franz.)

Photographie (griech. *phōtós* 'Licht' + *gráphein* 'schreiben')

Biologie (griech. *bíos* 'Leben' + *lógos* 'Wort; Wissenschaft')

Bürokratie (frz. *bureau* 'Schreib-, Arbeitstisch' + griech. *kratei̇n* 'herrschen')

Telegramm (griech. *tēle* 'fern' + *grámma* 'Geschriebenes')

Automobil (griech. *autós* 'selbst' + lat. *mobilis* 'beweglich')

Wilhelm und Jacob Grimm. (Aus Bd. 1 ihres Deutschen Wörterbuchs. 1854.)

Jacob Grimm über die Aufteilung der Arbeit zwischen den Brüdern. (Aus der Einleitung des Deutschen Wörterbuchs.)

Die erste woche sollte mein sein. als der anfang des werks bevorstand, sagte ich zu Wilhelm: 'ich will A nehmen, nimm du B'. 'das kommt mir zu bald', versetzte er, 'lasz mich mit D beginnen'. dies schien höchst passend, weil A B C den ersten band füllen sollten und es angemessen wäre, jedem mitarbeiter eigne bände anzuweisen. im verlauf der arbeit zeigte sich aber, dasz mitten im B abgebrochen werden müsse, um den ersten band nicht allzu sehr anzuschwellen. so kommt es nun, dasz ich auch noch ein gutes stück des zweiten auszuarbeiten habe.

15.4.6. Die Brüder Grimm und die historische Sprachwissenschaft

Die neuen Sprachforscher beschäftigen sich nicht mehr ausschließlich mit der grammatischen Norm, sondern auch mit Sprachvergleichung und Sprachgeschichte.

Die Brüder
Grimm

Die Brüder Jacob und Wilhelm Grimm werden nicht selten als Begründer der wissenschaftlichen deutschen Germanistik betrachtet. Beeinflußt von der romantischen Bewegung, widmeten sie sich mittelalterlichen deutschen und nordischen Texten, was sie zu einem historischen und vergleichenden Studium der deutschen Sprache führte. Dies war an sich nicht neu, aber es wurde systematischer betrieben als bisher. Jacob Grimm stellte in seiner Deutschen Grammatik (1819–37) fest, daß nur ein grundlegendes Studium der Vergangenheit zum Verständnis der Gegenwart führe. Beim Vergleich von Texten aus verschiedenen Perioden bemerkte er gewisse regelmäßige Lautveränderungen (nach ihm *Lautgesetze*), für die er Regeln formulierte, z.B. die *1. Lautverschiebung* (eng. *Grimm's law*) und die *2.*, *Ablaut* und *Umlaut*. Er schuf auch die Bezeichnungen *althochdeutsch, mittelhochdeutsch, starke* und *schwache Flexion* usw. Diese historisch-vergleichende Arbeitsmethode war die große sprachwissenschaftliche Errungenschaft des vorigen Jahrhunderts, aber sie hat auf lange Zeit die Sprachforschung einseitig auf Lautwandel, Morphologie, Geschichte der einzelnen Wörter etc. festgelegt, während Syntax und Stilistik ebenso wie die Pflege der lebenden Sprache von der Universitätsgermanistik vernachlässigt wurden.[6]

Das letzte große Werk der Brüder Grimm ist ihr *Deutsches Wörterbuch*, an dem Generationen arbeiteten. Als Jacob Grimm starb, war er bei F angelangt, und erst 1960 konnte die Reihe vollendet werden.[7] Seit 1963 sind die deutschen Wissenschaftsakademien zu Berlin (DDR) und zu Göttingen mit der Revision der älteren Bände gemeinsam beschäftigt, und bisher liegen 2 Bände der Neubearbeitung vor, I und VI.

ZUM SPRACHLICHEN SYSTEM IN NEUHOCHDEUTSCHER ZEIT

15.5. Zur nhd. Orthographie und Aussprache

15.5.1. Normierung der Orthographie

Erst im 18. Jh. hatte man durch Adelung/Gottsched einen gewissen Erfolg in der Normierung der Rechtschreibung erlangt. Man folgte nun

---

[6] Bekannte Vertreter der historischen Sprachwissenschaft sind Karl Lachmann (kritische Methode zur Edition altdeutscher Texte) und die Nachfolger Grimms: die Leipziger Junggrammatiker Wilhelm Braune (Gotische Grammatik, Ahd. Grammatik, Ahd. Lesebuch), Hermann Paul (Deutsche Grammatik Bd. 1–5, Prinzipien der Sprachgeschichte, Deutsches Wörterbuch); Matthias Lexer (Mhd. Handwörterbuch), Friedrich Kluge (Etymologisches Wörterbuch der deutschen Sprache) u.a.

[7] Durch die Vielzahl der Mitarbeiter sind die Beiträge teilweise recht uneinheitlich geworden. Der Artikel *Geist* umfaßt z.B. 115 Spalten!

Jacob Grimm argumentiert in seiner Einleitung zum Deutschen Wörterbuch gegen die Frakturschrift und die Großschreibung. Die Frakturschrift – und die deutsche Schreibschrift – wurde aber erst 1941 abgeschafft.

hauptsächlich den Richtlinien der Gebildetenaussprache, der Unterscheidung von Homonymen (*wider — wieder*, *Weise — Waise*) und der etymologischen Zusammengehörigkeit, z.B. wurde *ä* für den Umlaut von *a* geschrieben; sonst blieb *e*. (Aber nicht immer erkannte man die Verwandtschaft: *verschwenden* ist Kausativum zu *verschwand*, *behende* kommt von *Hand*, *Eltern* von *alt* und *Bekenntnis* von *bekannt*.) In gewissen Fragen, wie Längenbezeichnung der Vokale u.a., herrschte lange

Zeit große Uneinheitlichkeit, was bes. Schulen und Verlegern Schwierigkeiten bereitete.

J. Grimm setzte sich vergebens für ein konsequent historisch-etymologisches Prinzip ein und verlangte sogar die Schreibung *ß* für das aus germ. *t* entstandene *s* (*Haß* — schwed. *hat*; *Waßer* — schwed. *vatten*), was sich aber nicht durchsetzte. Grimm wollte auch die Kleinschreibung der Substantive einführen. (Die Großschreibung war durch Gottsched zur Norm erhoben worden.) Heute hält das Deutsche als einzige Sprache an der Großschreibung der Substantive fest. Reformversuche, die eine sog. *gemäßigte Kleinschreibung* befürworten, d.h. Großschreiben der Satzanfänge, Namen und Anredepronomen, haben sich — noch — nicht durchsetzen können, wenn auch einige germanistische Zeitschriften die Grimmsche Tradition aufgenommen haben (16.4.).

Die Wünsche nach einer einheitlichen Orthographie wurden immer dringlicher, bes. nach der Einführung der allgemeinen Schulpflicht. Nun greift der deutsche Staat zum erstenmal als Sprachregler ein. Konferenzen werden abgehalten, und das Resultat zeigt sich in Konrad Dudens *Orthographisches Wörterbuch* 1880. 100 Jahre später, 1980, ist die 18. Auflage des Duden Rechtschreibung erschienen. Heute steht der Name *Duden* als Synonym für die allgemein anerkannte letzte Instanz in Zweifelsfällen der deutschen Sprache, nicht nur was Rechtschreibung, sondern auch was Wortgebrauch und Formulierung betrifft.

Marginalien: Kleinschreibung, Duden

15.5.2. Regelung der Aussprache

Auch für eine einheitliche Aussprache wurden Regeln formuliert. Die Arbeit einer Kommission aus Vertretern der Germanistik und des Theaters führte zu Theodor Siebs *Deutsche Bühnenaussprache* 1898, wo mit wenigen Ausnahmen (hauptsächlich *sp*, *st* als [ʃp, ʃt], die norddeutsche Aussprache, die schon etwa 100 Jahre als vorbildlich gegolten hatte, zur Norm wurde.[8] Diese Norm galt dann zwar für die Theateraussprache, wurde aber sonst verhältnismäßig wenig befolgt. Auch die neuen Auflagen des „Siebs" richteten sich streng nach den einmal festgelegten Regeln und enthielten nur kleinere Änderungen, was die Kluft zwischen Ideal und allgemeinem Sprachgebrauch nicht überbrücken konnte. Erst nachdem das *Wörterbuch der deutschen Aussprache* (Leipzig) 1964 sich in gewissen Punkten an die Gebrauchsnorm angeschlossen hatte, wurde auch der Siebs (1969) toleranter (s. weiter 16.4.).

Marginalie: Siebs

---

[8] In Norddeutschland wurde noch lange plattdeutsch gesprochen, obwohl man hochdeutsch schrieb. Als man dann in den norddeutschen Städten anfing, hochdeutsch zu sprechen, hielt man sich eng an die Schrift. Hierdurch entstand die Auffassung, daß das reinste Deutsch in Norddeutschland gesprochen werde. NB daß Schottel, Gottsched, Adelung und Campe im nd. Dialektraum geboren waren.

15.6. Morphologische und syntaktische Veränderungen

Die Umstrukturierung in der Grammatik in fnhd. und nhd. Zeit geht sehr langsam voran, verglichen mit den schnellen Veränderungen im Wortschatz der Neuzeit.

15.6.1. Weitere Vereinfachung der Flexion

Ausgleich

Die im Fnhd. deutlich gewordene Tendenz zu Ausgleich und Vereinfachung in der Nominal- und Verbalflexion (14.7.) findet in nhd. Zeit einen Abschluß, indem Grammatiker wie Gottsched, Adelung u.a. Regeln für die Deklination und Konjugation aufstellen.

Nun gehen auch einige starke Verben zur schwachen Konjugation über (*kreischen, hinken, reuen, bellen, falten, rächen*). Bei anderen ist der Prozeß bis heute noch nicht abgeschlossen: *sieden, weben, backen, spalten*. Bei frequenteren starken Verben konnte sich die schwache Konjugation nicht durchsetzen. So schrieb z.B. Schiller *rufte das Kind*.

15.6.2. Die Entwicklung zum analytischeren Sprachbau

Der Kasusgebrauch

Die Entwicklung vom synthetischen zum analytischeren Sprachbau geht auch im Nhd. weiter und wirkt sich u.a. im Kasusgebrauch aus. Der Genitiv und der Dativ treten als Objekt immer mehr zurück. Statt dessen wird ein Akkusativ- oder Präpositionalobjekt verwendet.

Genitiv	Akkusativ oder Präp.
darin yhr meines berichts begert (Luther)	*etw. begehren*
brauch der Zeit (Luther)	*etw. brauchen*
hoffe ich liechtes 'Lichtes' (Luther)	*auf etw. hoffen*
er spottet seiner selbst (Goethe)	*über jdn spotten*
vergiß seiner nicht (Gellert)	*jdn vergessen* (vgl. *Vergißmeinnicht*)[9]
Dativ	
Du solt keinem Reich verschonen (Luther)	*jdn (ver)schonen*
Wer ruft mir? (Goethe)	*jdn rufen*
Ich staune dem Wunder (Goethe)	*über etw. staunen*

Fälle solcher sog. Akkusativierungen und präpositionalen Umschreibungen finden sich im 14. Jh., und die Entwicklung geht im heutigen Deutsch weiter.

Analytischer Konjunktiv

Die mhd. Endsilbenabschwächung sowie mhd. und fnhd. Synkopierungen des Zwischenvokals hatten häufig zum Zusammenfall zwischen indikativischen und konjunktivischen Formen geführt, bes. bei den schwachen Verben. Durch den Ausgleich zwischen Singular und Plural

---

[9] mein = ältere Genitivform des persönlichen Pronomens.

im Präteritum der starken Verben war teilweise eine Unsicherheit der Konjunktivformen entstanden (*schwöre* oder *schwüre, stünde* oder *stände*?). Als Folge hiervon nehmen nun der analytische Konjunktiv (*ich würde essen* für *ich äße*) und Umschreibungen durch Modalverben und Adverbien (*vielleicht* usw.) zu, eine Tendenz, die bis in die Gegenwart weiterwirkt (16.5.2.).

15.6.3. Variation im Satzbau

In fnhd. Zeit hatten sich unter dem Einfluß des Lateins die Satzgefüge mit abhängigen Nebensätzen eingebürgert (14.8.1.). Im Barockstil des 17. Jh. wie auch in der Kanzleisprache konnten diese zu komplizierten hypotaktischen Konstruktionen ausarten. Nun wird z.B. der K l a m - m e r s a t z mit eingeschobenen Nebensätzen häufiger, der schon manch-

Klammersatz mal im Fnhd. vorkommt, z.B. in folgendem Brief von Mozart an seinen Vater 1781[10]: *Die Herren haben sich also die Haustüre öffnen lassen und, nachdem sie sich mitten im Hofe rangiert, mich, da ich mich eben entkleiden wollte, mit dem ersten EB-Akkord auf angenehmste Art von der Welt überrascht.* Der Klammersatz zwingt den Leser/Hörer zur Aufmerksamkeit und steigert die Spannung. Im bürokratischen Stil kann er jedoch zu schwerverständlichen Verschachtelungen mehrerer Sätze führen, s. weiter 16.6.1.

Schon früh kam eine Gegenreaktion auf, z.B. während der Aufklärungszeit die Forderung nach Einfachheit, und gute Stilisten des 18. und 19. Jh. nutzen in zunehmendem Maße die Möglichkeiten des parataktischen wie auch des hypotaktischen Satzbaus.

[10] Zitiert nach F. Tschirch: Geschichte der deutschen Sprache II, S. 211 (EB = Es).

Deutsch von heute

Wörter als Zeitspiegel:

Aufwiederhören
Computer
Entwicklungsländer
Freizeitgestaltung
Geiselnahme
Haltegurt
Herzinfarkt
Jogging
Kernkraftwerk
Mehrwertsteuer
Minderwertigkeitskomplex
Nur-Hausfrau
Popcorn
Raumfahrt
Rüstungskontrolle
Seniorenpaß
Taschenrechner
Telekolleg
Waldsterben

Deutsch von heute

16. Entwicklungstendenzen im heutigen Deutsch

16.1. Einführung und kurze Charakteristik

Es wird oft behauptet, daß der Sprachwandel noch nie so schnell vor sich gegangen sei wie in unserem Jahrhundert, vor allem in bezug auf die explosionsartige Erweiterung des Wortschatzes. Diese Feststellung ist nicht etwa aufs Deutsche beschränkt, sondern gilt für die meisten modernen Sprachen.

Der Sprachwandel hängt natürlich mit Veränderungen in der Gesellschaft zusammen, wie wir es wiederholt in der Geschichte der Sprache feststellen konnten. Die Umwelt und die Gesellschaft haben sich im 20. Jh. verändert, und zwar in einem nie zuvor erlebten Ausmaß. Die Sprache hat sich wie immer den neuen Bedürfnissen angepaßt.

Die Entwicklung ist jedoch keineswegs einheitlich, sondern zeichnet sich durch stark entgegengesetzte Tendenzen aus, teils ausgleichend — vereinfachend, teils differenzierend — intellektualisierend:

← STANDARDISIERUNG INTERNATIONALISIERUNG VEREINFACHUNG	DIFFERENZIERUNG INDIVIDUALISIERUNG INTELLEKTUALISIERUNG →

Ausgleich und Vereinfachung

Auf der einen Seite finden wir ausgleichende und vereinfachende Bestrebungen. Mit Hilfe der modernen Massenmedien wirkt die Sprache heute über neue Einflußkanäle und mit größerer Kraft auf das Individuum ein. Dies führt zur Bildung einer Standardsprache, die fast alle Mitglieder der Gesellschaft beherrschen – jedenfalls passiv, ohne Rücksicht auf regionale und soziale Unterschiede.

Ein „horizontaler" Ausgleich der Sprache zeigt sich darin, daß die Dialekte weiterhin zurückgehen und der Geltungsbereich der landschaftlichen Umgangssprachen anwächst. Einen „vertikalen" Ausgleich erleben wir im allmählichen Abbau der sozialen Sprachbarrieren und in einer gewissen Normveränderung: Einerseits scheint der allgemeine Gebrauch schneller zur Norm zu werden als früher. Andererseits zeigt sich immer häufiger ein bewußtes Bestreben, sich kürzer, einfacher und verständlicher auszudrücken. Die geschriebene Sprache nähert sich der gesprochenen Umgangssprache in der Wortwahl und durch einen einfacheren Satzbau immer mehr an.

Die übergreifende zivilisatorische Entwicklung der Industriestaaten fördert in verschiedenen Sprachen die gleichen Erscheinungen. Im Interesse der internationalen Kommunikation werden viele Neuwörter zu Internationalismen, teils Lehnwörter anglo-amerikanischen Ursprungs, teils Neubildungen lateinisch-griechischer Herkunft.

Auf der anderen Seite sind die differenzierenden Tendenzen in der Sprache ebenso stark. Ein sprachlicher Individualismus zeichnet sich z.B. in dem Bedarf an neuen unverbrauchten Worten ab, in der Sprache der Literatur und der Werbung. Er zeigt sich ebenfalls in dem Verlangen, sich auch sprachlich von der großen Masse in der kleinen Gruppe abzugrenzen, durch die verschiedenen Gruppensprachen, und schließlich wohl auch in einem Wunsch, das Eigenständige beizubehalten. U.a. zeugt ein neues Interesse für die Mundarten dafür.

Die hochspezialisierte Wissenschaft und das stark differenzierte Berufsleben von heute bringen eine Vielfalt von Fachsprachen mit sich, die wiederum einen großen Sonderwortschatz brauchen. Das Bestreben, sich kürzer auszudrücken, führt nicht nur zu einer Vereinfachung des Satzbaus. Es verursacht auch eine Verdichtung der Information, mit Hilfe von Nominalstil, längeren Zusammensetzungen und Abkürzungen, was manchmal schwerverständlich werden kann. Sowohl durch eine präzise Wortwahl als auch durch eine konzentrierte, oft abstrakte Ausdrucksweise, die große Anforderungen an den Leser/Hörer stellt, entfernt man sich daher wieder von der gesprochenen Sprache. Die Fach- und Gruppensprachen schaffen also wieder andere sprachliche Unterschiede innerhalb der Gesellschaft.

KULTURGESCHICHTLICHE ENTWICKLUNG UND WORTSCHATZ

16.2. Historisch-sozialer Hintergrund

16.2.1. Das deutsche Sprachgebiet

Nach dem 2. Weltkrieg haben sich die Grenzen des deutschen Sprachgebiets im Osten stark verschoben. (Vgl. Karten 14.2.1. und 17.2.5.) Durch die Vertreibung, Auswanderung und Umsiedlung von 14. Mill. Deutschen 1941—45 sind auch — mit Ausnahme einiger Sprachinseln — die ostdeutschen Dialekte, wie Hoch- und Niederpreußisch, Ostpommerisch, Schlesisch, Böhmisch u.a., allmählich im Verklingen (17.2.2.).

Das deutsche Sprachgebiet besteht heute aus der Bundesrepublik Deutschland, der Deutschen Demokratischen Republik, Österreich,

Liechtenstein und der deutschsprachigen Schweiz. Hauptsächlich zwei-sprachige Gebiete sind Luxemburg, Südtirol (Italien), Elsaß (Frank-reich), Eupen/Malmédy (Belgien), Teile von Südjütland (Dänemark) und einige Sprachinseln in Polen (im ehemaligen Ostpreußen, Pom-mern, Oberschlesien), in der Tschechoslowakei, in Rumänien (Sieben-bürgen), in der Sowjetunion, in Namibia, in den Vereinigten Staaten und in Kanada. Im Jahre 1987 gab es rund 100 Mill. Deutschsprachige.

16.2.2. Historisch-sozialer Rückblick auf die geschriebene Sprache 1900—1945

Existenzformen der Sprache

Zu Beginn des 20. Jh. standen sich – vereinfacht dargestellt – haupt-sächlich drei Existenzformen der Sprache gegenüber:

- Die vorherrschende Schriftsprache/Hochsprache, ein Ausdruck für das klassische Bildungsideal des 19. Jh., wurde vor allem in den Schulen gepflegt. Wer einen sozialen Aufstieg anstrebte, mußte sich diesem hochsprachlichen Ideal anpassen (15.4.2.).
- Die Mundarten wurden weiterhin auf dem Lande gesprochen, gingen jedoch durch Landflucht und Verstädterung zurück.
- Die überregionalen Umgangssprachen unterschiedlicher Art wurden bes. in den schnell anwachsenden Städten und Ballungszentren ge-sprochen, auch von der neuen Arbeiterklasse.

Der Naturalismus eröffnete der gesprochenen Sprache des Alltags den Zugang in die Dichtung, aber das Stilideal des 19. Jh. behielt den Vor-rang. Fast unmerklich entwickelte sich jedoch eine einfachere Schrift-sprache, zuerst erkennbar in der Presse und Literatur nach dem 1. Welt-krieg. Lange führte sie mehr oder weniger ein Schattendasein.

Sprachpflege und Purismus

Für die „Pflege und Hebung" der deutschen Sprache wirkte noch der Allgemeine Deutsche Sprachverein[1] (15.4.4.). In der Zeit um den 1. Weltkrieg wurde die Sprachpflege stärker in den Dienst des Nationa-lismus gestellt und der Fremdwortgebrauch als *geistiger Landesverrat* bezeichnet. Nach einer Gegenreaktion verstärkte sich der Purismus wieder in den ersten Jahren der nationalsozialistischen Zeit, wurde aber durch einen sog. Führererlaß eingedämmt:

Der Führer wünscht nicht derartige gewaltsame Eindeutschungen und billigt nicht die künstliche Ersetzung längst ins Deutsche einge-bürgerter Fremdworte durch die nicht aus dem Geiste der deut-schen Sprache geborene und den Sinn der Fremdworte meist nur

[1] 1945 mit anderer Zielsetzung in „Gesellschaft für deutsche Sprache" (Wiesbaden) um-konstituiert. Ihre Auskunftsstelle gibt genau wie „Institut für deutsche Sprache" in Mannheim (1964) Sprachberatung für Technik, Wirtschaft, Verwaltung etc.

unvollkommen wiedergebende Wörter. Ich ersuche um entsprechende Beachtung[2].

Die „Sprache"
des National-
sozialismus
Der Nationalsozialismus konnte 12 Jahre unbehindert auf die deutsche
Sprache einwirken, wobei die traditionelle Schriftsprache in mehreren
Kommunikationsbereichen einem überladenen und manipulierten Stil
wich. Es hat jedoch keine spezifische „Nazisprache" gegeben, sondern
die verschiedenen Sprachtendenzen der Zeit wurden maximal ausge-
nützt, wie v. Polenz mit folgenden Beispielen veranschaulicht (Geschichte der deutschen Sprache, Berlin 1970).

An das deutsche Volk. Brüder! Deutsche Flotten wiegten einst ihre
Masten auf allen Meeren, schrieben fremden Königen Gesetze vor,
verfügten selbst über die Kronen der Feinde deutscher Macht und
Herrlichkeit. Jetzt sind wir wehrlos auf der weltverbindenden See,
jetzt sind wir wehrlos selbst auf den heimathlichen Strömen. Ihr
wißt es, was mit gerechtem heiligen Zorn jedes deutsche Herz entflammt. Das kleine Dänemark verhöhnt das große, im Lichte seiner
Freiheit, im Bewußtsein seiner hohen Weltsendung doppelt mächtige Deutschland.
(Proklamation des 50-er-Ausschusses, Frankfurt a. M., 12. 5. 1848)

Jedes Schwanken, jedes Zögern wäre Verrat am Vaterlande. Um
Sein oder Nichtsein unseres Reiches handelt es sich, das unsere
Väter sich neu gründeten. Um Sein oder Nichtsein deutscher Macht
und deutschen Wesens. Wir werden uns wehren bis zum letzten
Hauch von Mann und Roß, und wir werden diesen Kampf bestehen
auch gegen eine Welt von Feinden. Noch nie ward Deutschland
überwunden, wenn es einig war. Vorwärts mit Gott, der mit uns sein
wird, wie er mit den Vätern war!
(Kaiser Wilhelm II.: „An das deutsche Volk", 6. 8. 1914)

Heute, Herr Generalfeldmarschall, läßt Sie die Vorsehung Schirm-
herr sein über die neue Erhebung unseres Volkes. Dies Ihr wunder-
sames Leben ist für uns alle ein Symbol der unzerstörbaren Lebens-
kraft der deutschen Nation. So dankt Ihnen des deutschen Volkes
Jugend und wir alle mit, die wir Ihre Zustimmung zum Werk der
deutschen Erhebung als Segnung empfinden. Möge sich diese Kraft
auch mitteilen der nunmehr eröffneten neuen Vertretung unseres
Volkes.
(Hitler, Garnisonskirche Potsdam, 21. 3. 1933)

---

[2] Zitiert nach G. Korlén, Moderna språk 1976:4.

Eine dieser Maßnahmen ist die Einführung des gelben Judensterns, den jeder Jude sichtbar zu tragen hat. [...] Es ist das eine außerordentlich humane Vorschrift, sozusagen eine hygienische Prophylaxe, die verhindern soll, daß der Jude sich unerkannt in unsere Reihen einschleichen kann, um Zwietracht zu säen.

(Goebbels in der Wochenzeitung „Das Reich", 16. 11. 1941)

Die Sprache des Nationalsozialismus knüpfte teils an die nationalistische Terminologie und Stilistik der Kaiserzeit an, die ihrerseits noch ältere Traditionen hatte, teils an den Predigtstil und an die Überredungskunst der Werbesprache. Man benutzte Wörter und Wendungen aus der vertrauten Sportterminologie wie auch aus dem wissenschaftlichen Jargon.

Das Propagandaministerium sorgte mit geheimen Presseanweisungen für eine planmäßige Sprachlenkung, wodurch das eigene Denken vernebelt werden sollte. Wortinhalte wurden umgedeutet (*Objektivität ist Gefahr*), die Gegner wurden nur mit negativ wertenden Wörtern bezeichnet (*staatszersetzend, Parasiten*), während man die eigene Politik durch positive Wörter verherrlichte und ein „wir-Gefühl" suggerierte (*historische, einmalige Bedeutung, unsere Volksgemeinschaft, verantwortungsbewußt*). Tatsachen wurden durch Euphemismen vernebelt. (*Endlösung/der Judenfrage/* für 'Massenmord', *Frontbegradigung* für 'Rückzug'), und falsche Vorstellungen wurden durch Schlagwörter eingehämmert (z. B. *Rassenschande, Lebensraum*, um die Rassenideologie und die Eroberungspolitik zu rechtfertigen).

Die Zeit nach 1945

Nach dem 2. Weltkrieg war es vielleicht in Deutschland noch leichter als anderswo, eine neue Schreibtradition zu schaffen. Die alte wurde in Frage gestellt. Die großen Wörter empfand man als hohl und leer. In der Literatur finden wir ein Verlangen nach einer nüchternen, einfachen, unbelasteten Sprache. Von 1945 an können wir somit mit einem neuen Schriftdeutsch rechnen, das sich mehr an die Sprache des Alltags anschließt.

Aber auch andere stilistische Veränderungen zeichnen sich ab, da der Satzbau sich allmählich anders gestaltet. Hierbei werden vor allem die Möglichkeiten der Wortbildung stärker in Anspruch genommen.

Zwei Zeitungstexte über politische Attentate von 1914 und 1971 illustrieren den unterschiedlichen Sprachstil (aus H. Eggers: Deutsche Sprache im 20. Jahrhundert. München 1973):

Sarajewo, 28. Juni. (Telegramm unseres Korrespondenten) Als der Erzherzog Thronfolger F r a n z   F e r d i n a n d und seine Gattin, die Herzogin von Hohenburg, sich heute Vormittag zum Empfange in das hiesige Rathaus begaben, wurde gegen das erzherzogliche Automobil eine Bombe geschleudert, die jedoch explodierte, als das Automobil des Thronfolgers die Stelle bereits passiert hatte. In dem darauffolgenden Wagen wurde der Major Graf Boos-Waldeck von der Militärkanzlei des Thronfolgers und Oberstleutnant Merizzi, der Personaladjutant des Landeshauptmanns von Bosnien, erheblich verwundet. Sechs Personen aus dem Publikum wurden schwer verletzt. Die Bombe war von einem Typographen namens Cabrinowitsch geschleudert worden. Der Täter wurde sofort verhaftet. Nach dem festlichen Empfang im Rathaus setzte das Thronfolgerpaar die Rundfahrt durch die Straßen der Stadt fort. Unweit des Regierungsgebäudes schoß ein Gymnasiast der achten Klasse (Primaner) namens Prinzip aus Grabow aus einem Browning mehrere Schüsse gegen das Thronfolgerpaar ab. Der Erzherzog wurde im Gesicht, die Herzogin im Unterleib getroffen. Beide verschieden, kurz nachdem sie in den Regierungskonak gebracht worden waren, an den erlittenen Wunden. Auch der zweite Attentäter wurde verhaftet, die erbitterte Menge hat die beiden Attentäter nahezu gelyncht.

28.6.1914

Drei palästinensische Maschinenpistolenschützen haben am Sonntagnachmittag den jordanischen Ministerpräsidenten Wasfi El-Tele (51) erschossen, als er nach einer Sitzung des arabischen Verteidigungsrates das Kairoer 'Sheraton'-Hotel betrat.
Die Männer in Zivilkleidung hatten die Ankunft des Ministerpräsidenten erwartet. Sie schossen auf ihn aus drei verschiedenen Richtungen. Tele brach unter dem Kugelhagel zusammen und starb auf der Stelle. Ein ägyptischer Leibwächter wurde am Bein verletzt.
Die Attentäter wurden in kurzer Zeit festgenommen.

29.11.1971

Die modernen Massenmedien Presse, Funk und Fernsehen haben nach dem 2. Weltkrieg eine immer stärkere Stellung und größere Einflußmöglichkeit bekommen. Kaum jemand lebt heute mehr in einem isolierten sprachlichen Milieu.
Die heutige Gesellschaft ist pluralistischer geworden: das Berufsleben ist hochspezialisiert. Technisierung und Bürokratisierung nehmen zu. (Allein in der Zeit zwischen 1880 und 1950 stieg die Beamtenzahl in Staat und Wirtschaft von 7% auf 20% der gesamten deutschen Bevölkerung.)

16.3. Der Wortschatz als Spiegel unserer Zeit

16.3.1. Der große Zuwachs

Die auffallendste Veränderung der letzten Jahrzehnte läßt sich am Wortschatz feststellen. Noch nie ist der Zuwachs an Wörtern so rasant gewesen wie heute, eine Entwicklung die für alle modernen Kultursprachen charakteristisch ist. Die neuen Wörter spiegeln unsere Zeit, genau wie Wörter immer ein Spiegel der neuen Zeit und Kultur gewesen sind, angefangen von neuen germanischen Wörtern der Bronzezeit über das Einwirken der römischen Kultur, das Christentum, die französisch beeinflußte Ritterkultur, den Humanismus usw. Die Fortschritte der Technik und der Naturwissenschaften erfordern immer mehr neue Wörter, in erster Linie für Erfindungen, Geräte, Verbrauchsgüter und Verkehr (*Atomreaktor, Satellitenfoto, Tiefkühltruhe, Einwegflasche, Fertighaus, Tankstelle, Jet*). Auf politischem, wirtschaftlichem und kulturellem Gebiet braucht man neue Wörter für Vorstellungen und Begriffe (*Chancengleichheit, Radikalenerlaß* (BRD), *Konsumgenossenschaft, Planvorsprung* (DDR), *Betriebsklima, Image* ['imidʒ], *Zwölftonmusik, Szene-Sprache, Direktübertragung, werbewirksam*).

Durch die Massenmedien erreichen die neuen Wörter ein großes Publikum, und der passive Wortschatz der Sprachträger vergrößert sich. Gleichzeitig werden aber – nicht nur im engeren Kreis – öfter als früher Wörter verwendet, die nur wenige verstehen. Es gibt auch Anzeichen dafür, daß der aktive Wortschatz zurückgeht, vielleicht besonders bei Jugendlichen. Trägt hier das, was man heute *Reizüberflutung* nennt, die Schuld?

Auf der anderen Seite ist es aber auch offensichtlich, daß die junge Generation von heute nicht den gleichen Wortschatz haben kann wie die Älteren, die mit anderen Wörtern und Begriffen groß geworden sind.

16.3.2. Technisierung und Versportung: Das Einwirken der Fachsprachen

Technisierung

Die Standardsprache wird heute intensiver als früher durch die Fachsprachen beeinflußt. Etwa 400.000 Fachwörter sind in den Allgemeinwortschatz aufgenommen worden, und nach Berechnungen von Lutz Mackensen[3] soll hierbei jedes 10. gesprochene Wort aus technischen Bereichen stammen. Es handelt sich nicht nur um reine Fachwörter für Erfindungen, Geräte usw. (vgl. oben). Auch viele umgangssprachliche Metaphern haben ihren Ursprung in den Bereichen der Technik:

Dampfkraft: *mit Hochdruck arbeiten* 'mit Eile und aus allen Kräften'
Elektrizität: *eine lange Leitung haben* 'nur langsam begreifen'
Telegraphie: *dazwischenfunken* 'unterbrechen'
Bauwesen: *einen Dachschaden haben* 'geistigen Defekt'

[3] Die deutsche Sprache in unserer Zeit. 2. Aufl. Heidelberg 1971.

Aus dem gleichen Grund ist von *Versportung der Sprache* gesprochen worden. Neben den zahlreichen Fachwörtern für Sportarten, Geräte, Regeln usw., die aus den verschiedenen Sportsprachen in den allgemeinen Wortschatz aufgenommen wurden (*Federball, Freistoß, Halbzeit, starten, spurten*), finden sich viele Sportausdrücke in übertragener Bedeutung, vor allem in der Umgangssprache:

> *Tiefschlag* 'gemeine Aktion, durch die man jds Pläne zerstört', eig. 'verbotener Boxschlag unterhalb der Gürtellinie'.
> *Sprungbrett* 'günstiger Ausgangspunkt', eig. 'Gerät zum Springen'.
> *Schrittmacher* 'Wegbereiter', eig. 'Motorradfahrer, der beim Radrennen Windschatten gibt'; im Pferderennen: 'das führende Pferd'.

Die vielen Fachwörter bieten uns zwar die Möglichkeit, uns präziser auszudrücken. Hier liegt aber auch eine Gefahr. Ein neues „Expertendeutsch" entsteht, das sich vom allgemeinen Sprachgebrauch entfernt und Sprachbarrieren schafft (vgl. Sondersprachen 17.3.). Mit einem Terminus aus der Ethologie (Verhaltensforschung), nämlich *Imponiergehabe*, wird manchmal das menschliche Prestigebedürfnis in sprachlicher Hinsicht charakterisiert: wenn man unnötig viele Fachwörter und aufgeblasene Formulierungen verwendet, um seine Zugehörigkeit zum Kreis der Eingeweihten oder wissenschaftlich Gebildeten zu zeigen.

Die untenstehende Übersicht illustriert die Tendenz, einfache Substantive durch Zusammensetzung mit Wörtern wie *Problem, Ebene, Sektor* zu verlängern und gleichzeitig zu verallgemeinern, sich abstrakter auszudrücken.

Spalte 1	Spalte 2	Spalte 3
0. konzertierte	0. Führungs-	0. -struktur
1. integrierte	1. Organisations-	1. -flexibilität
2. permanente	2. Identifikations-	2. -ebene
3. systematisierte	3. Drittgenerations-	3. -tendenz
4. progressive	4. Koalitions-	4. -programmierung
5. funktionelle	5. Fluktuations-	5. -konzeption
6. orientierte	6. Übergangs-	6. -phase
7. synchrone	7. Wachstums-	7. -potenz
8. qualifizierte	8. Aktions-	8. -problematik
9. ambivalente	9. Interpretations-	9. -kontingenz

Die Handhabung ist einfach. Denken Sie sich eine beliebige dreistellige Zahl und suchen Sie die entsprechenden Wörter in jeder Spalte auf. Die Nummer 257 zum Beispiel ergibt ›permanente Fluktuationspotenz‹, ein Ausdruck, der praktisch jedem Bericht eine entschiedene, von Fachwissen geprägte Autorität verleiht. ›Keiner wird im entferntesten wissen, wovon Sie reden‹

Automatisches Schnellformulierungssystem für Beamte. (Aus Glaser: Das öffentliche Deutsch. 1972.)

16.3.3. Der angloamerikanische „Trend"

Die meisten Neuwörter kommen als Lehngut in die Sprache, direkt in der fremden Form als Lehnwort oder indirekt als Lehnbildung. Der englische Einfluß wird im 20. Jh. immer stärker. Seit 1945 überwiegt das amerikanische Englisch. Diese Entwicklung läßt sich auch in anderen modernen Sprachen verfolgen, vgl. z.b. den Begriff *Franglais* für das angloamerikanisch beeinflußte Französisch.

Eine kleine Auswahl gibt eine Vorstellung von den verschiedenen Einflußbereichen:

> *Jeans, Look, Spray, Babysitter, LP* [el'pi:][4], *Playback, Service, Bestseller, Comics, Quiz* [kwis], *Spikes, Leasing, Business, Layout, Teamwork, Stewardess, Hearing, Handout, Input, Laser, Pipe-Line.*

Viele Lehnwörter decken natürlich einen Bedarf, andere sind wiederum „Luxuslehnwörter", die aus Prestigegründen entlehnt werden. Von den letzteren scheinen die einsilbigen Wörter besonders anziehungskräftig zu sein — die englischen Wörter sind überhaupt meist kürzer als die entsprechenden deutschen. Hierbei werden manchmal einheimische Wörter verdrängt, aber oft tritt auch eine Bedeutungsdifferenzierung ein, indem das entlehnte Wort z.B. eine speziellere Bedeutung erhält als das deutsche:

> *Drink*   '(alkoholisches, bes. Mix-) Getränk'
> *Hit*   '(besonders erfolgreicher) Schlager'
> *Job*   '(meist: vorübergehende) Arbeit'
> *Gag*   '(witziger, effektvoller) Einfall' (u.a. in Filmen)
> *Meeting* '(politische, wissenschaftliche oder sportliche) Zusammenkunft'

Die englischen Wörter können mit deutschen Kompositionsgliedern und Ableitungsmorphemen verbunden werden:

> *Milch-Shake, Käsetoast, Reiseboom, Raumdesigner; Dispatcherdienst* (DDR), *Livesendung, Round-Table-Konferenz; foulen, trampen, testbar, Managertum.*

Es finden sich sogar vorgetäuschte Fremdwörter, die im Englischen nicht existieren: *Twen* (zu engl. *twenty*) 'Person zwischen 20 und 29 Jahren', *Dressman* 'männliches Mannequin': beides Wortschöpfungen der deutschen Bekleidungsindustrie, *Pullunder* 'ärmelloser Pullover'.

Die Gründe für die große Flut der Entlehnungen sind außersprachlicher Natur: die politische Vormachtstellung der Vereinigten Staaten nach dem 2. Weltkrieg, bes. in der Bundesrepublik; westliche Bündnispolitik; Internationalisierung auf wirtschaftlichem, kulturellem und

---

[4] Auch dt. [el pe:], vgl. die Aussprache von *k.o.* [ka 'o:], Abkürzung für *knockout*, vor 1945 entlehnt.

wissenschaftlichem Gebiet; Übersetzungen von Fachtexten aus dem Englischen und Mitteilungen der Nachrichtenagenturen; der Englischunterricht in den Schulen usw. Die großen Einfallstore sind die Massenmedien, die Werbung und die Fachsprachen.

In der Werbung soll die englische Note Verkaufszwecken dienen. Um werbekräftiger zu sein, arbeitet man mit englischen Warenbezeichnungen (*After Shave Lotion, Cleanser, filter tipped*), englischer Orthographie (*Cigarette* statt *Zigarette*) usw.

Fachsprachen mit stark anglisierter Terminologie sind u.a.

> Luftfahrt: *Cockpit, Clipper, Turbojet*
> Datenverarbeitung: *Chip, Plotter, Diskette, Software*
> Psychologie und Soziologie: *Sensitivity-Training, Item, In-Group*
> Werbefachsprache: *Visualizer, Self-Liquidator*

Internationalismen Nach wie vor werden heute viele Lehnwörter zu Internationalismen, bes. in den verschiedenen Fachsprachen. Sie sind aus lateinischen und griechischen, manchmal auch englischen Wortstämmen gebildet (15.5.2.) und gelangen oft durch Vermittlung des Englischen ins Deutsche.

> *Infrastruktur* (aus lat. *infra* 'unterhalb' + *structura* 'Schichtung')
> *Diskothek* (aus gr. *dískos* 'Scheibe', + *thēke* 'Behältnis')
> *Super-Ego* (aus lat. *super* '/dar/über' + *ego* 'ich')
> *Kybernetik* (zu gr. *kybernētikē* 'Steuermannskunst')
> *Morphem* (zu gr. *morphe* 'Gestalt')
> *Aquaplaning* (zu lat. *aqua* 'Wasser', + eng. *plane* 'gleiten')
> *optimal* (zu lat. *optimus* 'der Beste')
> *operationalisieren* (zu lat. *operatio* 'Arbeit, Verrichtung')

Verdeutschung Ein Teil des Lehnguts ist eingedeutscht worden (nicht immer die gleichen Wörter wie im Schwedischen oder Französischen). Lehnübersetzungen/-übertragungen sind z.B.

> *Übersee* < oversea
> *Podiumsgespräch* < panel discussion
> *Einkaufszentrum* < shopping-center
> *Umweltschutz* < environmental protection

Lehnbedeutungen sind u.a.

> *eiserner Vorhang* in politischer Bedeutung, früher nur für den feuersicheren Vorhang im Theater
>
> *feuern* 'entlassen', früher nur 'heizen, schießen', (umgangssprachlich:) 'schleudern'
>
> *kontrollieren* 'beherrschen', z.B. den Markt kontrollieren, früher nur 'nachprüfen, überwachen'

Einen systematischen Sprachpurismus gibt es aber heute nicht mehr. (Vgl. oben 16.2.2.) Die Haltung dem Fremdwort gegenüber ist liberaler geworden. Für die Sprachpflege von heute ist die Frage in erster Linie sprachsoziologischer Natur: In den Fachsprachen brauchen wir die internationale Terminologie (17.3.2.). In der Allgemeinsprache aber sollten Fremdwörter in den Fällen vermieden werden, wo sie der Leser oder Hörer nicht ohne weiteres versteht. – Es wird also vor einem Prestigegebrauch überflüssiger Fremdwörter gewarnt, der soziale Unterschiede noch unterstreicht und außerdem zu kommunikativen Störungen führen kann[5] (vgl. oben „Imponiergehabe").

Angloamerikanismen in der DDR

In der DDR wurde zunächst versucht, die Flut der Amerikanismen und Anglizismen einzudämmen. In manchen Kommunikationsbereichen sind sie jedoch in der DDR ebenso auffällig wie in den anderen deutschsprachigen Ländern. Neben den Internationalismen der Fachsprachen sind die Angloamerikanismen hauptsächlich in Texten über Fernsehen, Film, Freizeit, Sport und Mode zu finden (*Feature, Show, Fan, Camping, Rallye, Make-up*). In der Sprache der Jugendlichen ist die Fremdwortfrequenz höher, und Angloamerikanismen erscheinen hier auch als Modewörter: *Hit*; *Disko* (Diskothek), *das popt* (das ist hervorragend).

Es gibt darüber hinaus einige auf die DDR beschränkte Fremdwörter, die nicht selten durch das Russische vermittelt wurden: *Dispatcher* 'Ingenieur, der die Produktion des Betriebes lenkt', *Kombine* 'landwirtschaftliche Maschine'.

Charakteristisch ist schließlich auch der Fremdwortgebrauch in politischer Absicht, um in politisch-ideologischer Abgrenzung Verhältnisse der westlichen Welt zu bezeichnen. In diesen Fällen sollen manchmal negative Begleitvorstellungen erweckt werden: *Vietnam-Killer, Luftgangster, High Society, Kongreß-Lobby, Manager, Gewerkschaftsbosse* (4.1., s. auch 17.5.5.).

16.3.4. Zur Wortbildung heute

Schon immer haben sich im Deutschen leicht neue Wörter, Komposita und Ableitungen bilden lassen. Noch nie sind aber die Wortbildungsmittel so stark in Anspruch genommen worden wie heute, vor allem in der schönen Literatur, der Presse und der Werbung. Es handelt sich hier zum großen Teil um eine syntaktische Erscheinung, zurückzuführen sowohl auf die Tendenz zur Abstraktion und Intellektualisierung, als auch auf den Drang, sich kurz und konzentriert auszudrücken.

Tendenz zur Kürze und Konzentration

[5] Ein Fremdwörter-Test für Studenten ergab z.B. folgende falsche Antworten:
'Mitreisender' für *Fellow traveller* (politischer Mitläufer)
'Gerücht' für *Hearing* (Verhör; öffentliche parlamentarische Untersuchung)
'Dummkopf' für *Egghead* (Intellektueller)

171

Erst die vielen Neubildungen ermöglichen nämlich den modernen Satzbau mit seinen kurzen Sätzen, wenigen Nebensätzen und seiner starken Nominalisierung (16.6.2.), denn eine Zusammensetzung oder Ableitung kann ja einen Nebensatz oder ein längeres Attribut ersetzen:

> *Nervenberuhigungsmittel* 'Arzneimittel, das die Nerven beruhigt'
> *Betriebsklima* 'menschliche Atmosphäre innerhalb eines Betriebes'
> *arbeitsmäßig* 'was die Arbeit betrifft'
> *fernbeheizt* 'durch entfernt gelegenes Heizwerk mit Wärme versorgt'

Das Streben nach Sprachökonomie macht sich besonders in der Pressesprache bemerkbar. Vor allem für Überschriften, die ja eine Kurzfassung des Textinhalts verlangen, werden R a f f w ö r t e r gebraucht, die einen Satz oder einen Teil davon zusammenraffen: *Reformmüdigkeit der Bürger, Kanzlerreise nach London, Neues Lehrstellenangebot.* Auch für die Informationsübertragung durch Bildschirme werden konzentrierte, zusammenfassende Ausdrücke benötigt.

Augenblicksbildungen

In vielen Texten entstehen spontane Augenblicksbildungen (Okkasionalismen), die in keinem Wörterbuch zu finden sind und manchmal nur in ihrem Kontext verstanden werden können: *Kostengefüge, Leistungskürzung, Kassensturz-Gefasel, Einnahme-Erwartung* (aus einem Spiegel-Artikel 1976:41 über Arbeitslosigkeit). Manche füllen eine Lücke und werden in die Fach- oder Allgemeinsprache aufgenommen, andere bleiben Gelegenheitsbildungen.

Die Sprache ist subjektiver geworden. In der schönen Literatur sind solche Augenblicksbildungen oft ein Ausdruck für den Individualstil des Autors oder für bewußte Wortspiele: *Juckwunden, Filzkultur, Strauzel* (aus Strauß und Barzel gebildet), *schlaganfallnah, planetengläubig.* (Alle Beispiele aus Günter Grass: Aus dem Tagebuch einer Schnecke, 1972.)

Mehrgliedrige Adjektivbildungen

Die Werbung erfindet immer neue auffallende und überzeugungskräftige Wortbildungen. Viele der jetzt so frequenten mehrgliedrigen Adjektivbildungen sind der Werbesprache zu verdanken: *hautverträglich, fußgerecht, knitterfest, erntefrisch, tischfertig, griffgünstig, pflegeleicht.* Auch in der Verwaltungssprache entstehen neue zusammengesetzte Adjektive: *planungsrelevant, bürgerbezogen, lohnintensiv, ausgabenpolitisch, verwaltungstechnisch.* Zu den produktivsten Adjektivsuffixen gehören heute *-bar* und *-mäßig.*

Akkusativierungen

Im verbalen Bereich fallen die Akkusativierungen auf, z.B. ornative Verben ('mit ... versehen'): *ein Haus bedachen, ein Auto betanken* 'mit Treibstoff versehen', privative Verben (etw. 'entfernen'): *den Keller entrümpeln, etw. entrosten* und Transitivierungen: *Das Theater bespielt die Provinz, S. erlief Olympiasilber* (vgl. 16.5.1.).

Längere Zusammensetzungen

Der überwiegende Teil der Neubildungen besteht aus Zusammensetzungen. Charakteristisch für das Deutsch von heute ist, daß immer

172

längere Komposita auftreten. Bis ins vorige Jahrhundert waren drei-
gliedrige Zusammensetzungen ziemlich selten; heute kommen Komposita mit vier und mehr Gliedern vor: *Einwohnermeldepflicht, Nichtver-
breitungsabkommen, Handballweltmeisterschaft, Kraftfahrzeughaft-
pflichtversicherung.* Solche sog. Bandwurmwörter findet man bes.
in technischer und wissenschaftlicher Fachprosa und in der Behördensprache: *Arbeiterwohnungsbaugenossenschaft, Werkzeugmaschinenbau-
kombinat* (beides Beispiele aus dem offiziellen Sprachgebrauch der
DDR).

Unübersichtliche Zusammensetzungen werden mit Bindestrich geschrieben: *Kaffee-Ernte, Legastheniker-Förderkurs.* Dies gilt auch für
Aneinanderreihungen: *Lohn-Preis-Spirale, Do-it-yourself-Bewegung*
und *Radio-DDR-Musik-Klub.* In der Pressesprache (bes. im Spiegel) und
in der Werbung sind diese Bindestrichprägungen nach amerika-
nischem Muster[6] eine Modeerscheinung geworden: *Rasier-Creme, Ost-
Experte, Anti-Lärm-Bestimmungen.* Häufig ist der Wortbildungstyp
Name + Substantiv: *Strauß-Rede, Honecker-Besuch, Spanien-Hotels.*

Die Aküsprache   Auf der anderen Seite werden längere Komposita aber auch gekürzt,
eine Tendenz, die sich in den letzten Jahrzehnten verstärkt hat: *Fünftage-
arbeitswoche* > *Fünftagewoche, Schallplatte* > *Platte, Füllfederhalter* >
Füller, Rollkragenpullover > *Rolli* (in Anlehnung an *Pullover* > *Pulli*
gebildet).

Die Aküsprache (Abkürzungssprache) ist eine internationale Erscheinung, die so stark um sich gegriffen hat, daß seit langem besondere
Abkürzungswörterbücher erforderlich sind. Abkürzungen hat es zwar
schon so lange gegeben, wie es geschriebene Sprache gibt; sie gehörten
aber früher nur der Schriftsprache an. Die mittelalterlichen Handschriften z.B., wo Raumeinsparung wegen des teuren Schreibmaterials wichtig war, wimmeln von Abkürzungen (14.6., Fnhd. Drucke).[7] Neben den
Abkürzungen der Schrift (*z.B., Jh., d.h., bzw., cm, usw.*) gibt es aber seit
Anfang des 20. Jh. in stärkerem Maße Abkürzungen, die als selbständige
Wörter gesprochen werden und als solche fungieren.

Die meisten sind Initialwörter, bei denen die Buchstabenfolge
entweder als normales Wort gesprochen wird: *Agfa* (Aktiengesellschaft
für Anilinfabrikation), *die Flak* (Flugabwehrkanone), *die APO* (außer-
parlamentarische Opposition), *die UNO* (United Nations Organiza-
tion), *GAU* (größter anzunehmender Unfall);
oder bei denen jeder Buchstabe mit seinem Namen ausgesprochen wird,
mit Betonung auf der letzten Silbe: *SPD* (Sozialdemokratische Partei
Deutschlands), *dpa* (Deutsche Presse-Agentur), *LPG* (Landwirtschaft-

---

[6] Die Bindestrichsetzung folgt jedoch im Englischen anderen Regeln: *heath reasons* aber
off-the-record comments

[7] Man denke auch an alte lat. Abkürzungen wie INRI (Jesus Nazarenus Rex Judæorum),
AD (Anno Domini).

173

liche Produktionsgenossenschaft/DDR), *LSD* (Lysergsäurediäthyla-mid). Die Abkürzungen kommen auch oft in Zusammensetzungen vor: *UKW-Sender* (Ultrakurzwellen-), *HO-Geschäft* (Handelsorganisation/ DDR).

Kürzungen, die aus Wortteilen bestehen, werden im allgemeinen Kurzwörter genannt: *Labor(atorium), (Omni)Bus. A(us)zubi(lden-der), Uni(versität), Trans(ferres)istor, Mo(tor)fa(hrrad)*. Da viele Kurz-wörter (und Lehnwörter) auf *i* enden, ist dieses Suffix wieder produktiv geworden, bes. in gruppensprachlichen Abkürzungen: *Alki* (Alkoholi-ker), *Asi* (Asozialer), *Schmusi* (jd der gern schmust).

16.3.5. Semantische Veränderungen

Auch die in 4.2.-3. beschriebenen Veränderungen der Wortbedeutung scheinen heute schneller vor sich zu gehen als früher. Wahrscheinlich ist es die Reizüberflutung durch die Massenmedien, die z.B. den Prozeß der Abnutzung, bes. von affektbetonenden und verstärkenden Wör-tern beschleunigt, wie auch das Verblassen von sprachlichen Bildern. (Vgl. Übersteigerungen 4.3.4.)

Bedeutungs-entleerung

Zu den typischen Erscheinungen unserer Zeit gehören auch die so-ziale Aufwertung und die euphemistischen, ausweichenden und viel-deutigen Ausdrücke der politischen Sprache, vgl. z.B. *Entsorgung* 'Atommüllbeseitigung' (4.3.3.).

ZUR ENTWICKLUNG DES SPRACHLICHEN SYSTEMS IN UNSERER ZEIT

16.4. Veränderung der Norm

Sprachwandel und Norm

Daß die sprachliche Norm ein relativer Begriff ist, haben uns die vor-hergehenden Kapitel gezeigt. Immer wieder haben sich Aussprache, Rechtschreibung, Flexion und Satzbau im Laufe der Zeit geändert, und manches, was heute als Verstoß gegen die Sprachnorm gilt, wird in einigen Jahrzehnten als korrekter Sprachgebrauch akzeptiert werden. *Wer brauchen ohne zu gebraucht, braucht brauchen überhaupt nicht zu gebrauchen* lernte man noch vor kurzem in der deutschen Schule. Heute empfiehlt der Duden (Richtiges und gutes Deutsch) Toleranz ge-genüber Wendungen wie *Es braucht nicht gleich sein* mit der Begrün-dung, daß *brauchen* sich in der gesprochenen Sprache weitgehend schon an die Reihe der Modalverben angeschlossen hat. Ebenso galt die Verwendung von *trotzdem* als unterordnende Konjunktion in Neben-sätzen lange als unkorrekt, obwohl Beispiele hierfür sich schon in der Literatur des 19. Jh. finden (*trotzdem es ein bißchen dunkel ist*). Ursprüng-lich durfte *trotzdem* nur Hauptsätze einleiten; heute wird auch der Ge-brauch in Nebensätzen akzeptiert.

Die bestehende Diskrepanz zwischen Sprachgebrauch und Norm wird also nicht mehr unbedingt als „Sprachverfall" gedeutet[8], sondern der allgemeine Gebrauch scheint heute schneller zur Norm werden zu können.

Annäherung an die gesprochene Sprache

Mit der gesellschaftlichen Entwicklung unseres Jahrhunderts zur Demokratisierung gewinnt die gesprochene Sprache eine stärkere Stellung als früher und beeinflußt die geschriebene immer mehr. Bewußte und unbewußte Bestrebungen lassen nicht mehr die formvollendete Prosa der großen Schriftsteller des 19. Jh. als Muster für geschriebenes Deutsch gelten, sondern die Verständlichkeit, die effektivere Kommunikation. Ob sich diese Bestrebungen durchsetzen werden, läßt sich noch nicht überblicken. Es finden sich jedoch heute in manchen Bereichen der geschriebenen Sprache z.B. umgangssprachliche Ausdrücke (*kaputtmachen*) und unvollendete Sätze (*Geht nicht!*) in einem Ausmaß, wie es noch vor einigen Jahrzehnten kaum möglich gewesen wäre.

Umgangssprache

Entsprechend macht sich auch in der Umgangssprache eine größere Toleranz bemerkbar. Wörter und Konstruktionen, die zuvor noch als „schlechte Schulbildung" eingestuft wurden, sind heute z.T. zunehmend geduldet, z.B. das mundartliche *meinem Bruder sein Auto* (17.2.2.).

Orthographie

In der Orthographie lassen sich vereinfachende Tendenzen erkennen. *F* für *ph* hat sich in einigen Fällen eingebürgert, aber noch nicht in allen: *Geografie, Grafik,* aber *Philosophie, Morphem.* Ein Ziel der Reformbestrebungen ist es, die Bezeichnung der Vokallänge zu systematisieren (14.6.), ein anderes ist die gemäßigte Kleinschreibung (15.5.1.)[9]. Auch

Aussprache

für Getrennt- und Zusammenschreibung, Fremdwortschreibung und Interpunktion werden Vereinfachungen diskutiert.

Die von Siebs empfohlene Aussprache, geschaffen für die Bühne (15.5.2.), gilt nicht mehr allein als Vorbild, denn auch die neuen Aussprachewörterbücher haben sich mehr an den Gebrauch angepaßt, zuerst das Leipziger Wörterbuch der deutschen Aussprache (WDA 1964), dann der westdeutsche Duden (Aussprachewörterbuch, mit dem Untertitel Wörterbuch der deutschen Standardaussprache 1974). Das frequentere Zäpfchen-*r* wird nunmehr auch bei Rundfunk- und Fernsehansagern akzeptiert, auch gilt das vokalisierte *r* (nach langen Vokalen im Silbenauslaut, in -*er* und *er*-: Tür, Mutter, verteilen) als normal. Eine deutliche Aussprache des Schwa-Lautes (unbetontes *e*) wird nicht immer verlangt. Der Duden und WDA erlauben z.B. auch [habm] neben [habn] in der Standardaussprache. Dagegen gilt z.B. die Aussprache [-ik] von -*ig* (*König*), von -*g* als Frikativlaut [ç] (*Weg*) usw. immer noch als regional.

[8] Wie z.B. in Gustav Wustmanns Stillehre *Allerhand Sprachdummheiten* (1891), die 13. Aufl. 1966), die große Verbreitung hatte.

[9] Folgende Argumente werden für die Beibehaltung der Großschreibung genannt: Schnelleres Lesen, Erleichterung des Grammatikerlernens, Vermeidung von Doppeldeutigkeit (*der gefangene Floh*/*der Gefangene floh*).

16.5. Weiterentwicklung vom synthetischen zum analytischeren Sprachbau

16.5.1. Die Deklination

Weitere
Vereinfachung

Seit der Endsilbenabschwächung im frühen Mittelalter hat sich das Kasussystem immer mehr vereinfacht, sowohl was die Kasusbezeichnungen als auch was den Kasusgebrauch betrifft (15.6.2.). Redundante Endungen, d.h. solche, die keine Funktion mehr haben, verschwinden am leichtesten. Das Dativ-*e* wird heute weniger gebraucht (*im Wald, am Strand, dem Kind*). Ebenso verschwindet nicht selten das Genitiv-*s* bei Namen und namenähnlichen Wörtern, wenn der Artikel vorangeht, in Beispielen wie *die Dichtung des Barock, die Tage des Mai, die Berge des Schwarzwald.* (Vgl. Goethe: *Die Leiden des jungen Werthers.*)

Der analytische Genitiv mit *von*, der in den Mundarten seit langem den synthetischen zurückgedrängt hat, zeigt sich nun auch in der geschriebenen Sprache, z.B. beim Genitivus partitivus (*die Hälfte von meinem Einkommen*) und Genitivus possessivus bei Eigennamen (*die Museen von München*). Das Genitivobjekt ist gegenüber dem Präpositionalobjekt weiter im Schwinden begriffen (15.6.2.): *Er schämte sich der schmutzigen Kleidung > Er schämte sich wegen der schmutzigen Kleidung.*

Präpositionalisierung und Akkusativierung führen allmählich auch einen gewissen Rückgang des Dativobjekts herbei: *sie schreibt ihrer Freundin – sie schreibt an ihre Freundin; einem Land Frieden bringen – ein Land befrieden.*

16.5.2. Die Konjugation

Dagegen haben im verbalen Bereich die Endungen nichts von ihrer Funktion eingebüßt, wenn auch z.B. im Imperativ Singular die Form ohne -*e* heute bevorzugt wird (*sag! geh!* aber *sammle! fördere!*).

Der Konjunktiv

Interessant ist die Entwicklung des Konjunktivs. Einerseits beobachten wir, wie der analytische *würde*-Konjunktiv (15.6.2.) immer weiter vordringt. Zeichnet sich hier ein künftiger Einheitskonjunktiv ab? Die Ursachen sind wohl teils im frühen Zusammenfall der Endungen des 2. Konjunktiv/Indikativ bei den schwachen Verben zu sehen (ahd. *suohta/suohti* > mhd. *suochte/suochte*), teils im schnellen Veralten der 2. Konjunktivformen starker Verben (*hülfe, löge*) und in der Undeutlichkeit anderer (*gäben/geben*).

Andererseits ist das Gefühl für den Konjunktiv stark, was den irrealen Gebrauch betrifft. Von manchen Verben wird noch überwiegend die synthetische Form des 2. Konjunktivs gebraucht, vor allem von Hilfsverben und Modalverben: *wäre, hätte, möchte.* Vgl. auch die sprachgeschichtlich gesehen „inkorrekte" Form *bräuchte* (der Kon-

176

junktiv der schwachen Verben hat ja keinen Umlaut), die sich von Süddeutschland aus langsam verbreitet.

Für den Konjunktivgebrauch in indirekter Rede müssen aber viele Deutsche erst die Regeln lernen. Der 1. Konjunktiv wird ja in Mundarten nicht verwendet (mit Ausnahme des Alemannischen und des benachbarten Teils des Bairischen), und in der gesprochenen Sprache wird heute auch in der 3. Person Singular weitgehend der 2. Konjunktiv (oder Indikativ) statt des 1. Konj. gebraucht (*Er sagte, er wüßte Bescheid*). Auch der Konjunktiv der indirekten Rede spielt jedoch eine wichtige Rolle im heutigen Deutsch, vor allem in der Presse- und Nachrichtensprache, wenn über Aussagen Dritter berichtet wird, da dieser Konjunktiv es erlaubt, ohne deutlichere Umschreibungen (*wie er sagt, angeblich* u.a.) eine gewisse Unverbindlichkeit dem Geäußerten gegenüber auszudrücken.

16.6. Strukturelle Veränderungen des Satzbaus

Bei einer Diskussion über Veränderungen im Satzbau des heutigen Deutsch müssen natürlich Faktoren wie Textsorte, Funktionalstil und Zielgruppe berücksichtigt werden. Für Filmdialoge gelten z.b. andere Voraussetzungen als für literarische Texte. Der Geschäftsstil unterscheidet sich vom wissenschaftlichen und vom publizistischen Stil. In Groschenheften sind die Sätze kürzer und einfacher gebaut als bei Günter Grass und Martin Walser. Es lassen sich jedoch einige übergreifende Tendenzen wahrnehmen (16.1.).

16.6.1. Vereinfachung

Kürzere Sätze

Daß im geschriebenen Deutsch die Sätze kürzer geworden sind, hat H. Eggers[10] statistisch nachgewiesen. In populärwissenschaftlichen Schriften und Zeitungen sind Satzlängen von 13 – 16 Wörtern am häufigsten vertreten gegenüber Sätzen mit 21 – 24 Wörtern bei den älteren Autoren (Lessing, Herder, Schiller, Goethe) – und 6 – 8 Wörtern in der BILD-Zeitung!

„Kein Zweifel: Ludwig Erhard geht harten Zeiten entgegen: • Er hat Ärger mit seinem Koalitionspartner FDP • Er machte sich Ärger mit den Telefonbenutzern. Und mit den angeblich schwarzweißroten Bayern. • Er hat Ärger mit der CSU. • Er hat Krach mit den Franzosen. • Es gibt keine wirklichen Fortschritte mit den Eng-

[10] Deutsche Sprache im 20. Jahrhundert. München 1973.

ländern. • Chruschtschow kommt zwar nach Bonn, aber, • die
Deutschlandfrage schläft, und • Europa tritt auf der Stelle".
(BILD-Zeitung 1961. Aus Ekkehart Mittelberg: Wortschatz und
Syntax der BILD-Zeitung. Marburg 1967.)

Weniger Neben- sätze	Auch ist die Anzahl der Nebensätze zurückgegangen. Heute ist der Satzbau wieder — wie in mhd. Zeit — hauptsächlich parataktisch geworden. Von den verwendeten Nebensätzen besteht über die Hälfte aus Relativsätzen und fast 1/3 aus daß-Sätzen. Dies bedeutet, daß die Sätze locker aneinander gereiht werden. Die logisch gegliederten Sätze (kausal, konzessiv, final, konsekutiv) sind seltener geworden als vor 50 Jahren[11]. Kürzere Sätze und ein parataktischer Satzbau bedeuten aber nicht unbedingt einen für den Leser einfacheren Stil, denn die logischen Satzzusammenhänge werden heute öfter als früher auf andere Art als durch Nebensätze ausgedrückt, nämlich durch Nominalisierung oder Attribute (s. unten 16.6.2.).
Ellipsen	Unvollendete Sätze (vgl. oben BILD-Zitat: *Kein Zweifel*) sind immer ein Kennzeichen der gesprochenen Sprache gewesen, während sie in der Schriftsprache verpönt waren. In dem von Eggers untersuchten Material machen sie jedoch schon 2,5% von allen Sätzen aus.
Ausklammerung	Whenever the literary German dives into a sentence, that is the last you are going to see of him till he emerges on the other side of his Atlantic with his verb in his mouth. (Mark Twain)

Wenn man den deutschen Satzbau als unübersichtlich bezeichnet hat,
so ist dies hauptsächlich auf die Umklammerung, den verbalen Rahmen, zurückzuführen (vgl. den lat. Einfluß auf die deutsche Syntax
14.8.1. und 15.6.3.). Durch die Endstellung des Verbs steht oft das für
den Inhalt Entscheidende am Satzende, was für den Leser/Hörer das
Verständnis erschweren kann. Das Klammerprinzip im Deutschen
führt auch zu den eingeschobenen Nebensätzen, die im „Papierdeutsch"
immer noch zu sog. Schachtelsätzen ausarten können:

Satz 1a   *Schon damals hatte der Warenstrom,*
Satz 2a   *der uns neben Tongefäßen auch wieder Trinkgläser,*
Satz 3   *wie sie in den Fürstengräbern aufgefunden wurden,*
Satz 2b   *als Gegengabe für Pelze und Sklaven brachte,*
Satz 1b   *im südlichen Küstengebiet nachgelassen.*

---

[11] Deswegen sind auch manche untergeordnete Konjunktionen ungewöhnlicher geworden. In gesprochener Sprache hört man z.B. heute oft *weil* statt *denn* mit Hauptsatzwort-
folge.

178

Ausklammerung und Nominalisierung sind zwei Wege, den Nachteilen der Satzklammer zu entgehen und den Inhaltskern im Satz vorzuverlegen. Beide werden im heutigen Deutsch immer häufiger gebraucht. Ausgeklammert werden (a) Nebensätze und satzwertige Infinitive, (b) präpositionale Fügungen und Vergleichsglieder, um einen verständlicheren oder einen bewußt umgangssprachlichen Stil zu erreichen[12].

(a) Der Relativsatz muß hinter dem Wort *folgen*, zu dem er gehört.
Der Elektriker *ist endlich gekommen*, auf den ich schon drei Wochen warte.
Er fing wieder *an*, Pfeife zu rauchen.

(b) Der Vorstand setzt sich *zusammen* aus Mitgliedern der Gewerkschaft und des Arbeitgeberverbandes.
Diese Untersuchung wird *durchgeführt* auf Grund eines neuen Verfahrens.
M. hatte noch nie *gezweifelt* an dem überlegenen Verstand seines Gegenübers.
Ich kann nicht *stolz sein* auf meinen Nachfolger.
Sie ist größer *geworden* als ich.

Man darf aber nicht glauben, daß die Ausklammerung eine Neuerscheinung im heutigen Deutsch ist. In der gesprochenen Sprache lebt sie seit mhd. Zeit weiter, und in der schönen Literatur der letzten Jahrhunderte (Goethe, die Romantiker, Storm, Keller, Th. Mann) kommen auch Beispiele vor. Neu ist jedoch die hohe Frequenz: die Ausklammerung ist heute keine Ausnahme mehr, sondern eine syntaktische Variante.

16.6.2. Intellektualisierung — Nominalstil

Trotz der Tendenz zur Ausklammerung im modernen Deutsch ist die Rahmenbildung immer noch ein wichtiges Element des deutschen Satzbaus. Es gibt aber auch andere Möglichkeiten, den Verbinhalt im Satz vorzuverlegen, ohne die Rahmenkonstruktion aufgeben zu müssen, nämlich durch eine n o m i n a l e F ü g u n g.

Eine genaue Analyse der äußeren Umstände wurde vorgenommen	*Die äußeren Umstände wurden genau analysiert*

Funktionsverben   In diesen Fällen trägt das Substantiv den Hauptinhalt und ein inhaltsschwaches Verb behält nur die Tempus- und Modusfunktion (Funktionsverb). Funktionsverfügungen sind z.B.

[12] Der Duden warnt aber vor Ausklammerung von einfachen Objekten oder von Subjekten im passiven Satz. In manchen fachsprachlichen Texten finden sich jedoch schon vereinzelt Fälle solcher Ausklammerung.

in Erwägung ziehen für *erwägen*
Erklärung abgeben für *erklären*
unter Beweis stellen für *beweisen*
zum Abschluß bringen für *abschließen*.

Diese Umschreibungen ermöglichen auch in manchen Fällen eine größere Präzision und genauere oder andere Information als die einfachen Verben, was besonders in den Fachsprachen wichtig ist: *eine Untersuchung einleiten, anordnen, anstellen, vornehmen, durchführen, abschließen* sagt mehr aus als das einfache Verb *untersuchen*.

Auch hier handelt es sich nicht um eine neue Erscheinung. In mhd. Texten kommen Fügungen wie *wunne* (Wonne) *haben* 'sich freuen', *ein lachen tuon* 'lachen' vor. Seit langem haben sich *Abschied nehmen, Antwort geben* und andere ähnliche Umschreibungen im Deutschen eingebürgert. Allerdings hat man schon früh die Gefahren einer Übertreibung eingesehen. So warnte z.B. Luther vor lateinisch beeinflußten Übersetzungen wie *Warumb ist diese verlierung der salben geschehen* (14.3.4.). Im Papierstil der Amtssprache sind die Funktionsverben immer häufig gewesen.

Komprimierung der Information

In den letzten 100 Jahren hat die Nominalisierung stark um sich gegriffen, was aber nicht etwa aufs Deutsche beschränkt ist. Das Französische, Englische, die nordischen Sprachen weisen z.B. die gleichen Nominalisierungstendenzen auf. Eine Erklärung ist der Drang, sich kurz und konzentriert auszudrücken, was vor allem den Bedürfnissen der Zeitungen und auch denen der Fachsprachen entspricht: möglichst viel Information in möglichst wenig Worten.

Ein Verbalsubstantiv kann ja, wie oben 16.3.4. gezeigt wurde, einen ganzen Nebensatz einsparen:

Wegen Nichtbefolgung der Vorschriften　　*Weil die Vorschriften nicht befolgt wurden*

Eine solche Nominalisierung ist jedoch oft stärker vom Kontext abhängig, weil die Tempus- und Modusaussage unterdrückt wird:

Bei Kieferverletzung　　*Wenn der Kiefer verletzt worden ist/ wird/ werden sollte*;

und ebenso läßt sich bei Verbalsubstantiven mit Genitivattribut nicht immer eindeutig zwischen Genitivus subiectivus und Genitivus obiectivus unterscheiden:

die Verleumdung des Kritikers　　*die Beobachtung des Kindes*

Obwohl der Nominalstil zum großen Teil auf ein Bestreben nach Vereinfachung und Kürze zurückgeht, stellt er oft höhere Anforderungen an den Leser/Hörer als der verbale Stil. Durch die Komprimierung des Inhalts trägt er zur Intellektualisierung der Sprache bei, was aus folgendem Beispiel[13] deutlich wird:

Nominalstil	Verbaler Stil
Die obigen Darlegungen *wollen* Anstoß *sein* zu einem verstärkten Bemühen	Was oben *dargelegt wurde, soll* einen Anstoß *geben.* Wir *wollen* uns stärker als bisher darum *bemühen,*
um eine Effektivierung des Sprachunterrichts	den Sprachunterricht effektiver zu *gestalten,* so daß der Schüler die Fremd-
im Bereich rezeptiven, berufs- und damit auch gesellschaftsrelevanten Sprachkönnens. (24 Wörter, 2 Verben)	sprache besser *aufnehmen kann* und die Fähigkeiten *erwirbt,* die für seinen Beruf und damit für die Gesellschaft wichtig *sind.* (45 Wörter, 11 Verben)

Besonders schwerfällig wird der Nominalstil,

- wenn lange Substantivketten aus Genitiv- und Präpositional-attributen entstehen: *Unter Berücksichtigung dieses Vergleichs von Wertkennziffern der ökonomischen Entwicklung sozialistischer Länder*;
- wenn mehrere Substantive gleicher Bildungsart verwendet werden (Besonders frequent sind im Nominalstil die *-ung*-Bildungen. Vgl. die Bezeichnung 'ung-Stil'): *die notwendige Berechnung der Energieerzeugung für eine optimale Planung der Produktionssteigerung*;
- wenn vorangestellte Attribute zu lang werden und sich dadurch unübersichtliche nominale Klammern bilden. Hier zeigt sich wieder die für das Deutsche charakteristische Tendenz zur Rahmenbildung (s. auch erweitertes Attribut 14.8.1.): *der seit Jahren in seiner Umgebung nur als eiserner Sparer bekannte Mann.*

Einerseits hat also die moderne Schriftsprache von der gesprochenen Sprache einen einfacheren Satzbau übernommen. Andererseits wiederum hat sie sich aber von der Sprache des Alltags entfernt durch den Versuch, möglichst viel Information in einen begrenzten Rahmen hineinzupressen.

[13] Zitiert nach Hans Eggers: Deutsche Sprache im 20. Jahrhundert, S. 46 f.

17. Die Sprachen in der Sprache

17.1. Gliederung der Sprache

Die Sprache läßt sich aus verschiedenen Dimensionen gesehen verschieden gliedern. Leider ist die Terminologie aber noch nicht vereinheitlicht. Für die gleiche Sprachschicht oder den gleichen Bereich werden oft mehrere Bezeichnungen nebeneinander gebraucht, z.B. *Hoch-, Normal-, Gemein-, Allgemein-, Gebrauchs-, Standardsprache* für die überregionale, nicht gruppengebundene Sprache; und manche Begriffe werden in unterschiedlichen Bedeutungen verwendet oder undeutlich definiert (bes. *Umgangssprache*).

Vereinfacht lassen sich folgende fünf D i m e n s i o n e n unterscheiden: Medium, historische, regionale, soziale und stilistische Dimension.

Medium

Zunächst gibt es den Unterschied zwischen gesprochener Sprache (im Sinne von spontanem Sprechen in natürlichen Kommunikationssituationen) und geschriebener Sprache. Die letztere ist in verschiedenen Kommunikationsbereichen dokumentiert: in der Verwaltung, der Wissenschaft, der Literatur, der Presse usw., die erstere bisher noch verhältnismäßig wenig. Sie ist die Urform der Sprache, jedoch hat sich die Sprachwissenschaft erst nach Saussure und den amerikanischen Strukturalisten näher mit ihr beschäftigt. Zwischen gesprochener und geschriebener Sprache bestehen vor allem Differenzen in Syntax und Wortwahl. Die gesprochene Sprache weist wiederum regionale und situationsbedingte/soziale Unterschiede auf, vgl. unten bes. 17.2.2.

Historische Dimension

In der Sprachgeschichte wird das Deutsche in verschiedene Perioden eingeteilt, wie Althochdeutsch, Mittelhochdeutsch, Frühneuhochdeutsch, Neuhochdeutsch, Deutsch von heute. In jeder Periode gibt es Wörter und Konstruktionen, die besonders zeittypisch sind, und andere, die als veraltet (oder veraltend) gelten. Hier handelt es sich überwiegend um die geschriebene Sprache verschiedener Zeiten.

Regionale Dimension

Große geographische Unterschiede, vor allem was Wortschatz und Aussprache betrifft, weisen die Mundarten (Dialekte) auf. Nichtregional (oder überregional) ist die Standardsprache (auch Gemeinsprache oder Hochsprache). Zwischen beiden liegen die regional gefärbten Umgangssprachen, die kleinere geographische Variationen aufweisen.

(Nach Ruth Klappenbach.)

Soziale Dimension

Früher war der sprachliche Unterschied zwischen den sozialen Schichten stärker ausgeprägt. Heute muß ein Mensch eine größere Anzahl sprachliche Varietäten für verschiedene soziale Situationen beherrschen. Soziale, regionale und auch stilistische Gliederung überschneiden sich hier. Auch die nicht-gruppengebundene (übergruppale) Form der Sprache nennen wir Standardsprache, im Gegensatz zu den verschiedenen Sondersprachen (Fach- und Gruppensprachen).

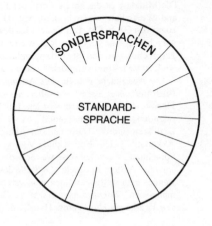

Die terminologische Uneinheitlichkeit ist am größten, wenn es um die stilistische Einteilung der Sprache geht. Was den Überblick kompliziert, ist, daß die verschiedenen Stiltypen einer Sprache teils von der sozialen Situation, teils von dem Thema, dem Medium und der Mitteilungsabsicht abhängen.

Folgende Gliederung in vier Stilschichten stammt von Ruth Klappenbach. Daneben rechnet sie mit verschiedenen Stilfärbungen.

- gehoben
- normalsprachlich
- salopp – umgangssprachlich
- vulgär

17.2. Die regionalen Unterschiede in der Sprache

17.2.1. Die überregionale Standardsprache

Die Standardsprache (auch Hochsprache – vgl. 15.4.2. – oder Gemeinsprache) ist, wie die vorhergehenden Kapitel zeigen, das Resultat einer langen Entwicklung. Ihre grammatischen, stilistischen und orthographischen Normen wurden endgültig erst im vorigen Jahrhundert festgelegt. Sie verändern sich jedoch langsam, indem sie sich an den Sprachgebrauch anschließen. Die Standardsprache nähert sich also allmählich der Umgangssprache (16.2.2.), und sie ist eher eine geschriebene als eine gesprochene Sprache.

17.2.2. Die Mundart

Die Mundart ist die älteste Form der Sprache (Kap. 9.). Aussprache und Wortschatz wechseln stark von Dialekt zu Dialekt, manchmal sogar von Ort zu Ort. Der Dialekt hat deshalb gegenüber der Standardsprache nur eine begrenzte Reichweite. Da die Mundart hauptsächlich gesprochen wird und ihre Orthographie und Grammatik nicht normiert sind, ist sie leichter veränderlich als die geregelte Standardsprache.

Die Aussprache enthält viele Assimilationen und Abschwächungen (ostfränk. *unner* 'unser', schwäb. *ebbes* 'etwas'). Durch Analogie ist die Flexion weiter vereinfacht worden. Im Ostalemann. sind z.B. die Pluralendungen im Präsens einheitlich (*wir, ihr, sie gebet*), und in manchen Dialekten sind der Dativ und der Akkusativ zusammengefallen („der Akkudativ"). Die Entwicklung vom synthetischen zum analytischen Sprachbau ist also teilweise weiter fortgeschritten als in der Standardsprache. Andere Beispiele: An Stelle des synthetischen *s*-Genitivs verwendet man weitgehend den possessiven Dativ + possessives Pronomen – *em Guschtav seim Garta* 'in Gustavs Garten' (schwäbisch), *den Vadder sin Hus* 'Vaters Haus', nd. (*den* = Akkudativ) – oder die

184

Präp. *von.* Im Obd. wird die Vergangenheit fast nur analytisch ausgedrückt, weil das Präteritum so gut wie verschwunden ist: nicht *er sagte,* sondern *er hat gesagt* (vgl. Plusquamperfekt *er hatte gesagt* — obd. *er hat gsagt ghabt*).

Expressivität Die Mundarten sind reich an expressiven und anschaulichen Ausdrücken, und der Wortschatz ist teilweise differenzierter und konkreter als in der Standardsprache.

Rückgang Heute ist die Gesamtzahl der Menschen, die reine Mundart sprechen, stark zurückgegangen, obwohl die meisten Erwachsenen einen Dialekt jedenfalls zum Teil beherrschen. In manchen Situationen, im Affekt usw. kann die Mundart durchbrechen, auch bei Menschen, die sonst nie Dialekt sprechen. Im südlichen Raum hat die Mundart eine stärkere Stellung als im Norden, und sie hat dort auch die Umgangssprache mehr beeinflußt (vgl. unten).

Hauptsächlich drei Faktoren haben während der letzten 150 Jahre den Rückgang der Dialekte verursacht:

- Lange wurden die Mundarten sehr abschätzend bewertet. Die Sprachpfleger stellten sie als *Pöbelsprache* dar, der Schulunterricht als u n - k o r r e k t gegenüber der Hochsprache. Man bemühte sich, nach der Schrift zu sprechen: je höher der soziale Status, umso weniger Dialekt.
- Die Landflucht und die B i n n e n w a n d e r u n g (Ortswechsel) haben zur Nivellierung der Mundarten beigetragen. Etwa 1/5 der Mundartsprecher ist durch die große Umsiedlung 1941 —45 ausgefallen.
- Durch Massenmedien, Fremdenverkehr und Schule kann ein Mundartsprecher heute n i c h t m e h r i s o l i e r t in seinem sprachlichen Bereich bleiben.

Renaissance Andererseits erleben wir heute wieder eine gewisse Renaissance der Mundarten. Eine neue Dialektdichtung entsteht: Dramatik ebenso wie Lyrik und Kinderbücher, Protestsongs, Schlager und Übersetzungen, z.B. das Neue Testament ins Plattdeutsche und Molière ins Schwäbische. Dialektkurse werden gegeben und neue Mundartwörterbücher erscheinen.

Aufkleber. (Nach Der Spiegel 1976, 19.4.)

Auch der Dialektforschung eröffnen sich neue Gebiete: Untersuchungen von mundartbedingten „Fehlern" (Interferenzen) deutscher Schulkinder, um den Deutschunterricht zu verbessern („Deutsch für Dialektsprecher"); Studien der Mundarten, um die Gesetzmäßigkeit der gesprochenen Sprache zu erkennen und die Weiterentwicklung der heutigen Umgangssprache besser zu verstehen.

17.2.3. Die regionale Umgangssprache

Die Umgangssprache steht zwischen Mundart und Standardsprache. Entstanden in fnhd. Zeit, hat sie sich in der sozialen Oberschicht der Städte entwickelt, unterschiedlich in den verschiedenen Teilen Deutschlands. Auch die Umgangssprache ist hauptsächlich eine gesprochene Sprache. Sie ist überregional verständlich, weist aber mehr oder weniger starke landschaftliche Züge auf, an denen man die Herkunft des Sprechers erkennt, z.B. an

- der Intonation
- einer regionalen Färbung der Aussprache (z.B. von *r*, *st*, *-ig*)
- dem süddeutschen Gebrauch von *sein* bei *liegen, sitzen, stehen*, gegenüber nord- und mitteldeutsch *haben*
- den wortgeographischen Unterschieden[1], d.h. in Wörtern und Ausdrücken, die als regionale Varianten der Gemeinsprache nebeneinander gelten: *Heidelbeere/Blaubeere, Schlachter/Metzger/Fleischer, einholen/einkaufen, viertel vor sechs/dreiviertel sechs*. Es sind vor allem Berufsbezeichnungen und Ausdrücke auf den Gebieten Küche und Haushalt usw.

Nord-Süd-Unterschiede im Deutschen:		
	Junge	Bub
	Abendbrot	Abendessen
	Apfelsine	Orange
	Klöße	Knödel
	Weißkohl	Weißkraut
	fegen	kehren
	Treppe	Stiege
	Kaffee ['- -]	[-'-]
	ich habe gesessen	ich bin gesessen

In den letzten Jahren ist jedoch die Tendenz zum überlandschaftlichen Ausgleich im Wortgebrauch stärker geworden. U.a. wirken die Nahrungsmittelindustrie und die Werbung hier vereinheitlichend: Die Fabri-

---

[1] Paul Kretschmer: Wortgeographie der hochdeutschen Umgangssprache. 1918. Neudruck 1969.
Vgl. auch Wilfried Seibicke: Wie sagt man anderswo, Landschaftliche Unterschiede im deutschen Wortgebrauch. 2. Aufl. Mannheim 1983 (Duden-Taschenbücher 15).

kanten von Knorr und Maggi verwenden z.B. die Bezeichnung *Kartoffelpuffer*, nicht *Reibekuchen* (Köln) oder *Reiberdatschi* (München), und die Versandhäuser bieten *Scheuertücher*, nicht *Scheuerlappen* (norddt.), *-hader* (omd., südostdt.) oder *-fetzen* (österr.) an. Ebenso rückt das oberdeutsche Wort *Samstag* (< griechisch- volkssprachlich *sambaton*) in der Bundesrepublik nordwärts (vgl. *Sonnabend abend* und die Kalenderabkürzungen *Sa./So.*), während in der DDR *Sonnabend* das übliche Wort ist.

Regionale Umgangssprachen sind z.B. Österreichisch, Württembergisch (das sog. Honoratiorenschwäbisch), Obersächsisch, die berlinische, das Kohlenpottdeutsch im Ruhrgebiet und das Missingsch (Umgangssprache zwischen Hd. und Nd.). Die Umgangssprachen sind jedoch nicht ganz einheitlich, sondern können je nach der gegebenen Situation bald mehr, bald weniger dem gemeinsprachlichen Ideal bzw. der jeweiligen Mundart angepaßt sein (vgl. oben).

17.2.4. Besonderheiten der deutschen Sprache in Österreich und in der Schweiz

Austriazismen	Österreichische Besonderheiten:		
		Obers	Sahne
		Jause	Zwischenmahlzeit
		Greisler	Lebensmittelhändler
		Gelse	Stechmücke
		Sessel	Stuhl
		Fauteuil	Sessel
		Deka	10 Gramm
		Trafik	Tabakladen
		Unterrichtsgegenstand	Unterrichtsfach
		Jänner	Januar
		am Markt	auf dem Markt

Auch die Austriazismen[2], die Besonderheiten der deutschen Sprache in Österreich, werden durch den Einfluß der Massenmedien und des Fremdenverkehrs allmählich weniger. Schon sagen viele Österreicher für 'Einkommen' *das Gehalt* statt österr. *der Gehalt* und nennen die Kartoffeln nicht mehr *Erdäpfel*, die Tomaten nicht *Paradeiser* und den Rechtsanwalt nicht *Advokat*. Das österreichische Deutsch hat natürlich viele regionale Varianten mit dem übrigen oberdeutschen Gebiet gemeinsam (vgl. oben). Andere Ausdrücke sind auf Österreich und Bayern beschränkt, wie *Grüß Gott* für *Guten Tag* oder Wörter und Wendungen, die aus der Mundart (bairisch) in die Umgangssprache übernommen worden sind: *G(e)selchtes* für *Geräuchertes*, *Topfen* für

---

[2] Vgl. auch: Wie sagt man in Österreich? Wörterbuch der österreichischen Besonderheiten. Neuaufl. Mannheim 1980 (Duden Taschenbücher 8)

Quark. Von der bairisch-österreichischen Mundart beeinflußt ist auch die häufige Verwendung des Diminutivs (*-erl, -el*): *Stamperl* 'kleines Schnapsglas', *Wimmerl* 'Pickel', *Kasperl(e)* 'Kasper' und *Backhendl* 'Backhähnchen' (das sich inzwischen durch die Wienerwald-Restaurants bis nach Norddeutschland verbreitet hat).

Auch zwischen Österreich und der Schweiz gibt es Übereinstimmungen wie *verkühlt* für *erkältet* und einige Fremdwörter: *Perron* 'Bahnsteig', *Pensionist* 'Rentner', *Magister* 'Apotheker'.

Nur auf Österreich begrenzte Besonderheiten sind z.B. Ausdrücke im Bereich der staatlichen Organisation und Verwaltung, der Politik usw.:

Proporz, 'Verteilung der Sitze und Ämter nach dem Stimmenverhältnis bei der Proportionalwahl' (auch schweiz.)
Monocolore, 'Einparteienregierung'
Erlagschein, 'Zahlkarte' (bei der Post)
Verlassenschaft, 'Nachlaß'
Präsenzdienst, 'Militärdienst'
transferieren, 'dienstlich versetzen'
Adjunkt, ein Beamtentitel
Spital, 'Krankenhaus'

Die letzten Beispiele zeugen auch von einer liberaleren Einstellung dem Fremdwort gegenüber als im Binnendeutschen, vgl. auch *Austrian Airlines — Lufthansa.* Dagegen ist in Österreich die Aussprache der Fremdwörter öfter dem Deutschen angepaßt: *Balkon* wird österr. [bal'ko:n] ausgesprochen und dt. [bal'kɔ̃:], *Pension* österr. [pɛn'zio:n] dt. [p̃a'sio:n], *Muskat* österr. ['Muskat] — dt. [Mus'kat].

Eine Erinnerung an die Zeit der Donaumonarchie sind die Lehnwörter aus dem Ungarischen, Slawischen, Rumänischen und Italienischen, vor allem im Bereich der Küche:

slaw. *Powidl,* 'Pflaumenmus'
        Kolatsche, 'kleiner Hefekuchen'
rumän. *Palatschinke-n,* 'Eierkuchen' (rum. *placinta*)
ital.   *Marille,* 'Aprikose'
        Biskotte, 'Biskuit'
        Ribisel, 'Johannisbeere'

Schweizer-
hochdeutsch
und Helvetismen

In der deutschsprachigen Schweiz fungiert die Mundart, *Schwyzerdütsch* (vgl. unten), als selbstverständliche Umgangssprache aller sozialen Schichten. Das Standarddeutsch ist vorwiegend Schriftsprache (auch *Schweizerhochdeutsch* genannt) und wird nur – aber nicht immer – in den Schulen und Kirchen, im Fernsehen und Rundfunk, vor Gericht und in Vorträgen gesprochen. Der Deutschschweizer ist also zweisprachig (Diglossie).

Man erkennt einen Schweizer leicht an seinem musikalischen Akzent, der von den romanischen Nachbarsprachen beeinflußt ist. Auch im Wortschatz ist die r o m a n i s c h e I n t e r f e r e n z groß: *Velo* 'Fahrrad', *Billet* (österr. *Billett*), *Konfiserie* 'Konditorei', *Jupe* 'Frauenrock', *Salär* 'Gehalt'; und noch öfter als in Österreich wird die Aussprache verdeutscht: '*Perron, Coiffeur* [kwˈaføːr], '*Dessert*, '*Servelat*.

Der konservative sprachliche Zug (vgl. 17.2.6. Schwyzerdütsch) zeigt sich in einigen altertümlichen Wörtern, die im übrigen deutschen Sprachgebiet nicht mehr gebraucht werden:

> *Allmend*, mhd. *almende*, schwed. *allmänning* 'der ganzen Gemeinde gehörendes Land';
> *Land-/ Gemeindeamman*, mhd. *amman*, Nebenform zu *ambetman* 'Amtmann';
> *feiß*, mhd. *veiz*, schwed. *fet* (*fett* ist ein nd. Lehnwort im Hd., dem die oberd. Form *feist* 'dick und fest' entspricht).

Die wortgeographischen Besonderheiten der Schweizer Schriftsprache stammen zum großen Teil aus der alemannischen Mundart. Neben den Dialektwörtern fallen auch abweichende Wortbildungen und unterschiedliche Bedeutungen auf.

Schweizerhochdeutsche Besonderheiten:	*träf*	treffend
	urchig	kraftvoll, urwüchsig
	innert (+ Gen. oder Dat.)	innerhalb, binnen
	der Fürsprech	Rechtsanwalt
	der Untersuch	Untersuchung
	das Großkind	Enkel, -in
	die Tochter (Servier-, Lehr-)	} weibliche Angestellte
	welsch	französisch, italienisch
	hausen	sparen

17.2.5. Die Mundartengliederung

In den Namen der deutschen Mundarten leben die alten Stammesbezeichnungen weiter (7.1.), obwohl die Grenzen sich längst nicht mehr decken.

Auch sind die Grenzen zwischen den Mundarten nicht so eindeutig, wie die umstehende Karte glauben läßt, sondern es gibt Übergangszonen, wie es ja auch Übergangsformen zwischen Dialekt und Umgangssprache gibt.

Bei der traditionellen Einteilung der Dialekte stützt man sich vor allem auf lautliche Kriterien (2. Lautverschiebung, Diphthongierung, Monophthongierung usw.), aber auch auf die Wortgeographie.

Die 2. Lautverschiebung hat einst das deutsche Sprachgebiet in Niederdeutsch und Hochdeutsch geteilt. Nur im Hochalemannischen ist sie ganz durchgeführt (d.h. auch die Affrikataverschiebung des *k*). Das Mitteldeutsche hat nur zum Teil die Affrikataverschiebung von *p* (8.1.1.).

189

(Nach Die deutschen Mundarten (um 1965) Kleine Enzyklopädie, Die deutsche Sprache. Leipzig 1969.)

NIEDERDEUTSCH (keine 2. Lautverschiebung)	Westniederdeutsch	Schleswigsch Holsteinisch Nordniedersächsisch Westfälisch Ostfälisch
	Ostniederdeutsch	Mecklenburgisch Märkisch
MITTELDEUTSCH (keine Verschiebung von -pp-: *Appel*)	Westmitteldeutsch (*pund*)	Ripuarisch (*dat, dorp*) Moselfränkisch (*dat, dorf*) Rheinfränkisch (*das, dorf*) Hessisch (*das, dorf*)
	Ostmitteldeutsch (*fund*)	Thüringisch Obersächsisch
OBERDEUTSCH (2. Lautverschiebung durchgeführt)	Oberfränkisch	Südfränkisch Ostfränkisch
	Bairisch	Nordbairisch Mittelbairisch Südbairisch
	Alemannisch	Schwäbisch Niederalemannisch Hochalemannisch

Wortkarte über 'sprechen'. Lautformen sind unberücksichtigt. (Nach Deutscher Sprachatlas.)

17.2.6. Textbeispiele deutscher Mundarten

(1) OBERDEUTSCH

Oberdeutsch ist die zusammenfassende Bezeichnung für die alemannischen, bairischen und oberfränkischen Mundarten.

Alemannisch umfaßt die deutschsprachige Schweiz, das österreichische Vorarlberg, Baden-Württemberg und das Elsaß. Es ist die altertümlichste deutsche Mundart, und sie erinnert an das Mittelhochdeutsche, da weder die Diphthongierung (außer im Schwäbischen) noch die Monophthongierung eingetreten sind (14.5.1., 14.5.2.).

Schwyzerdütsch   Die vielen schwyzerdütschen Mundarten sind recht unterschiedlich. (Die meisten gehören zum Hochalemannischen, jedoch ist z.B. die Basler Mundart niederalemannisch.) Auch in der Schweiz werden aber allmählich die spezifischen Ortsdialekte durch die zunehmende Binnenwanderung eingeebnet: Die Dialekte gleichen sich einander an. Am schwersten zu verstehen sind die archaischen Mundarten im Wallis, die zum Teil ahd. Endungen und ahd. Wörter bewahrt haben.

191

Uf em Bärgli bin i gsässe,
hab de Vögel zue gschaut.
Si händ gsunge, si händ gschprunge,
schöne Näschtli händ si baut.
(Schweizer Lied)

i 'ich'; *händ* 'haben'; *baut* 'gebaut'.

– Chascht du mir uf där Charte d'Schwiiz zeige?
– Ja, Herr Lehrer, aber Si deckets ja grad mit Ihrem Stäcke zue!

chascht 'kannst'. *Stäcke* 'Stecken, Stock'

Merkmale:
1. Affrikatenverschiebung von $k > k(c)h$, *ch*
2. Das *-n* im Auslaut fällt oft weg
3. *sp, st* wird immer *schp, scht (ischt)*
4. Keine Monophthongierung von *ie, ue, üe*
5. Keine Diphthongierung von *i, u, ü*
6. Diminutiv *-li (Müsli)*
7. Einheitsplural *-et* im Präsens (ostalem.)

Elsässisch

Auch das Elsässische (größtenteils Niederalemannisch) besteht aus altertümlichen Mundarten. Seit 1945 hat die Mundart im Elsaß wieder eine etwas stärkere Stellung, indem sie nicht mehr in erster Linie mit der deutschen Standardsprache, sondern mit dem Französischen konkurrieren muß. Die offizielle Sprache ist Französisch.

Schwäbisch

Das Schwäbische (um Stuttgart) hat auch gewisse Ähnlichkeiten mit dem Bairischen (vgl. unten).

Jetzt gang i ans brünnele
trenk aber net
weil ganz en dr näche
von dem brennele
d Gebriader Zaininger & Co
ihren gifticha schlamm
von dr aluminiumproduktzio
hehlenga nachts
en da bach neikippet
ond s oim von dem brenneleswasser
kotzich wird ond mer
s abweicha kriagt
drom gang i ans brünnele
trenk aber net
(Aus Thaddäus Troll: O, Heimatland. Hamburg 1976.)

net 'nicht',
näche 'Nähe',
hehlenga 'heimlich',
neikippet 'hineinkippen',
oim 'einem',
kotzich 'übel',
abweicha 'Durchfall'.

192

Merkmale:
1. *scht, schp*
2. Oft kein *-n* im Auslaut
3. Keine Monophthongierung *ie, uo, üe*
4. Diphthongierung *ei,* (au =) *ou, eu*
5. Diminutiv *-le (Spätzle)*
6. Einheitsplural im Präsens

Mittelbairisch

Bairisch wird unterteilt in Nordbairisch (Oberpfalz, Nördl. Böhmerwald), Mittelbairisch (Bayern, Ober- und Niederösterreich), Südbairisch (Steiermark, Kärnten, Tirol).

Im Bairisch-Österreichischen wie im Schwäbischen hat die Mundart eine stärkere soziale Stellung als im Md. und Nd. Die Sprache der Oberschicht hat im Laufe der Zeit, bes. in Österreich, die Mundart beeinflußt, so daß der sprachliche Übergang zwischen Mundart und Umgangssprache weniger markant ist. Der folgende Text ist Mittelbairisch (Niederösterreich).

Onerkennung

In da Schul om erstn Tog
Is no net gor gross de Plog
DLehrerin dazöhlt a Gschicht
Und in Kinern zrinnt is Gsicht.
Wia de Schul is nocha aus

Und si führt de Kloan vors Haus,
Blaibt a Bua stehn bai da Tür.
Er sogt voller Liab zü ihr:
„Du, dai Gschicht wor gor net z'wida.
Mir hot s gfolln, i kimm morgn wida."

(Am Quell der Muttersprache. Österreichische Mundartdichtung, hrsg. J. Hauen 1967.)

dazöhlt 'erzählt'; *in Kinern zrinnt is Gsicht* 'die Kinder lächeln'; *nocha* 'nachher'; *zwida* 'schlecht'; *i kimm* 'ich komme'.

Merkmale:
1. *p, t, k* und *b, d, g* wie stimmlose Lenes ausgesprochen
2. Keine Monophthongierung, aber mhd. *ie, uo, üe > ia, ua, üa (liab, Bruader)*
3. Der alte Diphthong *ei* (schwed. *e*) *> oa (i woas net)*
4. *a* oft *o (sogt)*
5. Unbetontes *e* fällt oft weg (Apokope und Synkope: *Gschicht*)

Der Dialektdichter H.C. Artmann hat versucht, seine Wiener Mundart in einer individuellen Lautschrift wiederzugeben. *a* (oft) = vokalisiertes *r; aa* = das mhd. *ei* (NB. Mundart muß gesprochen werden!)

en an schbedn heabst

fua da dia rengd s
und en mia rengd s
jo da heabst is en mia
grod wia draust
jezt singd scho da rob
iwan suma sein grob
und da himö is driab
das s am grausd...

und da wind dea riad um
ea r alaa is ned schdum
ea schraufd se
duach moak und duach baa —
owa d fegl san schdad
d blia r und d blaln fawad
und mii drugt mei heazz
wia r a schdaa...

(Aus *med ana schwoazzn dintn.* Salzburg 1958.)

en an schbedn heabst 'in einem späten Herbst'; *fua* 'vor (der Tür regnet es)'; *iwan* 'über dem'; *himö* 'Himmel'; *driab* 'trüb'; *am* 'einem'; *riad* 'rührt'; *r:* erscheint oft als Verbindungslaut zwischen Vokalen; *se* 'sich'; *moak* 'Mark'; *owa* 'aber'; *schdad* 'still'; *blia* 'Blüte'; *blaln* 'Blätter'; *fawad* 'verweht'; *drugt* 'drückt'.

Ostfränkisch

Oberfränkisch: Um Würzburg, Bayreuth und Nürnberg wird Ostfränkisch gesprochen.

Wou di

Hasn Hosn

un di Hosn

Husn haßn

(Ein Nürnberger Wörterbuch von Herbert Maas, 1962, 'Wo die Hasen „Hosn" und die Hosen „Husn"-heißen'.)

Merkmale:
1. Diphthongierung und Monophthongierung durchgeführt
2. mhd. *ei* > *a* (heißt > *haßt*)
3. *a* wird *o* (Hase > *Hos*)

(2) MITTELDEUTSCH

Im mitteldeutschen Gebiet ist die 2. Lautverschiebung nicht ganz durchgeführt. Vom Süden und Südosten kommend, verlor sie immer mehr an Strahlkraft.

nd.	*ik, maken*	: md. + obd.	*ich, machen*
nd. + md.	*appel*	:	obd. *apfel*
nd. + wmd. *pund*	}	:	obd. *pfund*
omd. *fund*			

Westmitteldeutsch enthält einige nd. Merkmale und wird nach dem Stand der 2. Lautverschiebung in drei Hauptgebiete unterteilt, den sog. Rheinischen Fächer (s. Karte 17.2.5.).

Ripuarisch (*dorp, dat*): Köln
Moselfränkisch (*dorf, dat*): Trier
Rheinfränkisch mit Hessisch (*dorf, das*): Mainz; Frankfurt

Diese Hauptgebiete umfassen dann — im Gegensatz zum Omd. — eine Menge Kleinlandschaften, wo sich die ehemalige „Kleinstaaterei" deutlich widerspiegelt. Der Übergang zur Umgangssprache ist jedoch im Wmd. weiter fortgeschritten als im Obd.

Ripuarisch

Aus Köln (*üs Köllen am Rīng* 'Rhein') stammt folgendes Karnevalsgedicht:

Fastelovend ess jekumme
All de Köllsche sin aläät
Üvverall jonn decke Trumme,
Üvverall do weed jetrööt.

Durch de Strosse springe Jecke
Jäl der ein, der andre jrön,
Wat se och zosammeflecke,
Jeder meint sing Kapp wör schön.

(Aus Sellgrad-Sellgrad: Mundarten und Umgangssprachen im deutschen Sprachraum 1970.)

Fastelovend Fastnacht'; *aläät* 'froh'; *jonn* 'gehen'; *Trumme* 'Trommeln'; *jetrööt* 'trompetet'; *Jecke* 'Narren'; *jäl* 'gelb'; *jrön* 'grün'; *wör* 'wäre'.

Merkmale:
1. *appel, pund, dorp, dat*
2. anlautendes *g* wird *j* ausgesprochen
3. *n* fällt oft im Auslaut weg
4. (nur im Ripuarischen) keine Diphthongierung von *i, u, ü* (vgl. Karte 14.5.1.)
5. mhd. *īn* > *īng*
6. dunkles *a*
7. dickes *l*

Eine moselfränkische Mundart ist Letzeburgsch in Luxemburg, das wie das Schwyzerdütsche in der Schweiz die gesprochene Sprache aller sozialen Schichten ist. Die beiden Sprachen des öffentlichen Lebens, Deutsch und Französisch, werden in der Schule mehr oder weniger als Fremdsprachen gelernt.

Ostmitteldeutsch wird heute nur noch im Süden der DDR gesprochen: Thüringisch und Obersächsisch. Im Aussterben sind die Mundarten der ehemaligen Ostgebiete: Schlesisch (Breslau, heute poln. Wrocław), Sudetendeutsch (Böhmen, in der Tschechoslowakei) und Hochpreußisch (mittleres Ostpreußen, heute Polen). Auch in der DDR ist die ausgeprägte Mundart jedoch im Schwinden. Nur wenige Kinder lernen einen Dialekt als erste Sprache. Was heute Sächsisch genannt wird, ist die landschaftlich gefärbte obersächsische Umgangssprache. Kennzeichnend ist die „weiche", abgeschwächte Aussprache.

Wie gommd dnn meine Dochdr drzu, s Dienstmädchen ze machn! Fr achdzch Fenge de Schdunde andern Leidn dn Drägg nachreim, nee, das hadd meine Ämma nich nedch − wo se so enn fein Härrn heirad. Unn de Werdschafd hadd se schon, de Meewl, s Geschärre, de Wäsche, alles biigfein. Hadd alles mei gimfdcher Schwijrsohn bezahld.

(Aus Hans Reimann: Sächsische Miniaturen o.J.)

drzu 'dazu'; *achdzch* '80'; *Leidn* 'Leuten'; *nachreim* 'aufräumen'; *nedch* 'nötig'; *Werdschafd* 'Aussteuer'; *Meewl* 'Möbel'; *Geschärre* 'Geschirr'; *biigfein* 'pikfein'; *gimfdcher* 'künftiger'.

Merkmale:
1. *appel, fund*
2. *ptk > bdg* (*Bardeidag* für 'Parteitag')
3. Delabialisierung von *ü > i, ö > e*
   (*mide, scheen* für 'müde, schön')

---

(3) NIEDERDEUTSCH (Plattdeutsch)

Die niederdeutschen Mundarten haben sich alle dem Hochdeutschen genähert. Die bekanntesten Mundartdichter des 19. Jh. sind Fritz Reuter (Romane wie *Ut mine stromtid* 'Aus meiner Elevenzeit', schwed. Übs.: Livet på landet) und Klaus Groth. Hier folgt die erste Strophe von Groths Gedicht *Matten Has* 'Mathias der Hase':

Lütt Matten de Has'   Dat Danzen to lehrn,
De mak sik en Spaß   Un danz ganz alleen
He weer bi't Studeern   Op de achtersten Been.

lütt 'klein'; *mak* 'machte'; *weer* 'war'; *achtersten* 'hinter(st)en'.

Merkmale:
1. *p t k* sind nicht verschoben
2. *sl, sp, sw* etc. kein sch-Laut
3. keine Diphthongierung (*tid, Lüd, ut*)
4. mhd. *ei, au* =' *ē, ō* (*sten, kopen*)
5. das gemeinsame as.-ags. Erbe: *he, de* usw. (10.2.)

Aus der neuen plattdeutschen Bibelübersetzung stammt folgender Text:

De verdröögte Fiegenboom
12. As se an'n annern Morgen wedder vun Bethanien weggüngen,
weer Jesus hungrig. 13. Do seeg he vun wieden en Fiegenboom
stahn, de harr al gröne Bläder, un he güng dor op to un wull sehn,
wat he Frucht harr. As he awers neger ran keem, do funn he nix as
luuder Bläder, dat weer ok noch keen Tiet för riepe Fiegen. 14. Do
sä he to den Boom: „In alle Ewigkeit nich schall en Minsch Fiegen
vun di eten!" Un sien Jüngers hören disse Wöörd.

(Markus 11: 12–14)

verdröögte 'vertrocknete'; *Fiegenboom* 'Feigenbaum'; *as* 'als'; *se* 'sie'; *wedder* 'wieder';
seeg 'sah'; *harr* 'hatte'; *wull* 'wollte'; *awers* 'aber'; *neger* 'näher'; *riepe* 'reife'; *sä*
'sagte'.

Berlinisch

Die Berliner Umgangssprache ist eine Mischung aus Mitteldeutsch
und Niederdeutsch.

Ick liebe dir —   det wees ick nich,
ick liebe dich,   un is mich ooch Pomade.
wie's richtich is,

Pomade 'egal'.

Merkmale:
1. *ick, machen, (p)fund, appel, det*
2. *g-* wird *j-* ausgesprochen (*die jut jebratene Jans*)
3. mhd. *ei, au* > *e, o* (*kleen, ooch*)
4. der Akkudativ

17.3. Die soziale Gliederung der Sprache

17.3.1. Soziale Variation in der Sprache

Soziolekt

Sprache ist immer eine soziale Erscheinung. Besonders in älterer Zeit ließ sich oft deutlich die Zugehörigkeit zu bestimmten Gesellschaftsschichten an der Sprache erkennen. Die vorhergehenden Kapitel haben gezeigt, wie sich die Mundart zur Klassensprache, zum Soziolekt entwickeln konnte, und wie sich Dialekt und Standardsprache (Hochsprache, auf die unteren bzw. höheren sozialen Schichten verteilt haben. Heute ist die Verteilung Mundart/Umgangssprache jedoch mehr an die soziale Situation (Familie/Beruf, Freunde/Fremde) und an die Generationsunterschiede gebunden.

Aber auch heute noch bestehen Unterschiede im Sprachgebrauch der sozialen Gruppen. Nachdem Basil Bernstein den Unterschied zwischen dem *restringierten* (begrenzten) *Kode* der Unterschicht und dem *elaborierten* (differenziert ausgebildeten) *Kode* der Mittel- und Oberschicht beschrieben hatte, kam der Begriff Sprachbarriere auf, d.h. Behinderungen im sozialen Aufstieg durch unvollständige Ausdrucksfähigkeit und begrenzten Wortschatz. Auch in der politischen Diskussion um Chancengleichheit ist seit einigen Jahren die Sprachbarrierenproblematik berücksichtigt worden, was zur Forderung nach kompensatorischem Sprachunterricht für sprachlich benachteiligte Gruppen geführt hat.

Situative
Varietäten

Somit wird versucht, die soziolektalen Unterschiede immer mehr auszugleichen. Auf der anderen Seite macht sich eine Entwicklung hin zu einer größeren Anzahl situativer Varietäten bemerkbar. Die vielschichtige Gesellschaft von heute erfordert etliche mehr oder weniger verschieden ausgeformte Kommunikationssysteme (Gruppen- und Fachsprachen): im Beruf, im Kontakt mit Behörden, in Interessengruppen wie Sport und Politik, in der Familie, im Umgang mit Kleinkindern usw. Der moderne Mensch muß somit mehrere Varietäten seiner Muttersprache beherrschen, so daß man in gewissem Sinne eine muttersprachliche Mehrsprachigkeit braucht. Hier kann sich wieder das Sprachbarrierenproblem zeigen, vielleicht besonders ausgeprägt im schriftlichen Verkehr des einzelnen mit den Behörden (vgl. 16.3.2.).

17.3.2. Sondersprachen

Sondersprachen nennt man im allgemeinen zusammenfassend die verschiedenen Fach-, Berufs- und Gruppensprachen im Gegensatz zur Standardsprache[3]. Die Fachsprachen (Datenverarbeitung, Elektrotechnik, Linguistik u.a.) sind sachorientiert und fordern große Präzision, um das entsprechende Sachgebiet differenziert und exakt beschrei-

---

[3] Manchmal wird Sondersprache auch in der Bedeutung Gruppensprache gebraucht, z.B. „Fachsprachen und Sondersprachen".

ben zu können. Die Gruppensprachen (der Familie, der Jugendlichen, der Fußballfans usw.) sollen durch sprachliche Mittel die Zusammengehörigkeit der Gruppen gegenüber Außenstehenden hervorheben. Die Berufssprachen (z.B. Flieger-, Fischer-, Kaufmannssprache) nehmen eine Zwischenstellung ein und enthalten Elemente von beiden.

Fachsprachen

Der Unterschied zwischen Fach- und Gruppensprachen wird oft mit den Ausdrücken Fachterminologie und Jargon veranschaulicht. In der Fachsprache der Medizin z.B. ist die Terminologie dem Laien meist fremd (*Karzinom, Encephalitis*), während der Medizinerjargon bildhafte, oft humoristische Ausdrücke enthält, die nicht für Außenstehende bestimmt sind. Terminologie und Jargon überschneiden sich jedoch oft.

Sachgebiet	Fachterminologie (Sachorientierung, Beschreibung)	Fachjargon (Gruppenorientierung, Integration)
Militär	*Infanterist* (milit. Fachsprache)	*Spieß* 'Feldwebel' (Soldatensprache)
Fußball	*Freistoß* *Mittelstürmer*	*Kasten* 'Tor' *Hammer im Bein haben*

Die Bezeichnung „Sprache" ist eigentlich hier nicht zutreffend, denn es handelt sich eher um einen besonderen Wortschatz, wenn auch in vielen Fachsprachen gewisse Satzkonstruktionen und eine substantivische Ausdrucksweise vorherrschend sind. Ob hier Unterschiede bestehen, zwischen Fachsprachen und geschriebener Sprache überhaupt, oder zwischen den einzelnen Fachsprachen, muß erst noch untersucht werden. Ebenso läßt sich natürlich feststellen, inwieweit die Gruppensprachen charakteristische Elemente der gesprochenen Sprache enthalten.

Fachsprache der Soziolinguistik

Mit der Komplexität der Syntax kovariiert dann auch der Abstraktionsgrad der Semantik der schichtenspezifischen Kodes.

(Aus Ulrich Ammon: Dialekt, soziale Ungleichheit und Schule. 1972.)

Fachsprache der Wirtschaft: Marketing

Einführung, Wachstum, Reife, Sättigung und Rückgang als mögliche Phasen des Produktlebenszyklus beinhalten unterschiedliche Marktsituationen, denen das Marketing-Mix sowohl in seiner

Struktur als auch in der Art des Einsatzes der einzelnen Instrumente bestmöglich angepaßt werden muß.

(Aus: Wie funktioniert das? Die Wirtschaft heute. Mannheim 1976.)

Fachsprache der Chemie

Das Le-Chateliersche Prinzip
Wird auf ein im Gleichgewicht befindliches System ein Zwang ausgeübt, so versucht das System, die Wirkung dieses äußeren Einflusses zu verringern.

Ein Beispiel für dieses allgemeine Prinzip ist der Temperatureinfluß auf die Lage des Gleichgewichts und damit K.

Im gleichen Sinne führen Änderungen der Gleichgewichtskonzentrationen eines Reaktionsteilnehmers dazu, daß eine Erhöhung der Konzentration des Stoffes (durch Zugabe) durch seine vermehrte Umsetzung, eine Erniedrigung seiner Konzentration (durch Überführen in eine andere Phase z.B.) durch seine vermehrte Bildung beantwortet wird. Es stellen sich dann für alle beteiligten Substanzen neue Gleichgewichtskonzentrationen ein. K_C wird davon nicht berührt.

(Aus: Moderne Chemie. 1975.)

Sondersprache des Fußballs: Sportreportage.

Für Schalke erledigte sich das optimistische Harren innerhalb von fünf Minuten: Braunschweig führte mit 2:0, Abramczik und Fischer schafften den Ausgleich — da jubilierten jene Fans, die noch zur Pause den Rausschmiß der halben Mannschaft inklusive Trainer und Troß verlangt hatten. Blau-Weiß war wieder obenauf — aber eben nur für den Bruchteil der Spielzeit. Mit stoischer Gelassenheit holten die Braunschweiger das Feld zurück, das sie in einer kurzen Phase von Überheblichkeit abgetreten hatten.

Dabei paßte Überheblichkeit gar nicht zum Bild dieser Elf, die aus der Kühle kam.

(Aus: Frankfurter Allgemeine Zeitung, März 1977.)

...Nun ist der 1. FC aber wieder am Drücker und schon brennt es lichterloh im Strafraum der Müllerei...

(Aus Bausinger: Deutsch für Deutsche. München 1972.)

Zwischen den Sondersprachen und der Standardsprache besteht eine ständige Wechselbeziehung, indem Fachausdrücke in den allgemeinen Wortschatz übernommen werden (16.3.2.) und umgekehrt allgemeinsprachliche Wörter in der Fachsprache eine spezielle Bedeutung erhalten.

Unter den modernen Fachsprachen enthalten die der Chemie und die der Technik einen besonders großen und schnell anwachsenden Wortschatz, den nicht einmal der Fachmann immer überblicken kann. Die moderne Gesellschaft macht eine Arbeitsteilung in immer kleinere Spezialgebiete erforderlich, und in den letzten Jahrzehnten sind mehrere neue Wissenschaften entstanden, die alle wiederum eine exakte und unzweideutige Terminologie brauchen (Raumfahrt, Elektronik, Operationsforschung u.a.). Laufend erscheinen nunmehr auch Spezialwörterbücher für die verschiedensten Fachgebiete: Juristisches Lexikon, Geologisches Wörterbuch, Wörterbuch der Datentechnik, linguistischer Grundbegriffe, zur Publizistik, zur Psychologie, der marxistisch-leninistischen Soziologie, der Kybernetik usw.

Berufssprachen   Zu den ältesten Berufssprachen im Deutschen gehören die Bergmannssprache (man kennt Ausdrücke aus dem 13. Jh.) und die Seemannssprache, die niederdeutsche und niederländische Grundlage hat und einige frühe englische Lehnwörter enthält (*Boot, Lotse*).

Gruppensprachen   Unter den Gruppensprachen sind die Geheimsprachen am stärksten isolierend; alle, die außerhalb der Gruppe stehen, sollen ausgeschlossen werden. R o t w e l s c h war bereits im 13. Jh. die Geheimsprache der Gauner und Vagabunden. Charakteristisch ist die große Anzahl von für die Allgemeinheit unverständlichen Wörtern, die teils aus der Zigeunersprache (*Kaschemme* 'Verbrecherkneipe' < zig. *katsima* 'Wirtshaus') und dem Jiddischen (Kap. 12.) entlehnt wurden und teils durch Umschreibungen (*Feldglocke* für 'Galgen'; Vgl. auch die Redensart *hinter schwedischen Gardinen* 'hinter Gittern im Gefängnis') und Wortentstellungen (*Polypen* für 'Polizei') entstanden sind. Rotwelsch hat wiederum andere Sondersprachen beeinflußt, wie die Soldatensprache, die Studentensprache und die Schülersprache, und es hat auch viele Ausdrücke an die Umgangssprache weitergegeben (12.2.).

(Aus der Gruppensprache der Rauschgiftsüchtigen und -händler.)	*Stoff*	Rauschgift
	Schuß	Rauschgiftdosis, Injektion
	Shit (eng.)	Haschisch
	Kif (arab.)	eine Art Cannabis
	Fixer (eng.)	jd der Rauschgift nimmt
	Dealer (eng.)	(Klein-)händler
	Macker (jidd.)	Händler
	drücken	spritzen

Die Gruppensprache der Jugend erneuert sich ständig. Besonders affektgebundene Wörter, die Anerkennung (*Super-, Klasse, echt, irrt, fetzend, geil*) oder Mißachtung (*Scheiß-, Schrot, nervig, öde, Nullbock auf* 'keine Lust auf') ausdrücken, nutzen sich durch häufigen Gebrauch schnell ab und veralten (vgl. 4.3.2.). NB *ätzend*, das sowohl 'sehr gut' als auch 'schlecht' bedeuten kann.

Es zeigen sich dieselben Tendenzen wie in der alltäglichen (saloppen) Erwachsenensprache und in anderen Gruppensprachen: bildhafte Ausdrücke (*Pickel* 'Kopf'), Abkürzungen (*Geka* 'Gemeinwirtschaftskunde'), Bedeutungswandel (*anmachen* 'kontaktsuchen mit') und Euphemismen (*kopieren* 'in der Schule abschreiben'). Die englischen Wörter werden integriert oder verdeutscht (*freakig; finished > fertig*). Das Vokabular wandelt sich jedoch schneller als in der Umgangssprache der Erwachsenen. Zudem bestehen Unterschiede zwischen verschiedenen Altersgruppen und zwischen Stadt- und Landjugend.

17.4. Die stilistische Gliederung der Sprache

Es ist sinnvoll, unter den verschiedenen Darstellungen der stilistischen Gliederung der Sprache eine zu wählen, die repräsentativ ist. Die von Ruth Klappenbach vorgeschlagene Einteilung ist zwar z.T. in Frage gestellt worden, liegt aber den Stilangaben im großen *Wörterbuch der deutschen Gegenwartssprache* (WDG, herausgegeben von der Akademie der Wissenschaften der DDR. 1964 ff.) zugrunde. Auch der 6-bändige Duden *Das große Wörterbuch der deutschen Sprache* (1976 ff.) richtet sich im wesentlichen nach ihrem Schema.

Von der Funktion ausgehend unterscheidet Klappenbach vier Stilschichten:

(1) die gehobene Schicht ist eine bewußt gepflegte Sprache, die heute noch bei feierlichen Gelegenheiten des öffentlichen Lebens und manchmal auch noch in der Literatur verwendet wird (*sich befleißigen, empfangen* für *bekommen*). Zur dichterischen Variante dieser Schicht gehören u.a. einige poetische Wörter, die in der Standardsprache als veraltet gelten (*Aar, Odem*).

(2) die normalsprachliche, d.h. die normale Sprache im schriftlichen und mündlichen Gebrauch und im öffentlichen Leben. (Die Normalsprache hat eine Variante, die eigentlich für familiäre mündliche Rede und vertrauliche Briefe charakteristisch ist, seit dem Ende des 19. Jh. aber auch in der Literatur vorkommt: die normalsprachlich-umgangssprachliche [Duden: umgangssprachlich], z.B. *kriegen, kaputtmachen*.)

(3) die salopp-umgangssprachliche Schicht (Duden: salopp) ist eine im alltäglichen Umgang sehr gebräuchliche Sprache, die einen gefühlsbe-

tonten, oft nachlässigen Charakter hat. Kennzeichnend sind auch die vielen bildhaften Ausdrücke (*jdn versohlen* 'verprügeln', *sich berieseln lassen* 'anhören ohne aufzupassen').

(4) die vulgäre Schicht enthält grobe und ordinäre Wörter und Ausdrücke, die „im allgemeinen vermieden werden" (*Fresse*).

Zu den vier Stilschichten können nach Klappenbach noch eine Reihe Stilfärbungen kommen, die besondere Gefühlsnuancen (4.1.) anzeigen:

> scherzhaft (*Adamskostüm*)
> vertraulich (*Schönen guten Tag!*)
> euphemistisch (*lange Finger machen*)
> altertümelnd (bewußt altertümliche Wörter verwendend: *Konterfei*)
> gespreizt (*Beinkleid*)
> Papierdeutsch (*ein Gesuch abschlägig bescheiden*)
> übertrieben (*abscheulich reich*)
> pejorativ (*abgetakelt*)
> spöttisch (*neunmalklug*)
> Schimpfwort (*Esel*)
> derb (*abkratzen* für 'sterben')

Beispiele:

> *betrügen*   }   Normalsprache ohne Ge-
> *sich einschmeicheln* }   fühlsfärbung
>
> *anschmieren*   }   salopp-umgangssprachlich mit
> *sich einkratzen* }   abwertender Stilfärbung

Stilschicht	'sterben' (von einem Menschen)	'Gesicht' (eines Menschen)	(ein Geschenk) 'bekommen'
dichterische Var.		*Antlitz*	
	entschlafen		*empfangen*
gehoben:	*ableben*	*Angesicht*	*erhalten*
normal-sprachlich:	*sterben*	*Gesicht*	*bekommen*
umgangsspr. Var.			*kriegen*
salopp-umgangssprachlich:	*abkratzen*	*Visage*	
vulgär:	*krepieren* *verrecken*	*Fresse*	

Die Stilschichten nach R. Klappenbach.

17.5. Zweimal Deutsch? Zu den sprachlichen Unterschieden in Ost und West

Seit den 50er Jahren beschäftigt man sich in der Germanistik mit dem sprachlichen „Ost-West-Problem" und einer eventuellen Sprachspaltung. Aus dem Jahr 1969 stammen die folgenden beiden polemischen Abschnitte, die die Frage aus verschiedener Sicht behandeln:

Vom ersten Tag nach der Zerschlagung des Hitlerfaschismus an begann auf dem Gebiet der späteren Deutschen Demokratischen Republik (DDR) das Ringen um die demokratische Erneuerung Deutschlands. Der Aufbau der antifaschistisch-demokratischen Ordnung spiegelt sich im Wortschatz verschiedenster Bereiche wider. [. . .]

In einigen westdt. Publikationen wird versucht, den Sprachgebrauch der sozialistischen DDR zu diffamieren. Man vergleiche die Versuche einer bewußten Irreführung anhand von Interpretationen, die L. Mackensen gibt: *Friedenslager = Ostblock, Volksdemokratie = SED-Regierung, volkseigen = staatlich enteignet, freiwillig = staatlich erzwungen* usw. [. . .]

Westdeutschland wurde 1945 auf dem alten Fundament des Imperialismus wiedererrichtet. Da die amtliche westdeutsche Sprachregelung in den Dienst der Politik der Regierung gestellt wurde, enthalten besonders viele gesellschaftliche Neuwörter, -prägungen und -bedeutungen verfälschende Aussagen.

Wortschatz im Dienste der reaktionären Innenpolitik, gerichtet gegen den revolutionären Kampf der Arbeiterklasse um Freiheit, Demokratie und Sozialismus, wobei die Verhüllung der Klassengegensätze eine große Rolle spielt.

(Über die sprachliche Entwicklung in den beiden deutschen Staaten, aus: Geschichte der deutschen Sprache. 2. Aufl. Berlin/DDR/1970).

Seit 1945 steht das Deutschland östlich des Eisernen Vorhangs allen Vorstellungen, Formen und Wörtern vornehmlich auf politischem, sozialem, wirtschaftlichem, aber auch auf kulturellem Gebiet offen, die die Sowjetunion westwärts zu exportieren wünscht. Das Funktionärsdeutsch der politischen Führungsschicht in der DDR wimmelt von solchen notdürftig der dt. Grammatik und Wortbildung eingepaßten Fachbezeichnungen sowjetischer Herkunft. Durch ständige Wiederholung in allen amtlichen und halbamtlichen Auslassungen wie in der straff ausgerichteten Tagespresse und dem staatlichen Rundfunk und Fernsehen hämmert die unermüdlich auf höchsten Touren laufende politische Propaganda diese Schlagwörter der Bevölkerung erbarmungslos ein wie *historischer und dialek-*

tischer Materialismus, Monopolkapitalismus, Neofaschismus oder
-kolonialismus, Komsomol, Kolchos(e), Apparatschik, Pionier,
Brigadier, Aktivist, Parteiaktiv, Kader, Traktorist, Diversant, Expo-
nat, Kombinat, Revanchist, Sozialdemokratismus. [...] Doch ist
dieser spezifische Vokabelvorrat des SEDistischen Parteijargons in-
haltlich derart scharf umgrenzt und hebt sich zudem klanglich-
stilistisch als Fremdkörper von der im übrigen nach Wortbildung,
Satzbau, Grammatik und sonstigem Wortschatz unangegriffenen
sprachlichen Substanz dieses deutschen Teilgebiets derart unver-
wechselbar ab, daß er die sprachliche Einheit des Deutschen in West
und Ost nicht ernsthaft zu gefährden vermag. Das Deutsch der Bundesrepublik hat sich diesem Einfluß bisher als unzugänglich erwiesen; wenn diese eigenartige amtliche Fachterminologie der ostzona-
len Staats- und Parteisprache hier einmal zitiert werden muß, so
geschieht das in (nicht immer sichtbaren) Anführungsstrichen.

(Fritz Tschirch: Geschichte der deutschen Sprache. II. Berlin /West/
1969.)

Unterschiede im
Wortgebrauch

Ein umfangreiches Material hat die Bonner Forschungsstelle für öffentlichen Sprachgebrauch gesammelt. Mit Computerhilfe wurden fünf
Jahrgänge von den Tageszeitungen „Die Welt" und „Neues Deutschland" untersucht (1949 – 74), und daneben sind auch deutschsprachige
Wörterbücher verglichen worden. Hauptsächlich hat man die Differenzen im Wortgebrauch in längeren Wortlisten dokumentiert. Gesellschaftliche Veränderungen spiegeln sich ja, wie uns die Geschichte der
Sprache zeigt, am stärksten im Wortschatz wider. Sind nun aber die
Differenzen wirklich so groß, daß die Verständigung erschwert wird?

17.5.1. Verschiedene Sachverhalte

Zum Sonderwortschatz der DDR gehören zunächst viele Neubildungen, die durch neue Sachverhalte im Bereich staatlicher Organisation,
Verwaltung, Kulturpolitik usw. entstanden sind. Solche Beispiele, die
sich auf landesinterne Verhältnisse beziehen, lassen sich natürlich auch
aus dem Wortgebrauch der Bundesrepublik, Österreich oder der
Schweiz heranziehen (17.2.4.). Ein Großteil dieser Bezeichnungen sind
gesamtbinnendeutsch und werden in der DDR bzw. in der Bundesrepublik gebraucht, wenn über die entsprechenden Verhältnisse berichtet
wird (*Staatsrat – Bundesregierung, VEB – AG* usw.). Andere sind nicht
immer ohne Kommentar zu verstehen und kommen selten in den jeweiligen Massenmedien vor, z.B. gewisse Abkürzungen. Zu den ideolo-
gisch gekennzeichneten Bezeichnungen wie *Arbeiter- und Bauernstaat –*
freiheitlich-demokratische Grundordnung, s. 17.5.5.

DDR	BRD
Volkskammer	Bundestag
Nationale Volksarmee	Bundeswehr
NÖS (Neues ökonomisches System)	freie Marktwirtschaft
Partnerbetrieb	Holdinggesellschaft
PGH (Produktionsgenossenschaft des Handwerks)	Konzern
Kaderleiter	Personalleiter; vgl. auch Arbeitgeber
Arbeitsbrigade	Arbeitsteam
Polytechnische Oberschule	Gesamtschule
Intervision	Eurovision
Oberliga	Bundesliga
Herderinstitut	Goetheinstitut

17.5.2. Verschiedene Bezeichnungen

Manchmal haben sich aber auch verschiedene Bezeichnungen für die gleiche Erscheinung eingebürgert:

DDR	BRD
Staatsbürgerschaft	Staatsangehörigkeit
Feierabendheim	Seniorenheim (Altersheim)
Serviererin	Kellnerin
Werktätiger	Arbeitnehmer, Angestellter
Zielstellung	Zielsetzung
Plast	Plastik
Traktorist, Mechanisator	Traktorführer
Kosmonaut	Astronaut

Die Ursachen sind erstens, daß in der DDR gewisse Wörter bewußter vermieden werden, vor allem die mehr oder weniger belasteten Wörter der Nazizeit (*Volksgeist, Nationalgefühl;* vgl. jedoch noch in der DDR *Reichsbahn,* aber in der BRD *Bundesbahn*); solche, die ein demütigendes Dienerverhältnis widerspiegeln, wofür keine gesellschaftliche Grundlage mehr da ist (*Gesinde, Magd; Kellnerin!?/*); und natürlich solche Wörter, die als kapitalistische Euphemismen gedeutet werden (*Arbeitgeber, Arbeitnehmer*). Zweitens geht es nicht selten um V a r i a n t e n, die in beiden Staaten vorkommen (*Staatsbürgerschaft – Staatsangehörigkeit*), und nur mit unterschiedlicher Präferenz/Frequenz gebraucht werden. Drittens: Bei *Kosmonaut* und *Traktorist* handelt es sich um Einfluß des Russischen. An diesen und vielen anderen Beispielen zeigt sich, wie sich die DDR auf der einen Seite und die Bundesrepublik, Österreich und die Schweiz auf der anderen an der jeweils stärksten politischen und wirtschaftlichen Macht in Ost und West orientieren.

17.5.3. Fremdsprachliche Einflüsse

Russisches
Lehngut

Die russischen Entlehnungen im Deutsch der DDR sind jedoch bei weitem nicht mit dem angloamerikanischen Einfluß im westlichen Sprachgebrauch zu vergleichen. Auch wächst in der DDR — wie schon 16.3.3. gezeigt wurde — der englische Einfluß auf die Sprache immer mehr, bes. als Folge der Internationalisierung. Die aus dem Russischen übernommenen Entlehnungen sind selten slawischen Ursprungs (*Datsche/-a* 'Wochenendhaus', *Subbotnik* 'freiwillige und unentgeltliche Arbeit; *Soljanka* eine Suppe) und beschränken sich hauptsächlich auf einige Fremdwörter lateinisch-griechischer (oder manchmal englischer: *Meeting, Dispatcher, Kombine*) Herkunft, z.B.

> *Aktiv* 'Arbeitsgruppe' (Eltern-, Ernte-, Parteiaktiv)
> *Diversant* 'Volksfeind, Gegner des sozialistischen Regimes' (vgl. die Bezeichnungen *Dissident* bzw. *Sympathisant* in der BRD)
> *Kombinat* 'Großbetrieb, in dem Produktionsstufen verschiedener Industriezweige vereinigt sind'

Dagegen kommen Lehnbildungen und Lehnbedeutungen weit häufiger vor, bes. auf den Gebieten, wo das sowjetische System als vorbildlich gilt, wie Gesellschaftsordnung, Wirtschaft, Ausbildung, Kulturpolitik. Bei den Lehnbedeutungen handelt es sich oft um Fremdwörter (*Pionier, Brigade, Aktivist, Akademiker* u.a., s. unten 17.5.4.). Lehnübersetzungen sind z.B.

> *Volkswirtschaftsplan*, 'narodnochozjájstvennyj plan'
> *Held der Arbeit*, 'gerój trudá'
> *Pädagogischer Rat*, 'pedagogíčeskij sovét' ('alle Lehrkräfte einer Schule')
> *Kulturhaus*, 'dom kultúry'

17.5.4. Verschiedene Bedeutungen

Bedeutungs-
veränderungen

Wenn verschiedene Bezeichnungen für die gleiche Erscheinung verwendet werden, führt das nicht so leicht zu kommunikativen Störungen, wie wenn ein Wort von zwei Sprechern in verschiedener Bedeutung verwendet wird. Eine Anzahl Wörter haben in der Sprache der DDR einen Bedeutungswandel (4.2.) erfahren, im Sinne einer Bedeutungserweiterung (unten +), z.B. *Auflage*; oder einer Bedeutungsverschiebung, z.B. *für den Frieden kämpfen*. Die Neubedeutung ist oft ideologiegebunden.

Akademiker	+ Akademiemitglied eines sozialistischen Landes außerhalb der DDR
aufklären	+ jdn politisch belehren, agitieren
Auflage	+ Pflichtleistung, Plansoll
Jugendfreund	+ Angehöriger der FDJ
Kollege	+ Angehöriger der Gemeinschaft der Werktätigen

Lager	+ gesellschaftliches System (im sozialistischen Lager)
parteilich	+ für die Interessen der Arbeiterklasse
Propagandist	+ Zirkelleiter im Parteilehrjahr der SED
für den Frieden	}
kämpfen	} für das sozialistische System kämpfen

17.5.5. Politische Sprache

DDR	BRD
Westdeutschland	Bundesrepublik
Berlin, Hauptstadt der DDR	Ost-Berlin
Neubürger, Umsiedler	Vertriebener, Heimatloser
DDR-Regierung	SED-Regime
Staatsgrenze West	Mauer
Friedenslager, sozialistische }	
Staatengemeinschaft }	Ostblock

Beeinflussung durch die Sprache

Oft zitiert in der Literatur über sprachliche Unterschiede in Ost und West wird das a g i t a t o r i s c h e V o k a b u l a r der beiden politischen Systeme mit seinen positiven und negativen Wertungen. Von seiten der Bundesrepublik stammen folgende z.T. nicht mehr aktuelle Beispiele: für die DDR *Mitteldeutschland* (wobei *Ostdeutschland* die Gebiete östlich der Oder-Neiße bedeutet). *SBZ* (Sowjetische Besatzungszone), das bevor die Realität der Existenz der DDR anerkannt wurde, häufig verwendet worden ist (z.B. noch bei den Wortangaben in der 1. Auflage von Wahrig, Deutsches Wörterbuch 1968) und „*DDR*" in der Springerpresse. Weitere Beispiele sind *Schandmauer, Ulbrichtmauer* für die Berliner Mauer, *Kommunistische Bedrohung* usw. Von seiten der DDR können z.B. folgende Ausdrücke der letzten Jahrzehnte angeführt werden: Wörter mit positiver Wertung für die eigene Politik wie *gesicherte Grenze, Friedenskampf, brüderlich, fortschrittlich, produktiv;* Wörter mit negativen Konnotationen für die Gegenseite wie *Sozialdemokratismus, Bonner Imperialisten, faschistisch, revanchistisch, militaristisch;* und Gegenüberstellungen wie *kapitalistischer Profit – sozialistischer Gewinn.*

Für den Sprachgebrauch in der DDR ist jedoch nicht nur das Aufkommen neuer Wörter für veränderte Verhältnisse typisch, sondern darüber hinaus werden einige früher schon bekannte Wörter heute besonders häufig herangezogen, um mit ihnen das Wesen sozialistischer Beziehungen der Menschen untereinander sowie ihres Verhältnisses zur Arbeit u.a. zu charakterisieren. Dazu gehören z.B. Adjektive wie *schöpferisch, planmäßig, kollektiv,* Substantive wie *Verpflichtung, Initiative, Verantwortung, Qualität, Effektivität* und Verben wie *durchdenken, mitgestalten, mitbestimmen, beraten, planen, diskutieren.* In einer Devise wie *Plane mit — arbeite mit — regiere mit* wird der Charakter sozialistischer Verhältnisse deutlich: jeder ist aufgerufen, an der Gestaltung der entwickelten sozialistischen Gesellschaft auf seinem Platz mitzuwirken.

(Aus Joachim Schildt: Abriß der Geschichte der deutschen Sprache. Berlin/DDR/ 1976.)

Das Ziel politischen Sprachgebrauchs ist es ja, die Menschen zu beeinflussen. Schon 1880 schrieb der schwedische Sprachwissenschaftler Esaias Tegnér[4] von der Macht der Sprache über das Denken (*Språkets makt över tanken*). Heute können Politik und Werbung noch effektiver arbeiten, indem sie die Erfahrungen der modernen Psychologie und Semantik ausnutzen.

Neben den Gegenüberstellungen positiv-negativ werden in politischer Sprache z.B. Umwertungen benutzt. Wörter mit negativen Konnotationen können aufgewertet werden und umgekehrt. Es ist z.B. auf eine gewisse Ab- und Umwertung religiöser Terminologie in Literatur der DDR hingewiesen worden: Begriffe wie *heilig, ewig, Andacht* werden mit weltlichen Verhältnissen gekoppelt. Vgl. auch die Bezeichnung *Jugendweihe*[5] 'Feier, bei der die 14jährigen...sich zu einem Leben für die sozialistische Gesellschaft bekennen' (WDG, 'Wörterbuch der deutschen Gegenwartssprache'). Eine durch Umwertung veränderte Bedeutung (vgl. 17.5.4.) haben z.B. auch die Begriffe *Kritik* und *Opposition*, die im politischen Sprachgebrauch einander folgendermaßen gegenübergestellt werden:

Kritik 'Methode zur ökonomischen, gesellschaftlichen und politischen Weiterentwicklung der sozialistischen Gesellschaftsordnung'
Opposition (auf bürgerliche Verhältnisse bezogen) 'größere Anzahl von Personen, die Widerstand gegen die Regierung, gegen die herrschende Klasse, Partei leistet'

Zu den Umwertungen tragen auch die Wörterbücher bei. Die westlichen zeigen im allgemeinen, wie sich die Bedeutung etymologisch-historisch entwickelt hat, weisen aber auch manchmal eine ideologische Färbung auf, die östlichen geben meist zielbewußter und deutlicher die gewünschte ideologische Interpretation.

Das Wörterbuch läßt dadurch vor allem diejenigen gesellschaftspolitisch relevanten Sprachwandlungen, die sich in der DDR vollzogen haben, deutlich hervortreten.

---

[4] Ein Enkel des Dichters Esaias Tegnér.
[5] Die Jugendweihe hat es jedoch schon in der Weimarer Zeit gegeben (vgl. 17.5.7.), und die Jugendweihetradition geht bis in die Aufklärungszeit zurück.

Mit seinen lexikographischen Mitteln will es zur Festigung des sozialistischen Bewußtseins der Menschen in der DDR beitragen, aber auch den fortschrittlichen Kräften in anderen Ländern helfen, die Sprache des sozialistischen Staates deutscher Nation besser zu verstehen und den Versuchen des Sprachmißbrauchs durch die Monopolbourgeoisie entgegenzuwirken.

(Aus der Vorbemerkung zu WDG, Bd. IV.)

In dem folgenden Beispiel hat im Handwörterbuch die Definition von *Reformismus* eine eindeutige negative Färbung. Im Wahrig dagegen ist eine Tendenz schwerer zu entdecken, jedoch das Attribut *gemäßigter* zeigt, daß der Begriff *Sozialismus* für den Verfasser negative Konnotationen hat.

Reformismus: Streben nach Umwandlung des Staates nicht durch Gewalt, sondern durch Reformen; (im engeren Sinn) gemäßigter Sozialismus; (allg.) Streben nach Reformen

(Wahrig 1975.)

Reformismus, der; -, /o. Pl./ *in der Arbeiterbewegung entstandene opportunistische politisch-ideologische Strömung, die den revolutionären Kampf und die Errichtung der Diktatur des Proletariats ablehnt und die die Auffassung vertritt, daß der Soz. auf dem Wege von Reformen, ohne Revolution zu erreichen sei.* (Handwörterbuch der deutschen Gegenwartssprache 1984.)

Die politische Sprache der DDR deckt sich vielfach mit der Sprache derjenigen linken Gruppen der anderen deutschsprachigen Länder, die auf marxistische Traditionen bauen. Während es aber in der Bundesrepublik mehr als eine politische Gruppensprache gibt, ist in der DDR eine politische Sprache nicht nur die offizielle, sondern auch die alleinige geworden und kann durch die Massenmedien, Schulbücher usw. einen stärkeren und anhaltenderen Einfluß ausüben.

17.5.6. Frequenz und Inhaltslosigkeit

Sprachliche Klischees

Besonders im politischen Sprachgebrauch sind die ,,inhaltsschweren Ausdrücke der Inhaltslosigkeit"[6] (Marx) sehr beliebt. In den genannten Computeruntersuchungen wurde festgestellt, daß in der bundesdeutschen Presse folgende Wörter frequent sind: *freiheitlich, Demokratisierung, dynamisch, Markt*; und in der DDR: *friedliebend, sozialistisch, sich qualifizieren, Massen.*

---

[6] d.h. großer Umfang, wenig Eigenschaften, vgl. 4.1.

Daß gerade bei diesen abstrakten Begriffen in verschiedenen politischen Gruppensprachen Bedeutungsdifferenzen entstehen, liegt auf der Hand. Durch den häufigen Gebrauch sind diese Wörter jedoch so abgenutzt, daß sie fast nichts mehr aussagen. Was bedeutet für den Leser/Hörer z.B. *unser sozialistischer deutscher Friedensstaat* (DDR) oder *freiheitlich-demokratische Grundordnung* (BRD)? Es ist mehrfach darauf hingewiesen worden, daß der offizielle Sprachgebrauch der DDR besonders viele vorformulierte Ausdrücke enthält, die durch ihre häufige Verwendung leicht zu inhaltsleeren Klischees werden: *sozialistischer Aufbau, friedliche Koexistenz, Weiterführung des sozialistischen Wettbewerbs* usw. (vgl. unten).

17.5.7. Der offizielle Stil

Gestützt auf das in vielen gemeinsamen Klassenschlachten der deutschen und der tschechoslowakischen Arbeiterklasse fest zusammengefügte und im Kampf für die gemeinsamen Ziele beim Aufbau des Sozialismus tausendfach erhärtete Fundament revolutionärer Traditionen, verbinden unsere sozialistischen Brudervölker engste, freundschaftliche Beziehungen. Alles trennende, was der Imperialismus zwischen unseren Völkern aufgerichtet hatte, haben die Werktätigen der Deutschen Demokratischen Republik unter der Führung ihrer marxistisch-leninistischen Parteien beseitigt. Diese wahrhaft historischen Ergebnisse wurden erreicht, weil sich die Sozialistische Einheitspartei Deutschlands und die Kommunistische Partei der Tschechoslowakei stets von den weltverändernden Ideen des Marxismus-Leninismus und der Freundschaft zur Sowjetunion leiten lassen und weil unsere Staaten unwiderruflich Bestandteil der sozialistischen Völkerfamilie mit der Sowjetunion an der Spitze sind.

(Neues Deutschland, 14.10.74, S. 1.)

Der offizielle Stil der Massenmedien unterscheidet sich in der DDR mehr von der gesprochenen Sprache als in den anderen deutschsprachigen Ländern. Man muß natürlich hier berücksichtigen, daß die Massenmedien nicht die gleiche Funktion haben, sondern sie sind in erster Linie ein Instrument für die Erziehung zum sozialistischen Gesellschaftsbewußtsein, erst in zweiter Linie für die Nachrichtenvermittlung. Dieser Stil ist nicht neu; u.a. geht er auf den politischen Sprachgebrauch der Weimarer Zeit zurück. Charakteristisch ist die oben erwähnte Formelhaftigkeit: Mode und Schlagwörter, stereotype Attribute, Superlative, *wir* und *unser*. Hierdurch wirkt die Sprache schablonenhaft und abgeblaßt.

Verglichen mit dem Stil der Massenmedien in den westlichen deutsch-sprachigen Staaten sind die in Kap. 16. behandelten Entwicklungstendenzen unterschiedlich stark ausgeprägt. Der „angloamerikanische Trend" ist in manchen Kommunikationsbereichen weniger stark, die Neigung zur Akü-Sprache auffälliger. Die Anlehnung an das Schriftdeutsche ist ausgeprägter, indem die Tendenz zur Nominalisierung deutlicher zur Geltung kommt und lange Sätze durchschnittlich häufiger zu sein scheinen.

17.5.8. Ausblick

Die sprachlichen Differenzen zwischen Ost und West sind nicht so groß, wie die in 17.5. angeführten Wortlisten es glauben machen. Man darf nicht vergessen, daß diese Listen nur einen sehr kleinen Teil des Gesamtwortschatzes ausmachen, daß die meisten der vielen Neuwörter gemeinsam übernommen werden und schließlich, daß die Wortwanderung eine ausgleichende Rolle spielt.

Auf der anderen Seite gibt es Synonyme und Unterschiede im Wortgebrauch, die zu Kommunikationsstörungen führen können, vor allem wenn es um die politische Sprache geht. Wahrscheinlich werden im Laufe der Zeit weitere Unterschiede entstehen. Es ist aber noch zu früh, um etwas darüber aussagen zu können, inwieweit sich die geschriebene Sprache in Ost und West weiter auseinanderentwickeln wird. Wird man auf der einen Seite an dem formelhaften offiziellen Stil der politischen Sprache festhalten? Wird man auf der anderen Seite sich weiterhin an die gesprochene Sprache anlehnen und das Ideal der Verständlichkeit anstreben oder mehr der Tendenz zur Intellektualisierung und dem Einfluß der Fachsprachen nachgeben?

Anhang

Einige Hilfsmittel

Mit Hilfe der folgenden Auswahl einiger Werke zur Geschichte der deutschen Sprache und zur Sprachentwicklung heute läßt sich leicht weitere Literatur finden.

Allgemeine Werke

Deutsche Sprache 1983: *Kleine Enzyklopädie Deutsche Sprache*. Hgg. v. Wolfgang Fleischer u.a. Leipzig.

Eggers, Hans 1986: *Deutsche Sprachgeschichte*. 2 Bde. 2., überarb. und erg. Aufl. Reinbek.

v. Polenz, Peter 1978: *Geschichte der deutschen Sprache*. 9., überarb. Aufl. Berlin/New York.

HSK Sprachgeschichte 1984 – 85: *Sprachgeschichte. Ein Handbuch zur Geschichte der deutschen Sprache und ihrer Erforschung*. Hgg. v. Werner Besch, Oskar Reichmann, Stefan Sonderegger. 2 Halbbände. Berlin/New York.

Schildt, Joachim 1984: *Abriß der Geschichte der deutschen Sprache. Zum Verhältnis von Gesellschafts- und Sprachgeschichte*. 3., überarb. Aufl. Berlin-DDR.

Althaus, Peter; Henne, Helmut/Herbert E. Wiegand (Hg.) 1980: *Lexikon der germanistischen Linguistik*. 2., neu bearb. und erw. Aufl. Tübingen.

Lewandowski, Theodor 1984: *Linguistisches Wörterbuch*. Bd. 1 – 3. 4. Aufl. Heidelberg.

Kapitel 2 – 4

Szulc, Alexander 1987: *Historische Phonologie des Deutschen*. Tübingen.

Kern, Peter Ch./Herta Zutt 1977: *Geschichte des deutschen Flexionssystems*. Tübingen.

Ebert, Robert P. 1978: *Historische Syntax des Deutschen*. Stuttgart.

Henzen, Walter 1975: *Deutsche Wortbildung*. 4. Aufl. Tübingen.

Wandruszka, Mario 1981: *Die Mehrsprachigkeit des Menschen*. München.

Schirmer, Alfred 1969: *Deutsche Wortkunde. Kulturgeschichte des deutschen Wortschatzes*. 6., verb. und erw. Aufl. v. Walther Mitzka. Berlin.

Maurer, Friedrich/Heinz Rupp (Hgg.) 1974 – 78: *Deutsche Wortgeschichte*. 3 Bde. 3. Aufl. Berlin/New York.

Birkhan, Helmut 1985: *Etymologie des Deutschen*. Bern/Frankfurt am Main/New York.

Kapitel 5 – 7

Pokorny, Julius 1959 – 69: *Indogermanisches etymologisches Wörterbuch*. Bd. 1 – 2. Bern.

Krahe, Hans 1967, 1969: *Germanische Sprachwissenschaft*. Bd. I – II. 7. Aufl. bearb. v. W. Meid, Bd. III v. W. Meid. Berlin.

Braune, Wilhelm/Ernst A. Ebbinghaus 1981: *Gotische Grammatik*. 19. Aufl. Tübingen

Kapitel 8 – 10

Schützeichel, Rudolf 1981: *Althochdeutsches Wörterbuch*. 3., durchges. und verb. Aufl. Tübingen.

Sonderegger, Stefan 1974: *Althochdeutsche Sprache und Literatur. Eine Einführung in das älteste Deutsch. Darstellung und Grammatik.* Berlin/New York.

Schlosser, Horst (Hg.) 1980: *Althochdeutsche Literatur. Mit Proben aus dem Altniederdeutschen. Ausgewählte Texte mit Übertragungen und Anmerkungen.* 2., bearb. und erw. Aufl. Frankfurt.

Kapitel 11 – 13

Lexer, Matthias 1979: *Mittelhochdeutsches Taschenwörterbuch.* 35. Aufl. mit neubearb. und erw. Nachträgen. Stuttgart.

Paul, Hermann 1982: *Mittelhochdeutsche Grammatik.* 22., durchges. Aufl. v. H. Moser, I. Schröbler, S. Grosse. Tübingen.

Oksaar, Els 1965: *Mittelhochdeutsch. Texte – Kommentare – Sprachkunde – Wörterbuch.* Uppsala.

Birnbaum, Salomo A. 1974: *Die jiddische Sprache. Ein kurzer Überblick und Texte aus acht Jahrhunderten.* Hamburg.

Lasch, Agathe; Borchling, Conrad/Gerhard Cordes 1928ff: *Mittelniederdeutsches Handwörterbuch.* Neumünster.

Gernentz, Hans Joachim 1980: *Niederdeutsch – gestern und heute.* 2., völlig neubearb. und erw. Aufl. Rostock.

Kapitel 14 – 15

Götze, Alfred 1967: *Frühneuhochdeutsches Glossar.* 7. Aufl. Berlin.

Philipp, Gerhard 1980: *Einführung ins Frühhochdeutsche. Sprachgeschichte – Grammatik – Texte.* Heidelberg.

Betten, Anne 1987: *Grundzüge der Prosasyntax. Stilprägende Entwicklungen vom Althochdeutschen zum Neuhochdeutschen.* Tübingen.

Wustmann, Gustav 1891: *Allerhand Sprachdummheiten. Kleine deutsche Grammatik des Zweifelhaften, des Falschen und des Häßlichen. Ein Hilfsbuch für alle, die sich öffentlich der deutschen Sprache bedienen.* Leipzig. (14. Aufl. 1966).

Kapitel 16 – 17

Braun, Peter 1987: *Tendenzen in der deutschen Gegenwartssprache. Sprachvarietäten.* 2., veränd. und verbess. Aufl. Stuttgart/Berlin/Köln/Mainz.

v. Polenz, Peter 1985: *Deutsche Satzsemantik. Grundbegriffe des Zwischen-den-Zeilen-Lesens.* Berlin/New York.

Eichhoff, Jürgen 1977 – 78: *Wortatlas der deutschen Umgangssprachen.* Bern/ München.

Goossens, Jan 1977: *Deutsche Dialektologie.* Berlin/New York.

Niebaum, Hermann 1983: *Dialektologie.* Tübingen.

Arquint, Jochen C. u.a. 1982: *Die viersprachige Schweiz.* Zürich/Köln.

Möhn Dieter/R. Pelka 1984: *Fachsprachen. Eine Einführung.* Tübingen.

Henne, Helmut 1986: *Jugend und ihre Sprache. Darstellung, Materialien, Kritik.* Berlin/New York.

Kinne, Michael/Birgit Strube-Edelmann 1980: *Kleines Wörterbuch des DDR-Wortschatzes.* Düsseldorf.

Erklärendes Sachwörterverzeichnis

Abkürzung – Wortbildung durch Reihung der Anfangsbuchstaben mehrerer Wörter, z.B. *NATO, UdSSR* (Initialwort), oder durch Kürzung, z.B. *Lok(omotive), (Fahr)Rad* (Kurzwort), 2.3.3., 16.3.4.

Ablaut – regelmäßiger Vokalwechsel in der Stammsilbe etymologisch verwandter Wörter (unabhängig von der Umgebung und schon indoeuropäisch: hier auch in anderen Silben), z.B. dt. *sinken – sank – gesunken; binden – der Bund*. Die starken Verben bilden seit germ. Zeit ihre Stammformen durch Ablaut, 6.5.2.

s. Umlaut

Ableitung – Wortbildung aus einem selbständigen Wort (freies Morphem) + Affix (gebundenes Morphem), z.B. *Kind – kindlich, spielen – bespielen*, 2.3.3., 16.3.4.

Adstrat – eine Sprachkontaktsituation: Beeinflussung aufgrund von lange währender Nachbarschaft zweier Sprachen.

s. Interferenz, Substrat, Superstrat

Affix – vorangesetzte, ein- oder angefügte Wortbildungssilbe/Morphem. Zusammenfassende Bezeichnung für Präfix (*er-scheinen*), Infix (*Bildung-s-lücke*), Suffix (*klein-lich*).

Affrikata – Verschlußlaut mit nachfolgendem Reibelaut, z.B. *pf, z* [ts], 8.1.1.

Akkusativierung – Vordringen der Akkusativrektion, Akk. obj. löst Dativ- und Genitivobj. ab. 15.6.2., 16.3.4.

Akzent – Hervorhebung eines Sprachelements (Silbe, Wort, Satz) durch stärkeren Atemdruck (expiratorischer Akzent) oder durch Tonhöhenvariation (musikalischer Akzent), 6.4.2.

Alltagssprache, s. Umgangssprache

Analogie – Ausgleich von Wörtern und Formen nach assoziierten Wörtern oder Formen, z.B. zwischen Präteritum Singular und Plural der starken Verben: *ich band – wir bunden > ich band – wir banden*, 14.7.2.; und: *(des) Nachts* in Analogie zu *(des) Morgens*

Analogiebildung – Wortbildung nach einem vorliegenden Muster

analytischer Sprachbau – verwendet selbständige Wörter (freie Morpheme) statt Endungen, innerer Flexion und Affixe, um grammatische Beziehungen und Bedeutungskomplexe auszudrücken, z.B. dt. (analytisch) *ich habe gefragt* – lat. (synthetisch) *rogavi*, 2.2.1., 6.5., 11.4.2., 16.5.

Ggs. s. synthetischer Sprachbau

Anglizismus, Angloamerikanismus – englisches bzw. angloamerikanisches Wortgut in einer anderen Sprache. 15.4.5., 16.3.3.

s. Interferenz

Anlaut – erster Laut eines Wortes oder einer Silbe

Ggs. s. Auslaut

Apokope – Wegfall eines Vokals oder einer Silbe am Wortende, z.B. *Haus(e)*, 11.2.1., 17.2.6.

s. Synkope

Assimilation – Angleichung eines Konsonanten an einen benachbarten, z.B. *ent-finden > empfinden*, mhd. *hôchvart > Hoffart*, 2.1.1.

Ggs. s. Dissimilation

a-Umlaut, s. Umlaut

216

Auslaut – letzter Laut eines Wortes (oder einer Silbe)
s. Anlaut

Auslautverhärtung – auch Auslautverschärfung. Im Mhd. verloren auslauten-
de, stimmhafte Konsonanten ihren Stimmton: ahd. *tag* – *tages* > mhd.
tac [tak] – *tages*, 11.2.4.

Bedeutungswandel – Verschiebung des Wortinhalts, 2.4., Kap. 4,
11.6.2.,15.2.1., 16.3.5., 17.4.4-5.

Behördensprache – auch Amts-, Verwaltungssprache. Die Sondersprache der
Behörden, bes. gekennzeichnet durch Abstraktion, Nominalstil, lange Sätze und oft geringe Verständlichkeit, 15.4.2., 17.3.1.
s. Kanzleisprache, Nominalstil

Benrather Linie – Nordgrenze der zweiten Lautverschiebung, 8.1., 11.5.1.,
17.2.5.

Delabialisierung – Entrundung eines Vokals, z.B. *ö > e, ü > i*, 2.1.1. (Ostmitteldeutsch), 17.2.6. Ggs. s. Labialisierung

Denominativ(um) – von einem *Nomen* (Substantiv, Pronomen, Adjektiv) abgeleitetes Wort, z.B. *wärmen* zu *warm*, 6.5.3.

diachronisch – 'durch die Zeit gehend', d.h. historisch (Sprachbetrachtung)
Ggs. s. synchronisch

Dialekt, s. Mundart

Diglossie – Form der Zweisprachigkeit, in der die beiden Sprachen (oder
Standardsprache – Dialekt) verschiedene Anwendungs- und Funktionsbe-
reiche haben. 17.2.4.

Diphthongierung – Veränderung eines Monophthongs (einfacher Vokal) zum
Diphthong (Doppelvokal), z.B. mhd. *mûs* > fnhd. *Maus*, 14.5.1.
Ggs. s. Monophthongierung

Dissimilation – Unähnlichwerden oder Ausstoßen eines von zwei benachbarten ähnlichen Konsonanten, z.B. ahd. *murberi > Maulbeere*, mhd. *werlt >
Welt*, ahd. *pfenning > Pfennig*, 2.1.1.

Dual – verschwundene grammatische Form (Numerus) für die Zweizahl,
Rest: bair. *enk* eig. 'euch beiden', 6.5.1.

Ellipse – Weglassung von Satzgliedern, die nicht unbedingt zum Verständnis
erforderlich sind *(Ich habe) keine Zeit! (Das) Rauchen (ist) verboten!*, 16.6.1.

Entlehnung, 3.1.

Erbwort – aus älteren Sprachstufen übernommenes Wort, das sich in verwandten Sprachen findet, z.B. dt. *Nase*, schwed. *näsa*, altslaw. *nosŭ*, lat.
nasus, 2.3.3., 5.2., 6.3.

erweitertes Attribut – mehrere aneinander gereihte oder einander untergeordnete Attribute, z.B. *eine vierzigbändige, in Leder gebundene und mit einem
Register versehene Goetheausgabe; das am Rand einer kleinen Stadt im Fich-
telgebirge gelegene Haus*, 14.8.1., 16.6.2.

Etymologie – Lehre von der (ältesten nachweisbaren) Herkunft und Geschichte der Wörter und ihren Bedeutungen, 4.4.

Euphemismus – beschönigende Umschreibung, sprachliche Verhüllung, z.B.
heimgehen für 'sterben'. 4.3.3., 16.2.2.

Extension – Bedeutungsumfang, referentielle Bedeutung, 4.1. Ggs. Intension

Fachsprache – Sprache mit einem speziellen Wortschatz (Fachvokabular,
Fachterminologie) für ein bestimmtes Fachgebiet, 14.4.4., 16.3.2-3., 17.3.2.

Flexion – Grammatische Beugung: der Substantive, Adjektive und Pronomen
durch Deklination, der Verben durch Konjugation

Fremdwort – aus einer anderen Sprache unverändert übernommenes (in Aussprache, Schreibweise oder Flexion noch nicht angeglichenes) Wort, z.B. *Feature* ['fiːtʃə] < eng. *feature*, 3.1. s. Lehnwort

Funktionalstil – Verwendungsweise sprachlicher Mittel in einem Kommunikationsbereich, z.B. Geschäftsstil, publizistischer Stil, literarischer Stil, 16.6.

Funktionsverb – inhaltsschwaches Verb in einer festen Verbindung mit einem Substantiv, das den Hauptinhalt trägt, z.B. *zur Durchführung bringen*, 16.6.2.

Funktionswort – Synsemantikum, selbständiges grammatisches Morphem, d.h. Wort, das hauptsächlich grammatische Funktion hat wie Artikel, Pronomen, Präposition, Modal- und Hilfsverb, Ggs. Vollwort (Autosemantikum)

Geheimsprache – verschlüsselte Gruppensprache, z.B. Rotwelsch, 17.3.2.

Gemeinsprache – die überregionale (und übergruppale) Sprache einer Sprachgemeinschaft, 14.3.3., 11.6.1., 15.1., 17.1., 17.2.1. s. Standardsprache)

Gèrmanisch – zur indoeuropäischen Sprachfamilie gehörende Sprachgruppe; die durch Sprachvergleich rekonstruierte Vorstufe der germ. Sprachen, auch: Urgermanisch, 5.1., Kap. 6

Glosse – Übersetzung oder Erklärung eines Wortes zwischen den Zeilen (interlinear) oder am Rand eines Textes, 9.4.1., 9.4.5.

Grammatikalisierung, s. Morhpologisierung

Grammatischer Wechsel – Konsonantenwechsel zwischen $f - b$, $d - t$, $h - g$ und $s - r$ *(leiden – gelitten, ziehen – gezogen)*, der durch das Vernersche Gesetz (Beschreibung einer Ausnahme der ersten Lautverschiebung) zu erklären ist. Im Nhd. ist der grammatische Wechsel meist durch Analogie ausgeglichen, 6.4.1.

Graphem – Schriftzeichen, kleinste Einheit der geschriebenen Sprache, die die Bedeutung differenzieren kann.

Hochsprache – die in Aussprache, Wortschatz und grammatischen Regeln als vorbildlich geltende Sprachnorm im Gegensatz zur Umgangssprache und Mundart, 15.4.2., s. Standardsprache

Homonym – gleichlautendes Wort mit verschiedener Bedeutung und Herkunft *Lehre – Leere, Kiefer* (Baum) – *Kiefer* (Knochen), 15.5.1. s. Synonym

Hyperbel – Übersteigerung, sprachliche Übertreibung, z.B. *ewiges Klagen, Tausendfüßler, Riesenhunger, abscheulich kalt*, 4.3.4. Ggs. s. Litotes

Hypotaxe — Unterordnung von Satzgliedern oder Sätzen (oft durch Konjunktion spezifiziert); z.B. *Ich glaube* |HS| *daß er noch nicht weiß* |NS₁| *warum der Test mißlungen ist* |NS₂|; 14.8.1., 15.6.3. s. Parataxe

indoeuropäisch (ieur.), auch: *indogermanisch* – durch Sprachvergleich rekonstruierte prähistorische Vorstufe einer Gruppe verwandter Sprachen im europäischen und vorderasiatischen Raum, Kap. 5. s. Kentumsprachen

Interferenz – die Beeinflussung einer Sprache durch eine andere als Folge von Nachbarschaft, Zweisprachigkeit oder Erlernen von Fremdsprachen. Es gibt lexikalische, semantische, phonologische und grammatische Interferenz, 2.1.3.

218

Internationalismus – ein Wort, oft aus dem Fachvokabular der Wissenschaft oder Technik, das sich international durchgesetzt hat, 15.4.5., 16.3.3.

i-Umlaut – s. Umlaut

Kanzleisprache – (seit dem 15. Jh.) Sprache der deutschen Kanzleien, 14.3.1.; figürlich für den lateinisch beeinflußten Stil der öffentlichen Verwaltung, auch Amts-, Papierstil, 15.4.2., 15.6.3.
   s. Behördensprache

Kausativum – von einem starken Verb abgeleitetes schwaches Verb mit der Bedeutung 'veranlassen, daß die Tätigkeit des Grundverbs ausgeübt wird'. z.B. *fällen* 'fallen machen', *senken* 'sinken machen', 6.5.3.

Kentumsprachen – nach der unterschiedlichen Aussprache des Wortes für 100 (lat. *centum* – altiran. *satem*) teilt man oft die ieur. Sprachen von einer bestimmten Zeitstufe an (etwa 1500 v. Chr.) in Kentum- und Satemsprachen. K. sind: Griechisch, Italisch, Keltisch, Germanisch, Illyrisch, Tocharisch und Hethitisch.
   S. sind: Indisch, Iranisch, Armenisch, Slawisch, Baltisch, Phrygisch, Thrakisch.

Kompositum – s. Zusammensetzung

Konnotation – Nebenbedeutung eines Wortes, Begleitvorstellung, z.B. 'schmutzig' bei *Schwein*, 4.1.

Kontext – (sprachliche) Umgebung eines Wortes oder Satzes, ihr Zusammenhang, auch: die umgebende Situation

Labialisierung – Rundung eines Vokals, z. B. *i > ü, e > ö: Sintflut > Sündflut*, 2.1.1.
   ggs. s. Delabialisierung

Lautverschiebung – Veränderung der Artikulationsweise von Konsonanten (etwas vereinfachte Übersicht:)

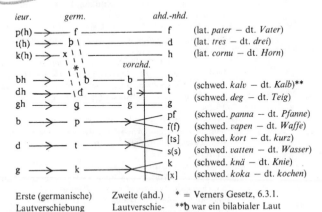

Erste (germanische)	Zweite (ahd.)	* = Verners Gesetz, 6.3.1.
Lautverschiebung	Lautverschie-	**ƀ war ein bilabialer Laut
6.3.1.	bung 8.1.	

Lautwandel – durch Bequemlichkeit, Mode oder Interferenz verursachte lautliche Veränderung (durch Nachbarlaute beeinflußt oder spontan), Lautwandeltypen 2.1.

219

Lehnbedeutung – Bedeutungswandel durch fremdes Vorbild, 3.1.

Lehnbildung – Neubildung durch Einfluß eines fremden Wortes. Zusammenfassende Bezeichnung für Lehnübersetzung, -übertragung und -schöpfung, 3.1.

Lehnsyntax – Beeinflussung der Syntax durch eine fremde Sprache, 2.2.2.

Lehnwort – der einheimischen Sprache lautlich, orthographisch u.s.w. angepaßtes Fremdwort, z.B. *Prämie* < lat. *prœmia*, 3.1.
s. Fremdwort

Lexikalisierung – Übernehmen eines Wortes (Lexem) in den Wortschatz (Lexikon) einer Sprache, 3.1.

Litotes – Hervorhebung durch "Untertreibung" und Verneinung, z.B. *gar nicht dumm* für 'recht gescheit', 4.3.4.
Ggs. s. Hyperbel

Metapher – bildlicher Ausdruck, der auf Ähnlichkeit beruht, z.B. *Wüstenschiff* für 'Kamel', 4.3.2.

Metonymie – bildlicher Ausdruck, der auf einen logischen Zusammenhang zurückgeht, z.B. *Zunge* für 'Sprache', *der Himmel* für 'Gott', 4.3.2.

Metathese – Umstellung eines Lautes, bes. des *r*, z.B. *Bernstein* < *Brennstein* (das Harz ist brennbar): ahd. *brestan* > *bersten* (schwed. *brista*); *Christian* > *Kirsten*

Monophthongierung – Umwandlung eines Diphthongs in einen einfachen Vokal (Monophthong), z.B. nd., schwed. *sten* im Verhältnis zu hd. *Stein*, 9.7.2., (mitteldeutsche Monophthongierung) 14.5.2.
Ggs. s. Diphthongierung

Morphem – kleinste bedeutungshaltige Einheit einer Sprache. Die Bedeutung kann auch eine grammatische Funktion sein, z.B. *lach-te*

Morphologie – Lehre von der Veränderung der Wörter durch Flexion und Wortbildung; Lehre von der Struktur, Funktion und Distribution der Morpheme

Morphologisierung – Grammatikalisierung, eine phonetische Erscheinung wird morphologisch systematisiert, z.B. der Umlaut wird Kennzeichen des Plurals, 9.7.1.

Mundart – Dialekt, die für ein geographisches Gebiet gemeinsame Sprachform im Gegensatz zur Standardsprache (Hochsprache), 17.2.

Nomalisierung – Verwandlung eines Verbs (einer Verbalphrase oder eines ganzen Satzes) in ein Substantiv (Nomen) oder eine Nominalphrase, 16.6.2., 16.3.4.

Nominalstil – überwiegend substantivische Ausdrucksweise, meist mit ausgebauten Attributgruppen, Substantive (bes. auf *-ung*, substantivierte Infinitive, Zusammensetzungen) übernehmen den Inhalt des Verbs oder eines ganzen Satzes, 16.6.2.
s. erweitertes Attribut, Funktionsverben

Onomatopöie – Wortbildung durch Nachahmung eines Lautes, Lautmalerei, z.B. *Kuckuck, babbeln, knurren, plumpsen*, 2.3.3.

Orthographie – Rechtschreibung, 9.5., 11.3., 14.6., 15.5.1., 16.4.

Parataxe – Nebenordnung gleichberechtigter Hauptsätze (oder Satzglieder), z.B. *Ich kam* |HS |, *ich sah* |HS |, *und ich ging wieder* |HS |, 14.8.1., 16.6.1.
s. Hypotaxe

Phonem – kleinste bedeutungsunterscheidende Lauteinheit

Präteritum – Imperfekt, 1. Vergangenheit

220

Prestigesprache – Sprache mit sozialem Prestige, z. B. Französisch während der Ritterzeit und im 17. Jh.

Purismus – Bestreben, die Sprache von Fremdwörtern zu reinigen, 3.3., 16.3.3.

Redundanz – überflüssige Nennung eines Merkmals, das bereits in einer anderen gegebenen Information enthalten ist, z.B. *du komm̱s̱ṯ* (Person); *zie̱ẖṯ* (Vokallänge), 2.2.1.

Reduplikation – Wiederholung des Anlauts + *e* (got. *aĭ*) im Präteritum der 7. Ablautreihe der germanischen starken Verben. Nur noch im Gotischen deutlich: *haĭtan – haĭhaĭt* (heißen – hieß); *haldan – haihald* (halten – hielt)

Rückumlaut – umlautlose Form im Präteritum und Prät. Partizip bei einigen schwachen Verben: *(brennen –) brannte – gebrannt, (senden –) sandte – gesandt* usw., urspr. lang- oder mehrsilbige *jan*-Verben, die nur im Präsensstamm Umlaut hatten (heute meist durch Analogie ausgeglichen), 14.7.2.

Schachtelsatz – Satz, in den ein oder mehrere Nebensätze oder Partizipialkonstruktionen eingebettet sind. Klammersatz. Im Deutschen durch das Prinzip der Rahmenbildung/Umklammerung bes. gefördert, 15.6.3., 16.6.1.

Schreibsprache – hier: überlandschaftliche geschriebene Sprache (fnhd.), 14.3.3.

Schriftsprache – die geschriebene Form der Standardsprache. Spezifische Züge sind u.a. komplizierterer Satzbau und höhere Anforderung an die Norm als in der gesprochenen Sprache, 13.2., 15.4.2., 16.2.2., 16.4., 17.1.

Schwa-Laut – Murmelvokal [ə], 11.2.1., 16.4.

Semantik – Lehre vom Wortinhalt und Bedeutungswandel; von den Beziehungen zwischen Sprache und Wirklichkeit; von den Wirkungen der Sprache auf Einstellung und Denken des Menschen, 4.1., s. Bedeutungswandel

Sondersprachen – Oberbegriff für Fach-, Berufs- und Gruppensprachen; manchmal auch im engeren Sinn 'Gruppensprache', 17.3.2.

Soziale Aufwertung – Ersatz eines Wortes durch ein neues mit positiveren Konnotationen (*Irrenhaus – Nervenheilanstalt – Psychiatrische Klinik*), 4.3.3.

Soziolekt – die Sondersprache einer sozialen Gruppe, Klassensprache, Standessprache, 17.3.

Soziolinguistik – Wissenschaft von den Unterschieden im Sprachgebrauch sozialer Gruppen, 17.3.1.

Sprachbarriere – Behinderung eines sozialen Aufstiegs durch die Sprache (geringer Wortschatz, schlechtes Ausdrucksvermögen), 17.3.1.; auch in der allgemeineren Bedeutung 'Verständigungsbehinderung, wenn Personen z.B. verschiedene Gruppensprachen sprechen'

Sprachgesellschaften – Vereinigungen von Adeligen, Gelehrten und Dichtern mit dem Ziel, die deutsche Sprache zu regeln und von Fremdwörtern zu reinigen (17. Jh.), 15.3.2.

vgl. Allgemeiner Deutscher Sprachverein 15.4.4., 16.2.2.

Sprachlenkung – Steuerung der Sprache mit manipulierender Absicht (politische Propaganda, Reklame), 4.3.3., 16.2.2., 17.5.5.

Sprachlenkung ohne manipulierende Absicht, s. Sprachnorm

Sprachnorm – Regeln für den „korrekten" Sprachgebrauch (der Standard- und Schriftsprache), 14.3.4.; 15.1., 15.3-4., 15.5., 16.4

Sprachökonomie – Tendenz zur Kürze und Vereinfachung; das Bestreben, möglichst viel Information mit einem Minimum an sprachlichen Ausdrucksmitteln zu geben, 2.1.3., 16.1., 16.3.4., 16.6.2.

Sprachperiode – Zeitabschnitt der Sprachgeschichte, 8.2.

Sprachpflege – s. Sprachgesellschaften, Purismus, Sprachnorm

Sprachsystem – Sprache als geordnetes, strukturiertes Ganzes; der Funktions-
zusammenhang sprachlicher Elemente verschiedener Ebenen (phonolo-
gisch, morphologisch, syntaktisch usw.), Kap. 1.

Sprechsituation – soziale, psychologische und sprachliche Bedingungen, unter
denen mündliche Kommunikation stattfindet, 17.3.1.

Stamm – Grundmorphem (Wurzel), Ableitung oder Zusammensetzung, an
die ein Flexionsmorphem treten kann, z.B. *steh-st, Hilferuf-e* (Stamm +
Endung), 6.5.4., s. Wurzel

Standardsprache – neuerer Terminus für Hochsprache oder Gemeinsprache:
die überregionale, übergruppale, durch Sprachnormen festgelegte Sprache
einer Sprachgemeinschaft, 14.1., 15.4., 16.2.2., 17.1-2.

Stil – Art des mündlichen und schriftlichen Ausdrucks einer Person (Individualstil), einer Epoche (Zeitstil); von Thema, Situation und Funktion ab-
hängige Sprachvariante (Stilart, Stilebene; Funktionalstil), 17.1., 17.4.

Substrat – eine Sprachkontaktsituation: wenn die ursprünglichen Bewohner
eines Gebietes die Sprache von Eroberern oder Zuwanderern übernehmen
und Spuren der eigenen Sprache in der neuen hinterlassen (Aussprache,
Grammatik, Wörter), spricht man von der Einwirkung eines Substrats (lat.
substratus 'darunterliegend'). So entstand z.B. aus dem Vulgärlatein auf
iberischem Substrat Spanisch und auf slawischem Substrat Rumänisch,
Kap. 2.

  s. Interferenz, Superstrat, Adstrat

Superstrat – eine Sprachkontaktsituation: wenn die (absterbende) Sprache
von Eroberern oder Zuwanderern die Sprache der eingesessenen Bevölkerung beeinflußt (bes. lexikalisch, auch grammatisch). Beispiel: der westgo-
tische Einfluß auf das Spanische, Kap. 2.

  s. Interferenz, Substrat, Adstrat

Swarabhaktivokal – Hilfsvokal zur Erleichterung der Aussprache, z.B. *fünef*
für *fünf*, 6.5.2. Anm.

synchronisch – 'gleichzeitig', d.h. eine Sprachbeschreibung/-betrachtung, die
sich auf einen bestimmten Sprachzustand bezieht (auf den Querschnitt
einer Entwicklungsstufe im Unterschied zum Längsschnitt der historischen
Entwicklung)

  Ggs. s. diachronisch

Synkope – Wegfall eines Vokals im Wortinnern; z.B. mhd. *berille* > *Brille*,
11.2.1.

  s. Apokope

Synonym – Wort mit gleicher oder ähnlicher Bedeutung, z.B. *Sonnabend –
Samstag, Kopf – Haupt*

  s. Homonym

Syntax – Satzlehre, Lehre vom Satzbau, von der Funktion der Wörter im
Satz und ihren Beziehungen untereinander, 2.2., 9.6., 14.8., 15.6.3., 16.3.4.,
16.4., 16.6.

synthetischer Sprachbau – grammatische Beziehungen werden durch gebundene Morpheme (meist Endungen), d.h. innerhalb der Wortgrenze, ausgedrückt, z.B. lat. (synthetisch) *appellabatur* – dt. (analytisch) *er wurde genannt*, 2.2.1., 9.6.

  Ggs. s. analytischer Sprachbau

Textsorte – z.B. Gebrauchsanweisung, Telefongespräch, Sportbericht, Heiratsanzeige, 16.6.

Übertreibung – s. Hyperbel

Umlaut – Veränderung der Vokalqualität durch Einfluß eines folgenden Lautes (partielle Assimilation), gewöhnlich = *i*-Umlatt: *a > ä, o > ö, u > ü*, z.B. ahd. *fallit* > nhd. *fällt*, 9.7.1, 11.2.2.

    a-Umlaut (Brechung): germ. *u* > ahd. *o* vor a, e, o (außer vor Nasal + Konsonant und vor i, j, u), z.B. **fulljan* > *füllen* (*i*-Umlaut) aber **fulla* > *voll* (*a*-Umlaut, vgl. dagegen schwed. *full*)

Umgangssprache – die zwischen den Dialekten und der Standardsprache/Gemeinsprache stehende (gesprochene) Sprache, auch Alltagssprache, 15.2., 16.2.2., 17.1., 17.2.3.

Umklammerung – s. Schachtelsatz, erweiteres Attribut

Untertreibung – s. Litotes

Verdeutschung, 9.3., 15.4.4., 16.3.3.

Verkehrssprache – Synonym für Gemeinsprache oder für Umgangssprache, 13.2.2.

Verners Gesetz – s. Grammatischer Wechsel

Verschlußlaute – Explosiva: *p, t, k, b, d, g*

Volksetymologie – lautliche und inhaltliche Veränderung eines (unverstandenen) Wortes aus volkstümlichem Erklärungsbedürfnis. Hieraus entsteht eine historisch falsche Etymologie, z.B. *Friedhof*, sekundär zu *Friede*, eig. 'umzäunter Platz' von ahd. *friten* 'hegen', 2.3.1.

Verdeutlichung, 9.3., 15.4.4., 16.3.3.

Wortbildung – Bildung neuer Wörter durch Zusammensetzung, Ableitung und Kürzung, 2.3.3., 16.3.4.

Wortgleichung – systematischer Vergleich von Wörtern verschiedener Sprachen, 5.2.

Wortinhalt – Bedeutung, 4.1.

Wortschatz – Gesamtbestand der Wörter einer Sprachgemeinschaft

Wurzel – bedeutungtragender Kern eines Wortes, Grundmorphem, z.B. *steh* – *st* (Wurzel + Endung), germ. **gast* – *i* – *z* (Wurzel + Stammvokal + Endung), 2.3.3., 6.5.4.

    s. Stamm

Zitatwort – s. 3.1. Anm.

Zusammensetzung – Wortbildung durch Zusammenfügung selbständiger Morpheme (Wörter) zu einer neuen Worteinheit, z.B. *Jagd + Wurst > Jagdwurst;* das Ergebnis dieser Wortbildung = Kompositum, 2.3.3., 16.3.4.

Zweisprachigkeit – auch: Bilinguismus, 14.4.4., 15.3.1.

Namenregister